P9-DYZ-581

"In *Building Bridges, Not Walls—Construyamos puentes, no muros*, Dr. John Francis Burke successfully tackles the age-old question "How can many be one?" In his bilingual book, Dr. Burke delivers invaluable insight into ways the church is able to embrace the challenges of intercultural ministry. This book is a gift to the church in North America."

> —✝Ricardo Ramirez, CSB
> Bishop Emeritus of Las Cruces

"John Francis Burke has written a must-read for Catholic ministers and pastoral leaders. Burke examines the growing multicultural realities of US Catholic parish life, giving readers theological and social science resources for thinking about diversity as well as practical suggestions for multicultural parishes. Readers will appreciate the dual Spanish-English edition and the scenarios opening each chapter. Although Burke reflects most on the US Latino contribution to US Catholicism, he maintains a broad yet deeply researched perspective that will be helpful for any shared parish context. The book is most pertinent to Catholic contexts but will be interesting to any reader concerned with diversity and ministry."

> —Tracy Sayuki Tiemeier
> Associate Professor of Theological Studies
> at Loyola Marymount University (Los Angeles)

"John Francis Burke fuses the sober insight of a political scientist with the heart of a pastoralist. I highly recommend *Building Bridges*. Burke recognizes that there is no panacea or simple solution for fostering communication and the exchange of spiritual gifts in intercultural communities. The practical wisdom he imparts in the last two chapters is refreshingly concise and to the point. I fervently wish that we could put this book in the hands of every pastoral agent in the United States."

> —Peter Casarella, University of Notre Dame

"Anyone who is involved in pastoral ministry in today's Church will find rich material and inspiration in Dr. Burke's reflections which integrate his rich pastoral experiences, theoretical insights and practical models related to engaging Catholics of many cultures in living as one Body of Christ and People of God."

> —Rev. Donald S. Nesti, CSSp
> Director, Center for Faith and Culture
> University of St. Thomas, Houston, Texas

To Rachel Ray,
with much appreciation —
J F Burke

Building Bridges, Not Walls
Nourishing Diverse Cultures in Faith

Construyamos puentes, no muros
Alimentar a las diversas culturas en la fe

John Francis Burke

traducido por
Marco Batta

translated by
Marco Batta

LITURGICAL PRESS
Collegeville, Minnesota

www.litpress.org

Scripture texts in this work are taken from the *New Revised Standard Version Bible* © 1989, Division of Christian Education of the National Council of the Churches of Christ in the United States of America. Used by permission. All rights reserved.

Textos bíblicos en español tomados del *La Biblia de Nuestro Pueblo* © Ediciones Mensajero, S.A.J. Bilbao, España. Reproducios con los debidos permisos. Todos los derechos reservados.

© 2016 by Order of Saint Benedict, Collegeville, Minnesota. All rights reserved. No part of this book may be reproduced in any form, by print, microfilm, microfiche, mechanical recording, photocopying, translation, or by any other means, known or yet unknown, for any purpose except brief quotations in reviews, without the previous written permission of Liturgical Press, Saint John's Abbey, PO Box 7500, Collegeville, Minnesota 56321-7500. Printed in the United States of America.

1   2   3   4   5   6   7   8   9

Library of Congress Cataloging-in-Publication Data

Burke, John Francis.
    Building bridges, not walls : nourishing diverse cultures in faith / John Francis Burke ; translated by Marco Antonio Batta.
        pages   cm
    English, with Spanish translation on facing pages.
    Includes bibliographical references.
    ISBN 978-0-8146-4808-7 — ISBN 978-0-8146-4833-9 (ebook)
    1. Church and minorities—United States.   2. Church work with minorities—Catholic Church.   3. Catholic Church—United States. I. Title.

BV639.M56B87   2016
259.08—dc23   2015028796

For our sons, Sean and Francisco

A nuestros hijos, Sean y Francisco

"Dios siempre quiere construir puentes; somos nosotros quienes construimos muros. Y los muros se derrumban, siempre."

— Papa Francisco, reflexionando sobre su Viaje Apostólico a Cuba y los Estados Unidos (Audiencia General, 30 de Septiembre de 2015)

"God always desires to build bridges; we are the ones who build walls! And those walls always fall down!"

— Pope Francis, reflecting upon his Apostolic Journey to Cuba and the United States (General Audience, September 30, 2015)

Índice

Contents

Presentación

El inicio de un siglo es un momento privilegiado para analizar nuestro mundo y para mirar al futuro con esperanza. En los albores del siglo XXI, los católicos de los Estados Unidos se encuentran en un momento fascinante de su historia. El Catolicismo en América, que ha aportado preciosos frutos en los últimos siglos, se encuentra en medio de un profundo proceso de transformación. En su seno se lleva a cabo una serie de cambios demográficos, culturales y lingüísticos que exigen de los católicos nuevas formas de entenderse a sí mismos como Iglesia y de llevar adelante su misión evangelizadora.

Justo cuando los católicos de ascendencia europea y sus hijos han terminado de establecerse en el país y han concluido un largo proceso de integración—algunos lo llaman "asimilación"—, una nueva ola de inmigrantes y de voces está transformando toda la experiencia del Catolicismo americano. A mediados del siglo XX, más del 90% de los católicos en el país eran blancos, es decir, euroamericanos. En aquel tiempo, los católicos hispanos, asiáticos, afroamericanos y nativoamericanos constituían un pequeño grupo de minorías esparcidas por todo el país. Pero esto cambió profundamente en solo medio siglo debido a la combinación de varios factores. Por un lado, la globalización ha llevado a millones de personas de Latinoamérica, Asia y África a emigrar a los Estados Unidos. Muchos de ellos, en particular los que vienen de América Latina y el Caribe, son católicos. Las tasas de natalidad entre estos inmigrantes son más altas comparadas con las tasas del resto de la población. Por otro lado, el número de católicos tradicionales, la mayor parte euroamericanos, ha estado descendiendo de manera constante en comparación con el incremento de católicos de otras razas y etnias que viven a nuestro alrededor y en nuestras ciudades. Al mismo tiempo, millones de católicos tradicionales se han embarcado en un proceso de desafiliación religiosa y de secularización que ha afectado considerablemente a la Iglesia Católica en todo el

Foreword

The beginning of a new century is a privileged moment to evaluate our world and to look into the future with hope. At the dawn of the twenty-first century, Catholics in the United States find themselves at a fascinating moment of their shared history. The US Catholic experiment, which has yielded incredible fruits in recent centuries, is amid a major process of transformation. At its heart is a range of demographic, cultural, and linguistic changes that demand new ways for Catholics to understand themselves as church and to advance the work of evangelization today.

Just when Catholics of European descent and their children have settled in the country and concluded a long process of integration—some say assimilation—a new wave of immigrants and voices is transforming the entire US Catholic experience. By the middle of the twentieth century, more than 90 percent of Catholics in the country were white, European American. Hispanic, Asian, African American, and Native American Catholics at that time constituted small numeric minorities spread throughout the country's geography. But this changed dramatically in just half a century due to a combination of various factors. On the one hand, today's globalization forces have led millions of people from Latin America, Asia, and Africa to migrate to the United States. Many of them, particularly those arriving from Latin America and the Caribbean, are Catholic. Birth rates among these immigrants are higher compared to the rest of the US population. On the other hand, the number of mainstream Catholics, mostly European American, has steadily decreased compared to the increase of Catholics of other races and ethnicities that populate our neighborhoods and cities. At the same time, millions of mainstream Catholics have embarked on a massive process of religious disaffiliation and secularization that has seriously impacted the Catholic Church throughout the country. These factors, among others, have

país. Estos factores, entre otros, han conducido a un nuevo tipo de experiencia católica en los Estados Unidos: nuestra experiencia actual.

El lugar donde las voces católicas más tradicionales y más recientes coinciden con sus experiencias, interrogantes, esperanzas, necesidades y contribuciones, es la parroquia. Cerca del 40% de las parroquias de los Estados Unidos —en total, cerca de 17,500— son parroquias multi-culturales o compartidas. Las parroquias multiculturales por lo general se definen como comunidades de fe donde la Misa y los sacramentos se celebran en más de una lengua, y sus miembros son a menudo una mezcla de razas y etnias. Aunque las parroquias nacionales tradicio-nales en el pasado permitieron a grupos étnicos o lingüísticos formar comunidades separadas, actualmente el modelo pastoral que prevalece es el de la comunión y el de la responsabilidad pastoral mutua.

Desde una perspectiva teológica, eclesial y pastoral, este último modelo es el ideal: todos los católicos en los Estados Unidos son res-ponsables de evangelizar y deben preocuparse pastoralmente por los demás católicos del país, sin importar su raza, lengua o estatus mi-gratorio. Pero, como somos humanos, es normal que haya tensiones en las comunidades multiculturales cuando diversas perspectivas coinciden —no logramos entender al otro a causa de las limitaciones del lenguaje, lo miramos con suspicacia o dejamos que la relación se vea afectada por prejuicios que tienen muy poco o nada que ver con el Cristianismo—. Estos prejuicios pueden ser el racismo, el clasismo o incluso los nacionalismos exacerbados.

En este contexto, el libro de John Francis Burke *Construyamos pu-entes, no muros: alimentar a las diversas culturas en la fe* hace una impor-tante contribución a la reflexión sobre lo que significa ser católico en los Estados Unidos en el siglo XXI y sobre cómo realizar el ministerio de una forma que de verdad nos lleve a edificar la Iglesia. Por lo general, uno encuentra autores que escriben sobre realidades eclesiales y el problema de la diversidad cultural desde perspectivas casi puramente teóricas; otros lo hacen desde perspectivas casi solamente pragmáticas. Apoyándose en su sólida formación como experto en Ciencias Sociales, Burke ha escrito un interesante trabajo que ofrece un análisis claro y conciso de la naturaleza multicultural del Catolicismo de los Estados Unidos en nuestros días, prestando particular atención a la experiencia hispana. Los católicos hispanos constituyen cerca de la mitad de los católicos del país y son considerablemente más de la mitad de los católi-cos menores de treinta años. Al mismo tiempo, Burke apoya su análisis

led to what we can call the emergence of a new US Catholic experience—our experience today.

The place where most established and new Catholic voices coincide, with their experiences, questions, hopes, needs, and contributions, is typically the parish. About 40 percent of all Catholic parishes in the United States—of a total of nearly 17,500—are multicultural or shared parishes. Multicultural parishes are usually defined as faith communities where Mass and the sacraments are celebrated in more than one language, and membership is often a blend of races and ethnicities. Although traditional national parishes in the past allowed ethnic or linguistic groups to form separate communities, today the prevailing pastoral model is one of communion and mutual pastoral responsibility.

From a theological, ecclesial, and pastoral perspective, this latter model is ideal: all Catholics in the United States are responsible for evangelizing and pastorally caring for all Catholics in the country regardless of race, language, or migratory status. But because we are human, it is normal to encounter tensions in multicultural communities when multiple perspectives coincide—we fail to understand each other because of our language limitations, we treat the other as suspect, or we allow out relationships to be influenced by prejudices that have little or nothing to do with Christianity, such as racism, classism, and even exaggerated nationalisms.

It this context John Francis Burke's book *Building Bridges, Not Walls: Nourishing Diverse Cultures in Faith* makes an important contribution to the reflection about what it means to be Catholic in the United States in the twenty-first century—and how to work ministerially in a way that truly builds church. One regularly encounters authors who write about ecclesial realities and the question of cultural diversity from perspectives almost exclusively theoretical. Others do so from perspectives almost exclusively pragmatic. Building on his background as an accomplished political scientist, Burke has written an engaging work that offers a clear and concise analysis of the multicultural dynamics that shape US Catholicism today, paying special attention to the Hispanic experience. Hispanic Catholics constitute nearly half of all Catholics in the country and are significantly more than half of the US Catholic population under the age of thirty. At the same time, Burke grounds his analysis in his personal pastoral experience as a bilingual liturgical minister (English and Spanish),

en su propia experiencia pastoral como ministro de liturgia bilingüe (español e inglés), habiendo trabajado en muchas comunidades multiculturales. Esta doble perspectiva hace a *Construyamos puentes, no muros* un buen recurso para líderes pastorales que con frecuencia se preguntan cómo crear comunidades sólidas donde las diferencias puedan afirmarse, mientras se acompaña a hombres y mujeres de todas las edades en su camino hacia el encuentro con Cristo vivo.

Una de las principales convicciones que guía mi propio trabajo de reflexión e investigación sobre la naturaleza multicultural del Catolicismo en los Estados Unidos es que la diversidad en realidad *no es* un problema, sino una oportunidad. ¡El Cristianismo siempre ha sido una realidad multicultural! Por esta razón ha infundido vida en millones y millones de personas en todo tipo de lugares y culturas a lo largo de la historia. *Construyamos puentes, no muros* es un trabajo que afirma claramente esta convicción. Lo hace llamando nuestra atención al mundo de las espiritualidades. Sí, el encuentro de las culturas es un encuentro de espiritualidades. Una vez que la Palabra de Dios se incultura, esta transforma la cultura, convirtiéndola en una ventana que nos permite contemplar la riqueza de Dios haciéndose presente en la historia. Toda realidad cultural permeada por la verdad del Evangelio es una oportunidad para entrar en relación con el Dios de la vida. Cuando muchas de estas realidades culturales coinciden en una parroquia, debemos considerarnos privilegiados porque inmediatamente descubrimos que Dios nunca deja de sorprendernos.

Se necesita un nuevo tipo de líderes pastorales para trabajar en un contexto culturalmente diverso como es la Iglesia Católica en los Estados Unidos. La lectura y análisis de *Construyamos puentes, no muros* ofrece a los líderes pastorales de las diversas comunidades de fe una oportunidad para adquirir las competencias interculturales necesarias que les permitan caminar de manera efectiva al lado del Pueblo de Dios. Este trabajo nos invita a estudiar nuestra propia historia, a explorar la riqueza espiritual de los diversos grupos que forman la Iglesia en el país y propone estrategias de diálogo y discernimiento para promover la unidad en la diversidad.

Hosffman Ospino
Boston College
Fiesta de san Patricio
17 de marzo de 2015

having served in several multicultural communities. This twofold perspective makes *Building Bridges, Not Walls* a good resource for pastoral leaders who regularly wonder how to build solid communities where differences are affirmed while accompanying women and men of all ages on their journeys toward the encounter with the living Christ.

A major conviction that guides my own work of reflection and research about the multicultural nature of Catholicism in the United States is that diversity *is not* a problem but an opportunity. Christianity has always been a multicultural reality! This is why it has infused millions upon millions of people with life in all sorts of places and cultures throughout history. *Building Bridges, Not Walls* is a resource that clearly affirms this conviction. It does this by bringing attention to the world of spirituality. Yes, the encounter of cultures is ultimately an encounter of spiritualties. Once the Word of God becomes inculturated, it transforms culture, turning it into a window that enables us to contemplate the richness of God who becomes present in history. Every cultural reality permeated by the truth of the Gospel is an opportunity to enter in relationship with the God of life. When many of these cultural realities coincide in a parish, we must consider ourselves privileged because we immediately discover that God never ceases to surprise.

A new kind of pastoral leaders is needed to serve in a culturally diverse context like the Catholic Church in the United States. Through reading and analysis of *Building Bridges, Not Walls*, all pastoral leaders in faith communities have an opportunity to acquire the necessary intercultural competencies to walk effectively with God's people here and now. This work invites us to study our own history, explore the spiritual wealth of the various groups that constitute the church in the country, and use strategies for dialogue and discernment that promote unity amid diversity.

Hosffman Ospino
Boston College
The Feast of St. Patrick
March 17, 2015

Prefacio

Algunos podrían preguntarse por qué un estudioso de las Ciencias Sociales como yo escribiría un libro sobre ministerio intercultural. Siempre he tomado muy en serio el énfasis que Emmanuel Mounier y los personalistas franceses han hecho en el *engagement* ("compromiso" ndt), esto es, la convicción de que las reflexiones espirituales y filosóficas deben conducir a una acción que transforme al mundo. En mi caso, este compromiso se ha traducido principalmente en ministerio pastoral. Cuando presenté mi solicitud para un puesto a tiempo parcial como director de música en la iglesia católica de la Asunción en Houston, Texas, el verano de 2001, me di cuenta de que mi currículo de música litúrgica era casi tan largo como el de mi vida académica y se remontaba hasta 1975. Desde 1985 he estado ampliamente involucrado en el ministerio intercultural, sobre todo entre euroamericanos y latinocatólicos en parroquias de Misisipi, Pensilvania y especialmente en Texas. Este libro es una síntesis de mis experiencias como laico dedicado a construir puentes entre las diversas comunidades étnicas, lingüísticas y raciales durante las últimas tres décadas, a la luz de la creciente literatura sobre ministerio intercultural. Mi deseo es ofrecer una guía a ministros de pastoral —laicos o clérigos, católicos o protestantes— que deben afrontar cada vez retos presentados por el carácter intercultural de sus congregaciones en este siglo XXI.

La preparación de este libro ha tenido muchas pausas. La investigación y redacción iniciales tuvieron lugar durante un periodo de descanso que me proporcionó la Universidad de Santo Tomás en Houston durante el semestre de primavera de 2011. Durante aquel otoño pude compartir mi punto de vista sobre el ministerio intercultural con mis estudiantes graduados del curso "Fe y culturas hispanas/latinas en el contexto americano" en el Seminario de Santa María en Houston. Las ideas compartidas por estos estudiantes,

Preface

Some people might wonder why a political theorist like me would be writing a book on intercultural ministry. I have always taken to heart the emphasis Emamanuel Mounier and the French personalists placed on *engagement*—that spiritual and philosophical reflection needs to lead to transformative action in the world. In my case, this engagement has been primarily in terms of pastoral ministry. When I applied for a part-time position as the music director of Assumption Catholic Church in Houston, Texas, in the summer of 2001, I realized that my liturgical music résumé was almost as long as my academic vitae and went back as far as 1975. Since 1985 I have been extensively involved in intercultural ministry, primarily between European American and Latino Catholics in parishes in Mississippi, Pennsylvania, and especially Texas. This book is a systematic rendering of my lay experiences of building bridges between diverse ethnic, linguistic, and racial communities over the past three decades, in light of the growing literature on intercultural ministry. My hope is to provide guidance to pastoral ministers—lay or clerical, Catholic or Protestant—who are wrestling with the growing number of intercultural challenges in their congregations in the twenty-first century.

The preparation of this book has had many starts and stops. The initial research and writing was during a sabbatical provided to me by the University of St. Thomas-Houston during the spring semester of 2011. That fall I was able to share my perspective on intercultural ministry with my graduate students in the course "Faith and Hispanic/Latino Cultures in the American Context" at St. Mary's Seminary in Houston. The insights shared by these students, some of whom were deacons and a future priest, provided invaluable feedback.

In 2012 my wife and I made a major move from Houston to Cabrini College in Pennsylvania, where I assumed major administrative

algunos de los cuales eran diáconos y futuros sacerdotes, fueron una enorme contribución.

En 2012, mi esposa y yo hicimos un importante cambio en nuestra vida trasladándonos de Houston al Cabrini College de Pensilvania, donde asumí mayores responsabilidades administrativas. Como consecuencia, el proyecto del libro fue archivado temporalmente, aunque el destino se las ingenió para hacerlo posible: una seria lesión física en 2013 me proporcionó de forma irónica el tiempo necesario para pulir el borrador. Las conversaciones y las consecuentes revisiones de *Liturgical Press* al año siguiente llevaron a su conclusión.

Agradezco al Cabrini College el apoyo económico que brindó para hacer posible la publicación de este libro, tanto en inglés como en español. El crédito por la publicación bilingüe va al equipo editorial de *Liturgical Press* que acertadamente observó que una edición bilingüe mostraría todavía mejor la insistencia del libro en afrontar las intersecciones cada vez más frecuentes entre el Catolicismo americano de habla inglesa y el de habla hispana.

Una serie de personas bondadosamente leyeron y ofrecieron críticas constructivas a las diversas versiones del manuscrito: el P. James Empereur, SJ, hizo agudas observaciones en las primeras etapas de desarrollo. También hicieron valiosas aportaciones en etapas posteriores la Hna. Sonia Avi, IHM; la Hna. Ruth Bolarte, IHM; el P. Steven Dudek, Brett Hoover, Arturo Monterrubio, Esperanza Monterrubio y el P. Robert Wright, OMI. Por lo demás, todo el entusiasmo mostrado por ellos en relación con el libro me impulsó a terminar el proyecto.

Agradezco de manera particular el apoyo editorial que me brindaron Andrew Edwards, Barry Hudock y Stephanie Lancour de *Liturgical Press*. Barry, en particular, tuvo una gran paciencia para responder a mis múltiples llamadas telefónicas y mensajes de correo electrónico. Las sugerencias sobre los traductores hechas por Peter Casarella y Tim Matovina fueron también de gran valor. Agradezco, por cierto, a Marco Batta su meticuloso trabajo de traducción. Me gustaría agradecer a las siguientes personas que bondadosamente revisaron la gramática y ortografía del texto, en ocasiones, varias veces: Sean Burke, Cali-Ani Díaz, Emily Guitérrez, Maureen Helm y Julianne Jakeman. De manera menos formal, agradezco también a mi labrador, Sunkist, su constante compañía al permanecer recostado junto a mi escritorio la mayor parte del tiempo mientras escribía estas páginas.

responsibilities. As a consequence, the completion of the book was temporarily shelved, though fate has a way of intervening. A serious physical injury in 2013 ironically created the time when I could finish a polished draft. Conversations and accompanying revisions with Liturgical Press during the following year brought this work to its completion.

I am grateful to Cabrini College for a grant that enabled this book to be published in both Spanish and English. The credit for insisting on a bilingual publication goes to the editorial board of Liturgical Press that rightly observed a bilingual edition manifests the book's insistence on embracing the growing intersections between English-speaking and Spanish-speaking Catholicism in the United States.

A number of persons have graciously read and offered constructive comments on different versions of the manuscript. Rev. James Empereur, SJ, gave incisive reflections in the early stages of development. Sister Sonia Avi, IHM; Sister Ruth Bolarte, IHM; Rev. Steven Dudek; Brett Hoover; Arturo Monterrubio; Esperanza Monterrubio; and Rev. Robert Wright, OMI, shared valuable reflections that improved the later stages of the manuscript. In addition, their respective enthusiasm for the book pushed me to finish the project.

I am very grateful to the editorial support given by Andrew Edwards, Barry Hudock, and Stephanie Lancour of Liturgical Press to bring this book to publication. Barry, in particular, manifested great patience in dealing with multiple phone calls and e-mails. The suggestions for translators made by Peter Casarella and Tim Matovina were indispensable. Indeed, I would like to thank Marco Batto for his fine Spanish translation of this text. I would also like to thank the following persons who graciously proofread the manuscript, sometimes multiple times—Sean Burke, Cali-Ani Diaz, Emily Gutierrez, Maureen Helm, and Julianne Jakeman. In more familial terms, our labrador, Sunkist, has provided steady companionship by lying next to my desk throughout much of the time I was writing.

To conclude, I would especially like to thank the congregations in Mississippi, Pennsylvania, and above all Texas, in which I have been blessed to worship and work as a lay pastoral minister. Their trials and triumphs in terms of living in a Christian community comprised of multiple cultures have inspired me to write this book. And finally, the person who has been the greatest support and also an inspiration

Para terminar, me gustaría agradecer de manera especial a las congregaciones de Misisipi, Pensilvania y, sobre todo, de Texas, en las que he tenido la gracia de alabar a Dios y trabajar como ministro laico de pastoral. Sus dificultades y victorias derivadas de vivir en una comunidad cristiana multicultural me han animado a escribir estas páginas. Y, por último, agradezco a la persona que ha sido mi mayor apoyo y también mi mayor inspiración: mi esposa Mary Jane de la Rosa. Ella ha sido mi principal interlocutora para procesar las dificultades que, como es natural, acompañan las etapas de investigación y redacción de un libro. Especialmente durante nuestra estadía en Pensilvania, su humor *tex-mex* y su peculiar forma de ser me mantuvieron, no solo alegre, sino me recordaron una y otra vez la necesidad de compartir estas reflexiones y experiencias. Por todo ello, ¡gracias, mi amor!

has been my wife, Mary Jane De La Rosa. She has been my principal
sounding board for the frustrations that naturally accompany the
research and writing stages of preparing a book. Especially during
our sojourn in Pennsylvania, her Tex-Mex humor and mannerisms
not only kept me laughing but persistently reminded me of the importance of sharing these reflections and experiences dealing with
intercultural ministry with others. *Gracias, mi amor!*

Introducción

¿Eres un clérigo o líder laico en una parroquia católica, que lucha por llegar a las diversas comunidades étnicas, lingüísticas y raciales que conforman tu parroquia? Si es así, este libro te ofrecerá una guía para afrontar este reto, que si bien a menudo puede ser costoso, también puede ser una gran motivación para nuestros esfuerzos por crear comunidades cristianas más incluyentes.

En el siglo XXI, las congregaciones de las iglesias están formadas cada vez más por gente de diversa proveniencia, tanto desde el punto de vista étnico o racial como lingüístico. Estos diversos orígenes frecuentemente conducen a diferentes enfoques culturales en todo, desde cómo comunicarse con los demás hasta la imagen que tenemos de Dios. Además, y esto es muy importante, estas divisiones culturales son también un reflejo de las diferencias que existen en el acceso a los foros de toma de decisiones; con demasiada frecuencia el liderazgo en las iglesias está en manos de los blancos o euroamericanos que llevan más tiempo en ellas y los miembros más nuevos de la congregación son afroamericanos, asiaticoamericanos, latinos o inmigrantes de otras partes del mundo. En consecuencia, favorecer las relaciones interculturales no es solo cuestión de sensibilidad por otras culturas, sino también de fomentar verdaderas relaciones de comunión.

Como investigador de la sociedad, he estudiado y escrito sobre las relaciones interculturales durante las últimas dos décadas y he tenido amplia experiencia en el tema durante las últimas tres al trabajar como líder laico en congregaciones católicas. Las presentes reflexiones nacen, tanto de estas experiencias prácticas como de la investigación sociológica.

Dado que en las pasadas dos décadas se han escrito muchos libros sobre el tema de las relaciones interculturales en las congregaciones eclesiales, ¿cuál es la aportación específica de este? En primer lugar, muchos textos anteriores fueron escritos para congregaciones protestantes. Muchos de esos estudios son testimonios de pastores y congregaciones que intencionalmente decidieron fomentar las

Introduction

Are you a clergy or lay leader in a Catholic parish community wrestling with how to bridge the multiple ethnic, linguistic, and racial communities that comprise your parish? If so, this book will provide guidance to meet this challenge, which though often frustrating, can be also very edifying in our efforts to cultivate more inclusive Christian communities.

In the twenty-first century, more and more church congregations are comprised of people of multiple ethnic, racial, and linguistic backgrounds. These diverse backgrounds frequently lead to distinct cultural perspectives on everything from how to communicate with each other to conceptualizing God. In addition, and very crucially, such cultural divisions mirror differences in access to decision-making structures; all too often the long-standing church leadership is white or European American and the newer members of the congregation are African Americans, Asian Americans, Latinos, or immigrants from other parts of the world. Consequently, facilitating intercultural relationships is not just a matter of being culturally sensitive but one of fostering just relationships.

As a political scientist I have studied and written on the subject of intercultural relations over the past two decades and have had extensive practical experience on the matter over the past three decades as a lay leader in Catholic congregations. The ensuing reflection is informed as much by these practical experiences as it is by social science research.

Since many other books have been written over the past two decades on the subject of intercultural relations in church congregations, how is this one different? First, most previous texts were written for Protestant congregations. Many of these case studies are testimonies by pastors and congregations that intentionally chose to foster intercultural faith-based communities. The evangelizing by these particular Protestant congregations emphasizes that inclusion of diverse races is at the forefront of their vision of Christian community.

1

comunidades de fe interculturales. La evangelización realizada por estas congregaciones protestantes hace hincapié en incluir a las diversas razas en esta y ue en ello el principal elemento de una comunidad cristiana. Sin duda, incluso estos esfuerzos explícitos de inclusión encuentran conflictos culturales, pero al menos estas congregaciones han caído en la cuenta de que, cuando se topan con esta dificultad, es necesario afrontarla y superarla[1].

Por otro lado, la mayor parte de las congregaciones católicas están formadas por grupos de diversas culturas, no como resultado de un esfuerzo positivo, sino porque así es. Durante el último medio siglo, los inmigrantes a los Estados Unidos han provenido de Asia, África, el mundo árabe, la región del Caribe, Latinoamérica y Oceanía, y las parroquias católicas se han llenado cada vez más de diversos colores. En las grandes ciudades como Chicago, Houston, Los Ángeles y Nueva York, las Misas se tienen en docenas de lenguas. Un número creciente de parroquias tiene liturgias dominicales en dos, tres o más lenguas. La mayoría de los católicos va a encontrarse con relaciones interculturales en sus parroquias, les guste o no. La pregunta no es si uno quiere involucrarse en ese tipo de relaciones, sino cómo hacerlo de manera constructiva. Este libro se concentra en este particular contexto católico.

En segundo lugar, si bien los católicos de los Estados Unidos se encuentran en un caleidoscopio de diversas etnias, lenguas y razas, este libro hace particular hincapié en el impacto que la cultura y espiritualidad latinas están teniendo en las parroquias católicas a lo largo y ancho del país. De no ser por el crecimiento de los católicos latinos, la Iglesia Católica en los Estados Unidos estaría experimentando en estos momentos un declive en su número total de miembros[2]. Si bien hay muchos grupos culturales distintos que están

---

[1] Algunos ejemplos de trabajos que presentan la experiencia de congregaciones que intencionalmente buscan tener miembros de diversa proveniencia étnica, lingüística y racial son: David A. Anderson, *Gracism: The Art of Inclusion* (Downers Grove, IL: InterVarsity Press, 2007); David A. Anderson, *Multicultural Ministry* (Grand Rapids, MI: Zondervan, 2004); David A. Anderson and Margarita R. Cabellon, *Multicultural Ministry Handbook* (Downers Grove, IL: InterVarsity Press, 2010); Mark DeYmaz, *Building a Healthy Multi-Ethnic Church: Mandate, Commitments, and Practices of a Diverse Congregation* (San Francisco: John Wiley & Sons, Inc., 2007); Mark DeYmaz and Harri Li. *Ethnic Blends: Mixing Diversity into Your Local Church* (Grand Rapids, MI: Zondervan, 2010); Rodney Woo. *The Color of Church: A Biblical and Practical Paradigm for Multiracial Churches* (Nashville, TN: B&H Publishing Group, 2009).

[2] Pew Hispanic Trends Project y Pew Forum on Religion and Public Life, "Changing Faiths: Latinos and the Transformation of the American Religion" (Washington, DC:

Without a doubt, even these explicit efforts at inclusion encounter cultural conflicts, but at least these congregations have discerned that when these rough spots happen, they will work through them.[1]

By contrast, most Catholic congregations are comprised of multiple cultural groups not by design, but by default. Over the last half century, immigrants to the United States have been comprised of persons from Asia, Africa, the Arab world, the Caribbean region, Latin America, and Oceania, and Catholic parishes have increasingly taken on a multicolored hue. In major cities such as Chicago, Houston, Los Angeles, and New York, Mass is conducted in dozens of languages. An increasing number of parishes hold Sunday liturgies in two, three, or more different languages. Most Catholics are going to encounter intercultural relationships in their parishes whether they like it or not. The question is not whether one wants to engage in such relationships, but how to do it in a constructive manner. This book focuses on this distinct Catholic context.

Second, as much as US Catholics come in a kaleidoscope of ethnic, linguistic, and racial backgrounds, this book accents the particular impact Latino culture and spirituality is having on Catholic parishes all across the United States. If not for the growth of Latino Catholics, the US Catholic Church would presently be experiencing a decline in overall membership.[2] Although many different cultural groups are increasingly contributing to US Catholicism in the twenty-first

---

[1] Examples of works dealing with congregations that intentionally seek to have members of diverse ethnic, linguistic, and racial backgrounds are: David A. Anderson, *Gracism: The Art of Inclusion* (Downers Grove, IL: InterVarsity Press, 2007); David A. Anderson, *Multicultural Ministry* (Grand Rapids, MI: Zondervan, 2004); David A. Anderson and Margarita R. Cabellon, *Multicultural Ministry Handbook* (Downers Grove, IL: InterVarsity Press, 2010); Mark DeYmaz, *Building a Healthy Multi-Ethnic Church: Mandate, Commitments, and Practices of a Diverse Congregation* (San Francisco: John Wiley & Sons, Inc., 2007); Mark DeYmaz and Harri Li, *Ethnic Blends: Mixing Diversity into Your Local Church* (Grand Rapids, MI: Zondervan, 2010); Rodney Woo, *The Color of Church: A Biblical and Practical Paradigm for Multiracial Churches* (Nashville, TN: B&H Publishing Group, 2009).

[2] Pew Hispanic Trends Project and the Pew Forum on Religion and Public Life, "Changing Faiths: Latinos and the Transformation of the American Religion" (Washington, DC: Pew Research Center, 2007), 1; Robert Putnam and David Campbell, *American Grace: How Religion Divides and Unites Us* (New York: Simon & Schuster, 2010), 17, 107; Tim Matovina, *Latino Catholicism: Transformation in America's Largest Church* (Princeton: Princeton University Press, 2012), vii.

contribuyendo cada vez más al Catolicismo de los Estados Unidos en el siglo XXI, los latinos están transformando ampliamente la vida parroquial, tanto por la manera exponencial en que crecen como por su relación histórica y geográfica con América Latina.

Por desgracia, la tendencia de demasiados líderes parroquiales es dar por descontado que los latinos se integrarán en sus parroquias prácticamente como hicieron sus predecesores de etnia europea en el siglo XIX e inicios del XX. Además de los factores históricos y biográficos, el progreso en los transportes y redes de telecomunicación en el mundo sugiere una dinámica muy distinta a la de las migraciones clásicas de los grupos europeos durante los pasados dos siglos. Este libro quiere hacer ver a los líderes parroquiales, teniendo en cuenta estas realidades del siglo XXI, que debemos ir más allá de la mentalidad de la integración para promover un intercambio de diversas tradiciones culturales católicas, el cual conduzca a una espiritualidad personal y vida parroquial más ricas. En particular, este libro hace hincapié en la espiritualidad latina no solo como parte de la historia del Catolicismo de los Estados Unidos, sino como algo esencial para revitalizar ese mismo Catolicismo en este siglo XXI.

En tercer lugar, en los estudios sobre el ministerio intercultural hecho por algunas denominaciones protestantes se recurre ampliamente a la Biblia como una instancia autorizada para adentrarse en el ministerio multicultural. Sin querer menospreciar la importancia de la Escritura para los cristianos, la doctrina católica también da una gran importancia a las enseñanzas como han sido transmitidas por la tradición católica a lo largo de los milenios. Además, para impulsar los estudios de la Escritura y la Teología, se apoya en la Filosofía y en las Ciencias Sociales. La religiosidad popular, las prácticas religiosas vividas por los católicos comunes, también son parte integrante de la espiritualidad católica. Yo me he servido de todas estas fuentes para los argumentos que presentaré a continuación.

Muchos estudios realizados por protestantes evangélicos sobre las relaciones interculturales, subrayan la necesidad de una "conversión personal y firme adhesión a la fe en Jesucristo" para poder

---

Pew Research Center, 2007), 1; Robert Putnam y David Campbell, *American Grace: How Religion Divides and Unites Us* (New York: Simon & Schuster, 2010), 17, 107; Tim Matovina, *Latino Catholicism: Transformation in America's Largest Church* (Princeton: Princeton University Press, 2012), vii. De este último libro, también existe la versión en español: Tim Matovina, *Catolicismo latino: la transformación de la Iglesia en Estados Unidos (versión abreviada)* (Libros Liguori, 2013).

century, Latinos are extensively transforming parish life both because of their sheer numbers and historical and geographic connections with Latin America.

Unfortunately, the tendency of too many parish leaders is to assume that Latinos will assimilate into their parishes much like their European ethnic predecessors did in the nineteenth and early twentieth centuries. In addition to the historical and geographic factors, the rise of global transportation and telecommunication networks suggests a very different dynamic from the classic migrations of European groups during the past two centuries. This book provokes parish leaders to realize, in view of these twenty-first century realities, that we need to move beyond the assimilation mindset to encourage a mutual sharing of multiple Catholic cultural traditions that leads to richer personal spirituality and parish life. In particular, this book emphasizes Latino spirituality, not only as integral to the history of US Catholicism but essential to the revitalization of US Catholicism in the twenty-first century.

Third, Protestant case studies on intercultural ministry by some Protestant denominations extensively emphasize the Bible as an authoritative structure for engaging in multicultural ministry. Without denigrating the importance of Scripture for Christians, the Catholic heritage also puts significant emphasis on teachings as they have been passed down in church tradition over two millennia. In addition to stressing scriptural studies and theology, Catholicism draws extensively from the insights of philosophy and the social sciences. Popular religiosity, the faith practices lived at the grassroots level by the people, is also part and parcel of Catholic spirituality. I have drawn upon all these sources in my ensuing argument.

Many evangelical Protestant case studies about intercultural relations stress the need for "personal conversion and deep adherence to faith in Jesus Christ" to deal with ethnic and racial discrimination.[3] Unfortunately, they avoid addressing the political, social, and economic dynamics that privilege one cultural group over another: "the evangelical approach to racial reconciliation . . . is insufficiently attentive—if not even blind—to the nexus of race and social/political/cultural

---

[3] Bryan Massingale, *Racial Justice and the Catholic Church* (Maryknoll, NY: Orbis Press, 2010), 93.

hacer frente a la discriminación étnica y racial[3]. Por desgracia, evitan afrontar los factores políticos, sociales y económicos que otorgan privilegios a un grupo cultural sobre otro: "la postura evangélica ante la reconciliación racial (. . .) no presta suficiente atención —si no es que hasta se muestra ciega— al vínculo entre raza y poder o privilegio social/político/cultural, y la necesidad de desmantelar estos vínculos"[4]. Este libro abordará la forma en que estas tres dinámicas de poder —lo que es una estructura de pecado— también tienen que ser superadas para tener relaciones justas y equitativas entre los grupos culturales dentro de una comunidad de fe[5].

En cuarto lugar, cuando se ha recurrido a las Ciencias Sociales en textos previos que hablan de comunidades de fe con dificultades de diversidad, ha sido sobre todo a partir de estudios culturales y de Psicología. Por ejemplo, Eric Law se ha servido de la metáfora del iceberg. Sugiere que, mientras los problemas de las iglesias se queden en la parte del iceberg que sobresale del agua, uno nunca llegará a fondo para analizar los verdaderos valores de donde nacen las diferencias personales y de grupo. Solo entendiendo estos valores que determinan las percepciones y formas de actuar de las personas —sostiene— va a ser posible incrementar su capacidad para entablar verdaderas relaciones interculturales.[6]

Este libro toma la propuesta de Law de una forma distinta. En vez de concentrarse en los valores de grupos y personas en una congregación, examina en profundidad las concepciones espirituales que los diferentes grupos de católicos llevan a la mesa que compartimos. La concepción prevalente del Catolicismo en los Estados Unidos se toma de la historia de los católicos que llegaron de Europa, desde el siglo XVIII hasta inicios del siglo XX. Y aunque en el último cuarto de siglo el Catolicismo afroamericano, asiático-americano y latino han recibido mayor atención en los estudios de los Estados Unidos, la concepción que prevalece en las instituciones católicas sigue siendo muy eurocéntrica.

Si vamos a hablar de relaciones interculturales constructivas en las parroquias, debemos caer en la cuenta de que los valores

---

[3] Bryan Massingale, *Racial Justice and the Catholic Church* (Maryknoll, NY: Orbis Press, 2010), 93 [traducción nuestra].

[4] Ibid., 96 [traducción nuestra].

[5] Uso el trabajo de teólogos protestantes, sobre todo de Kathy Black, Laurene Beth Bowers, Charles Foster y, especialmente, Eric Law, cuando sus aportaciones sobre las estructuras de pecado e inclusión tocan temas y conceptos que estoy tratando de explicar.

[6] Eric Law, *Sacred Acts, Holy Change: Faithfull Diversity and Practical Transformation* (St. Louis, MO: Chalice Press, 2002), 36.

power and privilege, and the need to dismantle this linkage."[4] This book will engage how these power dynamics—a form of structural sin—also have to be overcome to realize just, lateral relationships between cultural groups in faith-based communities.[5]

Fourth, when social science has been used in previous texts on faith-based communities wrestling with diversity issues, it has largely been from cultural and psychological studies. For example, Eric Law has drawn upon the iceberg metaphor. He suggests that as long as church conflicts remain on the section of the iceberg that juts above the water line, one never gets below the iceberg to the different core values that are driving personal and group differences. Only by understanding the values that drive people's perceptions and actions, he contends, are you going to have any chance of expanding their capacity for embracing intercultural relations.[6]

This book takes Law's insight in a different direction. Instead of just focusing on the values of particular persons and groups in particular congregations, it examines in depth the spiritual imaginations that diverse groups of Catholics bring to the shared table. Much of the prevailing understanding of US Catholicism is drawn from the history of Catholics who emigrated from Europe to the United States from the eighteenth century into the early part of the twentieth century. Even though over the past quarter century, African American, Asian American, and Latino Catholicism have become more evident in US Catholic studies, the prevailing mindset of Catholic institutions is still very Eurocentric.

If we are to bring about constructive intercultural relations in parishes, we need to grasp that the core values of our different parish cultural groups are connected to very different histories and spiritualities. The growing presence of Latinos in parishes across the United States makes understanding these deep historical and spiritual differences all the more imperative. As pastoral ministers, the more we grasp how Latino Catholicism is both akin and distinct from the

---

[4] Ibid., 96.

[5] I use the work of Protestant theologians, most notable Kathy Black, Laurene Beth Bowers, Charles Foster, and especially Eric Law, when their insights on structural sin and inclusion capture the themes and concepts I am trying to communicate.

[6] Eric Law, *Sacred Acts, Holy Change: Faithful Diversity and Practical Transformation* (St. Louis, MO: Chalice Press, 2002), 36.

fundamentales de los diversos grupos culturales provienen de historias y espiritualidades muy distintas. La presencia cada vez mayor de los latinos en las parroquias de los Estados Unidos hace que entender estas profundas diferencias históricas y espirituales sea algo de capital importancia. Como ministros de pastoral, mientras más comprendamos de qué forma el Catolicismo latino es parecido y distinto del Catolicismo euroamericano dominante, más rápidamente podremos identificar por qué se dan ciertos conflictos y podremos pensar en soluciones constructivas para resolverlos.

En quinto lugar, las tácticas concretas, propuestas en anteriores textos, tanto para integrar como para separar a las comunidades de fe en las que se hace presente la diversidad, tienen mucho más sentido en contextos protestantes, donde los miembros de la congregación pueden influir mucho más en la estructura futura de sus respectivas iglesias. Los miembros de la iglesia pueden deliberadamente elegir separarse en un determinado tema; por ejemplo, el tema de si una iglesia debe acoger a los miembros homosexuales ha llevado al cisma a algunas congregaciones. En cambio, el carácter jerárquico de la estructura institucional de la Iglesia Católica no concede tanto poder de decisión a los miembros de una congregación. Los miembros no pueden dividirse formalmente en parroquias liberales y conservadoras como han hecho muchas congregaciones episcopalianas. Una determinada parroquia puede tener la reputación de ser liberal o conservadora, pero elegir al clero que dirige la parroquia no está en manos de la congregación.

En este contexto institucional, especialmente dentro de la tradición latinocatólica, hay prácticas espirituales populares muy extendidas que la gente adopta y que en ocasiones entran en tensión con la estructura oficial de la Iglesia. Por tanto, encontrar las verdaderas raíces y los patrones fundamentales que determinan las prácticas de una parroquia con frecuencia es algo mucho más complejo que encontrarlos en congregaciones protestantes más pequeñas.

En sexto lugar, por más que la literatura actual subraye la necesidad de dar voz a aquellas personas o grupos que antes no la habían tenido en las estructuras de gobierno de las comunidades de fe, este libro también hace hincapié en la necesidad de convencer a los líderes tradicionales, por lo general, pero no siempre, euroamericanos, de que como cristianos estamos llamados a comprometernos con las decisiones tomadas por las estructuras que favorezcan la integración. Clichés morales como "los que no tienen voz, necesitan tener una

historically dominant European American Catholicism, the quicker we will be able to identify why certain conflicts are happening and devise constructive solutions for resolving such impasses.

Fifth, the concrete tactics for either integrating or separating diverse faith-based communities proposed in previous texts make more sense in Protestant contexts where congregation members have a lot more say about the future structure of their respective churches. Church members can deliberately choose to separate over a particular issue; for instance, the issue of whether a church should embrace homosexual members has culminated in schism in some congregations. By contrast, the hierarchical character of the Catholic institutional structure does not allow such extensive control by congregation members. Congregation members cannot formally divide into liberal and conservative parishes as many US Episcopal congregations have done. A particular parish may have the reputation of being either liberal or conservative, but the assignment of clergy is not in the hands of congregation members.

In this institutional context, especially within the Latino Catholic tradition, there are extensive, popular spiritual practices conducted by the people that sometimes are in tension with the official church structure. Consequently, figuring out the key players and the patterns that actually determine parish practices is frequently much more complex than the experiences of many smaller Protestant congregations. This book recasts the previous literature on intercultural relations in light of this complexity.

Sixth, as much as the existing literature stresses giving voice to those persons or groups who previously have not had a voice in the decision-making structures of faith-based communities, this book also stresses that we need to persuade the long-standing, dominant leadership, typically but not always European American, that we are called as Christians to commit ourselves to inclusive decision-making structures. Moral platitudes such as "the voiceless need to have a voice" are unlikely to be embraced by long-standing parish leaders unless they can be communicated in a way that resonates with their core values that drive these leaders. Otherwise, they will likely become intransigent to change or simply shift their talents and resources to a parish more congenial to their culture.

The key is to persuade long-standing leaders to undergo a comprehensive change of mind and heart in which they come to see their parish's future in the newer members whose skin color, language, or

voz" probablemente no serán secundados por los líderes parroquiales tradicionales, a no ser que se les comuniquen de una manera que interpele a sus propios valores fundamentales. De otra forma, lo más probable es que se cierren totalmente al cambio o simplemente destinarán sus talentos y recursos a una parroquia más afín a su cultura.

La clave está en convencer a los líderes tradicionales a hacer un cambio profundo en su mente y corazón sobre la forma en que ven el futuro de su parroquia con estos nuevos miembros, cuyo color de piel, lengua y cultura no son necesariamente los mismos que los de ellos. En muchos casos, el reto está en que los líderes euroamericanos deben entregar el legado de su parroquia a las futuras generaciones a través de los latinos y de otros grupos culturales. En otros casos, serán parroquias méxico-americanas o afroamericanas que cada vez tienen más inmigrantes de México, Centroamérica y otras partes del mundo como una parte importante de su comunidad. Estas páginas se concentran en cómo crear ambientes en los que los feligreses de diversas culturas puedan influir en el futuro de su parroquia en igualdad de condiciones.

Este libro se diferencia de los que han sido escritos antes en estos seis puntos y se concentra particularmente en las congregaciones que deben afrontar relaciones interculturales. Mucho de lo que aquí se dice puede ser de utilidad para cualquier congregación que enfrenta los retos de la diversidad cultural, pero está dirigido primariamente al clero católico y a los líderes laicos que trabajan en las áreas de educación cristiana, justicia social, finanzas, liturgia y administración parroquial.

En realidad, no vamos a lograr una perfecta comprensión entre los diversos grupos de una parroquia, ni estamos condenados, por el contrario, a una total falta de entendimiento entre estos mismos grupos. Se dice que Óscar Wilde una vez afirmó: "el socialismo parece una buena idea hasta que te das cuenta de cuánto esfuerzo exige llevarlo a la práctica". Del mismo modo, trabajar en las relaciones interculturales entre cristianos no es para corazones débiles; ciertamente es un ministerio que tiene sus cruces. Aquellos que esperan crear una perfecta armonía se van a llevar una gran decepción; por el contrario, aquellos que se desesperen al ver que las dificultades entre los diferentes grupos culturales no se pueden superar con demasiada facilidad, se están privando de muchas bendiciones que se encuentran en la labor de construir puentes entre los diversos cristianos.

Los ministros de pastoral que se comprometen con la dura tarea de llegar a comprender los valores y patrones que subyacen y que dirigen las acciones de los grupos culturales presentes en sus

cultural background is not necessarily the same as theirs. In many instances, the challenge is for European American leaders to pass on their parish's legacy through Latinos and other cultural groups. In other instances, it will be Mexican American or African American parishes that increasingly have immigrants from Mexico, Central America, and other regions of the world as a significant section of their community. This book focuses on how to engender environments in which parishioners of diverse cultures come to direct their future parish destiny in a mutually equal fashion.

In these six ways, this book differs from those previously written and focuses specifically on Catholic congregations wrestling with intercultural relations. Much of the content should be helpful to any congregation wrestling with the challenges of cultural diversity, but it is primarily directed at Catholic clergy and lay leaders in the areas of Christian education, social justice, finances, liturgy, and parish administration.

In terms of overall ethos, we will not achieve perfect understanding between diverse groups in parishes nor are we fated to complete misunderstanding between these same groups. Oscar Wilde was once reported to have said, "socialism sounds like a good idea until you realize how many evenings it would take." Similarly, engaging in Christian intercultural relations is not for the faint of heart; there is certainly a cross to be borne in pursuing such ministry. Those who hope to realize perfect harmony will be sorely disappointed; conversely, those who despair that the differences between cultural groups cannot be too easily overcome deny themselves the many blessings that emerge in building bridges between diverse Christians.

Pastoral ministers who commit themselves to the hard work of coming to understand the underlying cultural values and patterns that drive the actions of their different cultures in parishes can begin to tear down the figurative walls that obstruct a bounteous interchange. This sharing of gifts between the diverse parish members can make our faith-based community life a much richer and dynamic experience.[7]

---

[7] Sara Lawrence Lightfoot, Interview with Bill Moyers, in *A World of Ideas: Conversations with Thoughtful Men and Women about American Life Today and the Ideas Shaping Our Future*, ed. Betty Sue Flowers (New York: Doubleday, 1989), 159–60.

parroquias, pueden comenzar a derribar los muros psicológicos que impiden un intercambio enriquecedor. Compartir estos dones entre los diversos miembros de la parroquia puede hacer la vida de nuestra comunidad una experiencia mucho más rica y dinámica[7].

Aunque hay diversos enfoques para realizar el ministerio pastoral en el Catolicismo de los Estados Unidos, este libro se identifica totalmente con el modelo de la integración, el cual hace énfasis en "la unidad eclesial y la necesidad de trabajar juntos para llevar adelante la vida y misión de la Iglesia"[8]. En su esencia, este enfoque sostiene que una auténtica vida cristiana implica ser transformado por las diversas concepciones espirituales que los grupos culturales llevan a la mesa de la comunión[9]. Los obispos de la Arquidiócesis de Houston-Galveston entienden muy bien que la catolicidad de nuestra fe nos llama a todos al compromiso social y litúrgico con estas diversas expresiones:

> Abrazar la diversidad cultural no es solo cuestión de ser tolerantes con los demás ni es solo un tema de flexibilidad, aceptando una diferencia temporal en la práctica de la fe hasta que los otros estén preparados para abrazar la fe como nosotros lo hacemos. El encuentro con personas de otras culturas que tienen su propia expresión de la única fe católica, debe hacernos crecer en el aprecio por la auténtica *catolicidad* de la Iglesia. Para decirlo con mayor claridad, no podemos limitarnos simplemente a ver cómo diversas culturas coexisten guardando entre sí una distancias respetuosa. La catolicidad de la Iglesia exige que estas culturas entablen un diálogo entre sí e interactúen tanto socialmente como en la liturgia[10].

[7] Sara Lawrence Lightfoot, entrevista con Bill Moyers, en *A World of Ideas: Conversations with Thoughtful Men and Women about American Life Today and the Ideas Shaping Our Future*, ed., Betty Sue Flowers (New York: Doubleday, 1989), 159–60.

[8] Matovina, *Latino Catholicism*, 152 [traducción nuestra].

[9] Matovina también analiza otros tres estilos pastorales de liderazgo para el ministerio hispano. El enfoque del movimiento es un marco de trabajo sistemático basado en los Encuentros Nacionales de Pastoral Hispana y en el Plan Nacional para el Ministerio Hispano en los Estados Unidos. El enfoque de los nuevos inmigrantes, ya sea practicado por clérigos latinoamericanos "importados" o por líderes laicos, busca una práctica de la fe que refleje las tradiciones de la tierra de origen en América Latina. El enfoque carismático implica grupos de oración y movimientos apostólicos comprometidos con "la salvación a través de una relación personal con Cristo" (Matovina, *Latino Catholicism*, 146–54). Como Matovina indica, en una parroquia pueden estar presentes más de un estilo. Si bien mi enfoque se basa más bien en el criterio de la integración, una comprensión profunda de la espiritualidad latina incluirá elementos de los cuatro estilos pastorales.

[10] Obispos de la diócesis de Galveston-Houston, Many Members, One Body: A Pastoral Letter on the Cultural Diversity of the Church of Galveston-Houston, 20 de mayo de 1994, #26 [traducción nuestra].

Although there are different approaches to US Catholic pastoral ministry, this book is fully situated within the integration model, an emphasis upon "ecclesial unity and the need to work together to foster the church's life and mission."[8] At its core, this approach contends that an authentic Christian life entails being transformed through the diverse spiritual imaginations that different cultural groups bring to the communion table.[9] The bishops of the Archdiocese of Houston-Galveston capture that the catholicity of our faith calls us each to social and liturgical engagement with these diverse expressions:

> Embracing cultural diversity is not simply a matter of being tolerant of others, nor is it merely a matter of accommodation, accepting a temporary difference in the practice of the faith until others are ready to embrace our expression of the faith. Each person must come to see a positive engagement with other cultures as means of enriching one's own faith. The encounter with people of other cultures which have their own expression of one Catholic faith should deepen our appreciation of the Church's true *catholicity*. To put the matter more strongly, we cannot be content with diverse cultures simply co-existing at a respectful distance. The catholicity of the Church demands that these diverse cultures engage one another in conversation and extended social and liturgical interaction.[10]

As comfortable as it might be to just "live and let live" when it comes to dealing with diverse cultural groups in parishes, we are beckoned by our faith to get out of our comfort zones and realize inclusive

---

[8] Matovina, *Latino Catholicism*, 152.

[9] Matovina also reviews three other Latino pastoral leadership styles. The *movimiento* approach is a systematic framework grounded in the National Hispanic Pastoral Encuentros and the National Plan for Hispanic Ministry within the United States. The new immigrant approach, whether practiced by imported Latin American clergy or lay leaders, practices the faith in terms reflective of the traditions of the homelands in Latin America. The charismatic approach entails prayer groups and apostolic movements committed to "salvation through a personal relationship with Christ" (Matovina, *Latino Catholicism*, 146–54). As Matovina indicates, more than one style can be at work in a parish. Although my approach is most reflective of the integration outlook, a deep understanding of Latino spirituality will include elements from all four pastoral approaches.

[10] Bishops of the Diocese of Galveston-Houston, Many Members, One Body: A Pastoral Letter on the Cultural Diversity of the Church of Galveston-Houston, May 20, 1994, #26.

Por muy cómodo que pueda parecer "hacer y dejar hacer", cuando se trata de las relaciones con los diversos grupos culturales en las parroquias, nuestra fe nos llama a salir de nuestra zona de confort y a realizar prácticas inclusivas en el campo social, litúrgico y en la toma de decisiones. Incluso si los puentes culturales construidos entre las diversas comunidades de la parroquia ayudan solo a poner en relación a los diversos grupos inicialmente, los intercambios consiguientes, si están animados por un discernimiento sensible a las diversas espiritualidades, pueden dar lugar a relaciones interculturales creativas que anticipen la venida del Reino de Dios.

Explicación de términos

Cuando este libro habla de relaciones interculturales, se refiere a las diferencias debidas a la etnia, la lengua o la raza. En el mundo católico de los Estados Unidos durante las últimas tres décadas, los términos "multicultural", "diversidad cultural", "pluralismo cultural" y ahora "intercultural" se han usado en relación con las diferencias étnicas, lingüísticas y raciales. Algunos textos, especialmente los que hablan sobre congregaciones protestantes, a menudo usan el término "multirracial". Yo he decidido usar el término *intercultural* porque subraya, no solo las diferencias entre los grupos étnicos, lingüísticos y culturales, sino también las relaciones que puede haber entre ellos.

En concreto, la Conferencia de Obispos Católicos de Estados Unidos (USCCB, por sus siglas en inglés) cada vez hace más hincapié en la capacidad de trabajar desde una óptica intercultural, como opuesta al multiculturalismo. Por multiculturalismo, el Comité para la Diversidad Cultural en la Iglesia entiende una política para apoyar la integridad de las culturas mientras que al mismo tiempo estas culturas contribuyen a la sociedad en general. Esta perspectiva es menos adecuada, según el Comité, por la dificultad para mantener aisladas a las culturas de la influencia de la comunidad en general, excepto en Europa donde las políticas públicas han permitido a minorías culturales conservar su identidad casi intacta. Por el contrario, el Comité sugiere que el criterio intercultural tiene los siguientes atributos: un análisis de la realidad desde al menos dos puntos de vista, capacidad para superar la ambigüedad y una actitud de apertura para aprender y abrazar otras culturas[11]. Mi propia concepción de

---

[11] Conferencia de Obispos Católicos de Estados Unidos, *Building Intercultural Competence for Ministers* (Washington, DC: USCCB, 2012), 9.

social, liturgical, and decision-making practices. Even if the figurative bridges built between a parish's diverse communities simply link these constituencies at the outset, the ensuing interchanges, if informed by discernment sensitive to differences in spiritual imaginations, can foster creative intercultural relations that anticipate the coming kingdom of God.

Explanation of Terms

When this book refers to intercultural relations, it is focusing on cultural differences due to ethnicity, language, or race. In the US Catholic world over the past three decades, the terms multicultural, cultural diversity, cultural pluralism, and now intercultural have been used in regard to ethnic, linguistic, and racial differences. Some texts, especially dealing with Protestant congregations, often use the term multiracial. I have chosen to use the term *intercultural* for it stresses not only the differences between ethnic, linguistic, and cultural groups but the character of the relationships between these groups.

Specifically, the United States Conferences of Catholic Bishops (USCCB) increasingly emphasizes intercultural competence, as opposed to multiculturalism. By multiculturalism, the Committee on Cultural Diversity in the Church means a policy to sustain integrity of cultures while at the same time these cultures contribute to the larger social community. This perspective has fallen into disfavor, according to the committee, because of the difficulty of sustaining cultures apart from the influence of the community at large, except in Europe where public policy has enabled minority cultures to sustain thick identities. By contrast, the committee suggests that intercultural competence has the following attributes: an examination of reality in more than one way, an ability to deal with ambiguity, and an open attitude toward learning about and embracing other cultures.[11] My rendering of intercultural relations also entails the notion of cultures mutually transforming each other in equal relationships.

---

[11] United States Conference of Catholic Bishops, *Building Intercultural Competence for Ministers* (Washington, DC: USCCB, 2012), 9.

las relaciones interculturales también implica la noción de que las culturas se transforman mutuamente en una relación de igualdad.

Aunque este libro no hablará de manera explícita de las implicaciones que tienen las relaciones interculturales en temas como el género, las preferencias sexuales, las discapacidades o la naturaleza, las siguientes reflexiones también tienen implicaciones para esos temas.[12] El análisis de estas relaciones, sin embargo, se dejará a aquellos estudiosos o profesionales que han trabajado más ampliamente en esos temas.

Como este libro se concentra en los grupos étnicos, lingüísticos y raciales, me permitiré aclarar mis términos. Cuando hablo de católicos que emigraron de Europa a los Estados Unidos, como opuestos a los que emigraron desde Latinoamérica, usaré la expresión "católico euroamericano", en vez de blanco, anglosajón o anglo. Cada una de estas expresiones o términos-paraguas tiene sus limitaciones, pero euroamericano al menos expresa los orígenes históricos e intelectuales de los inmigrantes católicos que vinieron a los Estados Unidos desde diversas naciones europeas, con excepción de aquellos provenientes de España o Portugal, los cuales tienen un vínculo histórico con Latinoamérica.

Cuando me refiero a gente cuya ascendencia está en Latinoamérica, uso el término "latino". Estos pueden provenir, ya sea de los asentamientos españoles que después se convirtieron en los Estados Unidos o de la actual Latinoamérica. Por otra parte, uso "afroamericano" para referirme a aquellas personas que descienden de los que antes eran esclavos o de inmigrantes más recientes desde África o de herencia africana en el Caribe y que no hablan español. Uso asiático-americano para referirme a aquellas personas cuya ascendencia está en Asia o inmigraron de Asia más recientemente. Por último, uso la expresión "americano de las islas del Pacífico" para referirme a aquellos cuya herencia cultural proviene de la región de Oceanía. Cuando me refiero a una nacionalidad en concreto dentro de estos términos-paraguas, utilizo irlandés-americano, mexicano-americano, jamaiquino-americano, vietnamita-americano y así sucesivamente.

---

[12] Los estudios sobre el ministerio intercultural hechos por los protestantes frecuentemente usan el término "multiracial", en vez de "multicultural" o "intercultural" para distinguir si están hablando de intersecciones étnicas o raciales y no de las relacionadas con el género o la preferencia sexual. Para una discusión más amplia sobre el término "multiracial", véase Michael O. Emerson y Rodney Woo, *People of the Dream* (Princeton, NJ, Princeton University Press, 2006), 56–61.

Although this book will not explicitly focus on the implications of intercultural relations with regard to gender, sexual preference, disabilities, or nature, my ensuing arguments have implicit implications for these matters.[12] The elaboration of such connections, though, will be left to those scholars and/or practitioners who have worked much more extensively on these other issues.

Because this book focuses on ethnic, linguistic, and racial groups, let me clarify my terminology. When referring to Catholics who emigrate from Europe to the United States, as opposed to Latin America, I will use the term European American Catholic rather than white, Anglo-Saxon, or Anglo. Each of these umbrella terms has its shortcomings, but at least European American captures the historic and intellectual origins of the Catholic immigrants who came to the United States from the diverse European nationalities, with the exception of those from Spain and Portugal who have historical connections to Latin America.

When referring to people of Latin American descent, who either are descendants of the Spanish settlements in what eventually becomes the United States or subsequently emigrate from Latin America to the United States, I use the term Latino. In turn, I use African American to refer to those persons who either are descendants of former slaves or are more recent immigrants from Africa or African-heritage Caribbean locales that are not predominantly Spanish speaking. I use Asian American to refer to those persons whose ancestral heritage is from Asia or are more recent immigrants from Asia. Finally, I use Pacific Islander American to refer to those persons whose heritage comes from the Oceania region. When I refer to a specific nationality within any of these umbrella terms, I use Irish American, Mexican American, Jamaican American, Vietnamese American, and so forth.

---

[12] Protestant case studies of intercultural ministry frequently use the term multiracial instead of multicultural or intercultural to distinguish their focus on ethnic/racial intersections from those dealing with gender or sexual preference. For an extensive discussion of the term multiracial, see Michael O. Emerson and Rodney Woo, *People of the Dream* (Princeton, NJ, Princeton University Press, 2006), 52–61.

Estructura del libro

El libro tiene tres secciones principales: la teología de la inculturación y el ministerio intercultural (capítulos 1 y 2), el impacto creciente de los latinos en la vida de las parroquias (capítulos 3 y 4) y sugerencias para afrontar los retos que presentan las congregaciones compuestas por diversas culturas (capítulos 5 y 6). Prácticamente, el libro pasa de la teoría a la práctica con un acento en por qué, como agentes de pastoral, necesitamos entender y responder de manera constructiva a la transformación del Catolicismo en los Estados Unidos por el crecimiento de la herencia espiritual latina.

El primer capítulo presenta, por un lado, la inculturación como la forma en que el Evangelio cristiano se encarna en una cultura particular y, por otro, el ministerio intercultural como el punto de encuentro de estas diversas expresiones culturales del Cristianismo en las parroquias.

El segundo capítulo explica que, para formar una asamblea eucarística que manifieste la espiritualidad de Pentecostés, se debe buscar la integración y no la asimilación cultural.

El tercer capítulo examina el crecimiento de los católicos latinos en la Iglesia Católica de los Estados Unidos y por qué estamos ante una experiencia de inmigración cualitativamente distinta de la inmigración de católicos euroamericanos del siglo XIX e inicios del siglo XX. Lo anterior requiere, por consiguiente, un enfoque pastoral distinto.

El cuarto capítulo analiza las diferencias entre la espiritualidad e historia euroamericanas y las latinas, y por qué es tan importante entender esto para afrontar de manera constructiva las intersecciones cada vez más frecuentes entre estos dos grupos católicos tan importantes.

El quinto capítulo expone los obstáculos más comunes que se presentan en las parroquias y que ponen en riesgo un ministerio intercultural efectivo.

El capítulo sexto ofrece recursos, estrategias y programas que se pueden utilizar para construir puentes y derribar muros entre los diversos grupos culturales.

Structure of the Book

This book has three major sections: the theology of inculturation and intercultural ministry (chapters 1 and 2), the growing impact of Latinos on Catholic parish life (chapters 3 and 4), and suggestions for dealing with the challenges presented in congregations comprised of multiple cultures (chapters 5 and 6). Basically, the book moves from reflection to practice, with an accent on why as pastoral ministers we need to grasp and respond constructively to the transformation of US Catholicism by its growing Latino spiritual heritage.

The first chapter presents inculturation as how the universal Christian Gospel is realized in particular cultures and intercultural ministry as the intersection of these diverse Christian cultural expressions in parishes.

The second chapter suggests that for a eucharistic assembly manifesting a Pentecost spirituality, the aim is integration, not assimilation of cultural groups in parishes.

The third chapter examines the growth of the Latino Catholic presence in the US Catholic Church and why it is qualitatively different from the immigration experience of European American Catholics in the nineteenth and early twentieth centuries, thus requiring an alternative pastoral ministry approach.

The fourth chapter discusses the differences between the European American and Latino spiritual imaginations and histories and why this understanding is so crucial for dealing constructively with the increasing intersections between these vital Catholic constituencies.

The fifth chapter reviews the common obstacles in parishes that challenge effective intercultural ministry.

The sixth chapter provides resources, strategies, and programs that can be used to build bridges and dismantle walls between diverse cultural groups in parishes.

1

Inculturación

Diversas formas de entender y comunicar el Evangelio

Argumento: El director del coro parroquial comienza de manera ocasional a utilizar cantos bilingües inglés-español como *Pan de vida* en una Misa en inglés. Aunque la parroquia históricamente ha estado compuesta por euroamericanos, desde 1980 los inmigrantes mexicanos y centroamericanos vienen a la parroquia en tales números que se han convertido en la mayoría. Los sacerdotes que atienden a la congregación son casi todos italianos. Una de las euroamericanas que asiste a Misa se irrita tanto por el uso de un poco de español en esta liturgia en inglés que se acerca al párroco y le pide que preserve lo que ella llama, "la dulce lengua inglesa".

Como ministro de pastoral, ¿de qué forma manejarías la situación? Claramente, Jesús y los apóstoles no hablaban inglés. El inglés —o cualquier otra lengua— no debe ser preferido intrínsecamente a otras lenguas. Al mismo tiempo, este miembro de la parroquia necesita tener una experiencia de oración en la lengua en que se sienta más cómoda. Por otra parte, incluso en una liturgia en inglés, ¿cómo acogerías a aquellos cuya lengua madre no es el inglés? Si la respuesta es que quienes no hablan inglés deberían ir a una Misa en su propia lengua, entonces ¿cómo podría esto beneficiar a toda la comunidad? (una ironía más de esta historia es que la lengua madre del párroco no es ni el inglés ni el español . . .).

Por lo que ve a la catequesis, lo primero que se debe hacer es comunicar el concepto de inculturación, esto es, que aunque hay un conjunto de verdades cristianas universales, estas verdades se

1

Inculturation

Multiple Ways of Understanding and Communicating the Gospel

Scenario: A parish choir director starts to occasionally use bilingual English-Spanish hymns such as *Pan de Vida* at an English Mass. Although the parish historically has been comprised of European Americans, since 1980 Mexican and Central American immigrants have come into the parish in such numbers that they now have become the majority. The priests serving the congregation are largely from Italy. One of the European Americans attending the Mass becomes so irate at the use of some Spanish at this English liturgy that she goes to the pastor and begs him to preserve in her words, "the sweet English language."

As a pastoral minister, how would you handle this situation? Clearly, Jesus and the apostles did not speak English. English, or for that matter any other particular language, should not intrinsically be preferred to other languages. At the same time, this parishioner needs to have a prayerful experience through the language with which she is most comfortable. In turn, even at an English liturgy, how do you welcome those whose native language is not English? If the response becomes that non-English speakers should go to a Mass in their own language, then how does this foster the overall community of the parish? (An additional irony to this story is that the pastor's native language was neither English nor Spanish.)

In terms of catechesis, the first step is to communicate the concept of inculturation—that although there is a set of universal Christian truths, these truths are expressed in the context of particular

21

expresan de distinta manera en cada contexto cultural: "La inculturación es la encarnación de la vida cristiana y del mensaje cristiano en un contexto cultural determinado, de una manera que esta experiencia no solo se expresa a través de los elementos propios de la cultura en cuestión, sino que se convierte en un principio que anima, dirige y unifica la cultura, transformándola y convirtiéndola en una especie de 'nueva creación'"[1]. Cada persona encuentra la fe cristiana desde la perspectiva de su tradición cultural. La evangelización cristiana no consiste en depositar (como si cayera con un paracaídas) la fe cristiana en una cultura, sino en comunicarla según las costumbres de cada cultura y al mismo tiempo perfeccionar aquella cultura a través de las normas cristianas.

Los misioneros, en particular, se esfuerzan por aprender en profundidad las normas de una cultura de forma que puedan comunicar la fe a la luz de estas normas y no solo según las normas culturales con las que ellos crecieron. Por el contrario, los misioneros tienen la responsabilidad de evaluar de forma crítica las prácticas culturales, ya sean las de su propio lugar de origen o las del lugar en el que realizan la misión para saber si son compatibles con la fe cristiana. En este sentido, los ministros de pastoral deben olvidarse de la tentación de creer que su forma de entender el Cristianismo es la única forma correcta de hacerlo. Deben estar abiertos a otras formas de entender estas mismas verdades, especialmente en comunidades de fe que están compuestas por diversas culturas.

Esta tarea de la inculturación ha sido parte integral de la evangelización desde el inicio del Cristianismo. En términos generales, la inculturación cristiana tiene al menos cuatro etapas: al inicio, Jesús y sus discípulos comunican el Evangelio a la comunidad judía que los rodea; en segundo lugar, con la evangelización de los gentiles realizada por Pablo en la zona del Mediterráneo, las ideas filosóficas griegas y romanas entran en diálogo con la fe cristiana y se convierten en la base fundamental para difundir la Buena Noticia más allá de la comunidad judía; en tercer lugar, a lo largo de los siguientes dos milenios, los misioneros cristianos, como Patricio o Cirilo y Metodio, difunden el Evangelio, primero a lo largo y ancho de Europa, y después a otras regiones del mundo, especialmente América Latina;

---

[1] Pedro Arrupe en Peter Shineller, *A Handbook on Inculturation* (Mahwah, NJ: Paulist Press, 1990), 7 [traducción nuestra].

cultures: "Inculturation is the incarnation of Christian life and of the Christian message in a particular cultural context, in such a way that this experience not only finds expression through elements proper to the culture in question, but becomes a principle that animates, directs, and unifies the culture, transforming and remaking it so as to bring about 'a new creation.'"[1] Every person encounters the Christian faith from the perspective of his or her cultural tradition. Christian evangelization is not a matter of depositing (in the manner of a parachute) the Christian faith into a culture, but communicating the Christian faith in terms of the bearings of a particular culture and simultaneously perfecting that culture in terms of Christian norms.

Missionaries, in particular, strive to deeply learn the norms of a culture so they are able to communicate the Christian faith in light of these norms and not just in terms of the cultural norms in which they were reared. Conversely, missionaries have a responsibility to critically evaluate cultural practices, whether from their place of origin or place of mission, that are incompatible with the Christian faith. In the same fashion, pastoral ministers have to guard against the temptation to think their way of understanding Christianity is the only way. They need to be open to alternative understandings of these same truths, especially in faith-based congregations that are comprised of multiple cultures.

This task of inculturation has been integral to Christian evangelization since the beginning of Christianity. In broad terms, Christian inculturation has at least four distinct periods. Initially Jesus and his disciples communicate the Christian Gospel to the surrounding Jewish community. Second, with Paul's evangelization of the Gentiles in the Mediterranean region, Greek and Roman philosophical ideas come into dialogue with the Christian faith and constitute the substantive basis for spreading the Good News beyond the Jewish community. Third, over the next two millennia, Christian missionaries, such as Patrick and Cyril and Methodius, spread the Christian Gospel first across Europe and then to other regions of the world, especially Latin America. Finally with Vatican II (1962–65), Christian evangelization

---

[1] Pedro Arrupe in Peter Schineller, *A Handbook on Inculturation* (Mahwah, NJ: Paulist Press, 1990), 7.

por último, con el Concilio Vaticano II (1962–65), la evangelización cristiana se convierte en una "Iglesia mundial"[2]. No solo las lenguas vernáculas reemplazan al latín como lengua de culto, sino que la Escritura, los documentos de la Iglesia y las prácticas litúrgicas se traducen teniendo en cuenta las diversas costumbres de las culturas[3]. Después del Concilio Vaticano II, este énfasis en adaptar el Evangelio a las culturas se hace más necesario tomando en cuenta que actualmente el crecimiento del Cristianismo no se da en Europa, sino más bien en América Latina y África[4].

La inculturación es bidireccional: el Evangelio universal se entiende en el contexto de culturas particulares, aun así, estas mismas culturas se refinan y perfecciona con las verdades universales del Cristianismo. En la primera dimensión, en lugar de ver la perspectiva universal cristiana como "una talla para todos" que simplemente tiene que adaptarse a cada cultura y lugar, el paradigma de la Iglesia mundial subraya que los creyentes no pueden mejorar, sin entender la vida espiritual desde sus propias concepciones culturales. En este sentido, puede haber diversas expresiones de la única verdad, dependiendo de la cultura que esté informando una determinada perspectiva:

---

[2] Schineller, *A Handbook*, 10 [traducción nuestra].

[3] Ibid., 9–10. Según Schineller, hay cuatro beneficios en la forma en que se realiza la inculturación después del Concilio Vaticano II. En primer lugar, más que apoyarse ampliamente en definiciones filosóficas sobre la naturaleza humana y en deducciones teóricas sobre la cultura, la inculturación también se vale de los avances de las Ciencias Sociales, sobre todo de la Antropología Cultural y la Etnología. En segundo lugar, como subraya la constitución pastoral del Concilio Vaticano II *Gaudium et Spes*, la inculturación busca la interacción entre la cultura y el Evangelio. En tercer lugar, como opuesto a solo comunicar el Evangelio según las concepciones de una determinada cultura, la inculturación enfatiza "la reorientación, renovación y transformación de una cultura desde dentro, a la luz del mensaje evangélico" (Ibid., 23). En cuarto lugar, la inculturación subraya cuán importantes son la Iglesia y la comunidad locales para "la misión de la Iglesia en el mundo moderno" (Ibid).

[4] Cualquier esquematización rigurosa y precisa de la inculturación tiene que contemplar varios periodos desde el tiempo de Jesús hasta nuestros días. Mi esquema de cuatro periodos es una modificación del hecho por Karl Rahner, que contempla tres periodos, a saber, el Cristianismo judío, el Cristianismo de los gentiles y el Cristianismo mundial [Karl Rahner, "A Basic Theological Interpretation of the Second Vatican Council", *Theological Investigations* 20 (Nueva York: Crossroad, 1981): 77–89]. Desde el punto de vista histórico, tiene sentido modificar el esquema de Rahner, al menos para distinguir la evangelización de los gentiles hecha por san Pablo y los primeros evangelistas de los esfuerzos misioneros subsiguientes hechos más allá de la región del Mediterráneo.

shifts to being a "world church."[2] Not only do vernacular languages replace Latin as the language of worship, but Scripture, church documents, and liturgical practices are translated in terms of a diversity of cultural customs.[3] After Vatican II, this accent on particular cultural renderings of the Gospel becomes more imperative as the contemporary growth of Christianity is not in Europe, but rather in Latin America and Africa.[4]

Inculturation is bidirectional: the universal Gospel is understood in the context of particular cultures, yet these same cultures are refined and perfected through the universal truths of Christianity. In the first dimension, instead of seeing the universal Christian perspective as "one size that fits all" that simply has to be adapted to each culture and place, the paradigm of the world church stresses that believers cannot help but understand spirituality in terms of the culture that shapes their perspective. In this way there can be different expressions of the one truth, depending on the culture that is informing the perspective:

---

[2] Schineller, *A Handbook*, 10.

[3] Ibid., 9–10. According to Schineller there are four benefits to the articulation of inculturation in the post-Vatican II world. First, rather than exclusively relying on philosophical definitions of human nature and deductive renderings of culture, inculturation also draws upon the insights of the social sciences, especially that of cultural anthropology and ethnology. Second, as accented in *Gaudium et Spes* from Vatican II, inculturation pursues the interaction between culture and Gospel. Third, as opposed to just communicating the Gospel in terms of a particular culture's norms, inculturation emphasizes "the reorientation, renewal, and transformation of culture from within in light of the gospel message" (ibid., 23). Fourth, inculturation stresses how integral the local church and community are to "the mission of the church in the modern world" (ibid.).

[4] Any sensitive, accurate rendering of inculturation has to include several periods from the time of Jesus until today. My four-period rendering is a modification of Karl Rahner's characterization of the three major periods of Christian history as being Jewish Christianity, Gentile Christianity, and world Christianity (Karl Rahner, "A Basic Theological Interpretation of the Second Vatican Council," *Theological Investigations* 20 [New York: Crossroad, 1981]: 77–89). Historically speaking, it makes sense to modify Rahner's framework at least to distinguish the evangelization of the Gentiles by Paul and the early evangelists from subsequent missionary efforts beyond the Mediterranean region.

Frente a situaciones tan diversas, nos es difícil pronunciar una palabra única como también proponer una solución con valor universal. No es este nuestro propósito ni tampoco nuestra misión. Incumbe a las comunidades cristianas analizar con objetividad la situación propia de su país, esclarecerla mediante la luz de la palabra inalterable del Evangelio, deducir principios de reflexión, normas de juicio y directrices de acción según las enseñanzas sociales de la Iglesia[5].

Por ello, los ministros de pastoral no entienden el Evangelio solo a través de sus propios lentes culturales, sino que están llamados a encontrar nuevas revelaciones espirituales a través de otras culturas.

Por lo que ve a la segunda dimensión, la Iglesia universal transforma las normas de una determinada cultura. De esta forma, los ministros de pastoral son de verdad evangelizadores cristianos, en vez de que su fe se reduzca a sus inclinaciones culturales:

Cuanto más ligada está una Iglesia particular por vínculos sólidos a la Iglesia universal—en la caridad y la lealtad, en la apertura al Magisterio de Pedro, en la unidad de la *Lex orandi*, que es también *Lex credendi*, en el deseo de unidad con todas las demás Iglesias que componen la universalidad—, tanto más esta Iglesia será capaz de traducir el tesoro de la fe en la legítima variedad de expresiones de la profesión de fe, de la oración y del culto, de la vida y del comportamiento cristianos, del esplendor del pueblo en que ella se inserta. Tanto más será también evangelizadora de verdad, es decir, capaz de beber en el patrimonio universal para lograr que el pueblo se aproveche de él, así como de comunicar a la Iglesia universal la experiencia y la vida de su pueblo, en beneficio de todos[6].

Los extremos a evitar en el ministerio es ir demasiado lejos tanto en el sentido universal como en el particular. Cuando el ministerio está demasiado atento a lo universal o trascendente, entonces se convierte en algo lejano y no será capaz de tocar a la gente de una manera concreta; y si el ministerio está demasiado atento a lo particular, las costumbres de esa cultura pueden revelarse incompatibles con la fe cristiana. La universalidad del Evangelio asegura que la diversidad

---

[5] Beato Pablo VI, *Octogesima Adveniens* (Una llamada a la acción en el 80º aniversario de la encíclica *Rerum Novarum*), 14 de mayo de 1971, 4.

[6] Beato Pablo VI, *Evangelii Nuntiandi* (Sobre la evangelización en el mundo moderno), 8 de diciembre de 1975, 64.

In the face of such widely varying situations it is difficult for us to utter a unified message and to put forward a solution which has universal validity. Such is not our ambition, nor is it our mission. It is up to the Christian communities to analyze with objectivity the situation which is proper to their own country, to shed on it the light of the Gospel's unalterable words and to draw principles of reflection, norms of judgment and directives for action from the social teaching of the Church.[5]

Therefore, pastoral ministers not only understand the Christian Gospel through their specific cultural lenses but are called upon to realize new spiritual revelations through specific cultures.

In terms of the second dimension, the universal Gospel transforms the norms of a specific culture. In this way, pastoral ministers are truly Christian evangelizers instead of their faith being reduced to their cultural inclinations:

The more an individual Church is attached to the universal Church by solid bonds of communion, in charity and loyalty, in receptiveness to the Magisterium of Peter, in the unity of the *lex orandi* which is also the *lex credendi*, in the desire for unity with all other Churches which make up the whole—the more such a Church will be capable of translating the treasure of faith into the legitimate variety of expressions of the profession of faith, of prayer and worship, of Christian life and conduct and of the spiritual influence on the people among which it dwells. The more it will also be truly evangelizing, that is to say capable of drawing upon the universal patrimony in order to enable its own people to profit from it, and capable of communicating to the universal Church the experience and the life of this people, for the benefit of all.[6]

The challenge in ministry is to avoid the dangers of moving too far in either a universal or particular direction. When the ministry's focus is too universal or transcendent, it becomes detached and will not be able to connect with people in a concrete way. Or if the ministry's focus is too particular, cultural practices might ensue that are

---

[5] Blessed Paul VI, *Octogesima Adveniens* (A Call to Action on the Eightieth Anniversary of *Rerum Novarum*), May 14, 1971, 4.

[6] Blessed Paul VI, *Evangelii Nuntiandi* (Evangelization in the Modern World), December 8, 1975, 64.

de expresiones espirituales de cada cultura no conduce a la anarquía en la práctica de la fe.

Una tercera dificultad es que algunos evangelizadores, mientras aseguran que su perspectiva es universal, en realidad están tomando las normas de su cultura y las están imponiendo a otros. La evangelización cristiana debe "llevar a Cristo al mundo, no (. . .) imponer la cultura de una parte del mundo a todos los demás"[7].

Diversas expresiones culturales de la fe en una parroquia

Para los ministros de pastoral, la evangelización sensible a la complejidad de la inculturación en sí misma se convierte en una tarea abrumadora, pero cada vez más las parroquias están compuestas de diversas comunidades culturales, cuyas expresiones concretas del Cristianismo son muy distintas entre sí. Por más que la inculturación haga hincapié en la dinámica vertical entre el Evangelio universal y las culturas particulares, el solo hecho de tener que entablar relaciones interculturales en la parroquia implica una interacción horizontal de diversas inculturaciones. Los ministros de pastoral no solo tienen que ser conscientes de las expresiones de fe de su propia cultura,

---

[7] Michael Angrosino, *Talking about Cultural Diversity in Your Church* (Walnut Creek, CA: Alta Mira Press, 2001), 108 [traducción nuestra]. La inculturación es parte de una reflexión más amplia a la que Stephen Bevans llama teología contextual "que es propia de un determinado lugar, de un determinado tiempo, de una determinada cultura" [Stephen B. Bevans, SVD, *An Introduction to Theology in Global Perspective* (Maryknoll, NY: Orbis Books, 2009), 165]. Mi forma de articular la inculturación refleja esta perspectiva sintética que trata de integrar concepciones tradicionales de la enseñanza de la Iglesia y de la Escritura, con la importancia de una comprensión cercana de contextos culturales determinados, así como la llamada a facilitar un cambio social. Como opuesto a aquellos que simplemente impondrían la tradición teológica de Occidente a cualquier situación cultural o, por otro lado, a aquellos que abrazarían en bloque expresiones espirituales de una determinada cultura resistiéndose a ese carácter universal, la articulación sintética de la inculturación permite a los teólogos y ministros de pastoral entablar un diálogo entre lo que ha sido universal en la tradición cristiana y el patrimonio espiritual de contextos culturales determinados. Si tomamos el contexto de los Estados Unidos, un afroamericano, asiático-americano o un teólogo latino pueden echar mano de los pilares de la teología eurocéntrica, como en el caso de Rahner, y al mismo tiempo, sin embargo, hacer aportaciones que modifiquen la tradición teológica occidental de manera positiva. Por el contrario, aquellos que hacen la así llamada "teología común" tienen el reto de revisar sus convicciones a través

incompatible with the Christian faith. The universality of the Gospel ensures that the diversity of cultural spiritual expressions does not lead to anarchy of faith practices.

A third challenge is that some evangelists claiming universality for their perspective are in fact taking the norms of their culture and imposing it on others. Christian evangelization should "bring Christ to the world, not . . . impose the culture of one part of the world on all others."[7]

Multiple Cultural Expressions of the Faith in One Parish

For pastoral ministers, evangelization that is sensitive to the complexity of inculturation by itself is a daunting task, but increasingly parishes are made up of multiple cultural communities whose concrete expressions of Christianity are quite distinct from each other. As much as inculturation stresses the vertical dynamic between the universal Gospel and particular cultures, realizing just intercultural relations in parishes involves the horizontal interaction between multiple inculturations of the faith. Pastoral ministers not only have

---

[7] Michael Angrosino, *Talking about Cultural Diversity in Your Church* (Walnut Creek, CA: Alta Mira Press, 2001), 108. Inculturation is part of the larger discourse in what Stephen Bevans terms a contextual theology "that is specific to a particular place, a particular time, a particular culture" (Stephen B. Bevans, SVD, *An Introduction to Theology in Global Perspective* [Maryknoll, NY: Orbis Books, 2009], 165). My articulation of inculturation reflects this synthetic approach that seeks to integrate long-standing understandings of church teaching and Scripture with the importance of close understanding of particular cultural contexts as well as the call to facilitate social change. As opposed to those who would simply impose the Western theological tradition on every cultural situation or conversely those who would celebrate thick, local particular cultural spiritual expressions in resistance to such universalizing, the synthetic articulation of inculturation allows theologians and pastoral ministers to engage in a dialogue between what has been the universal Christian tradition and what are the spiritual insights of particular cultural contexts. Put into a US context, an African American, Asian American, or Latino theologian can draw insights from the pillars of Eurocentric theology, such as Rahner, yet simultaneously contribute insights that reshape the long-standing Western theological tradition in positive ways. Conversely, those doing so-called "mainstream" theology are challenged to rethink their conventional renderings through these alternative understandings. For more elaboration of the synthetic model of contextual theology, see Stephen B. Bevans, SVD, *Models of Contextual Theology* (Maryknoll, NY: Orbis Press, 1992), 81–96.

sino también de aquella de los feligreses a los que sirven. El reto consiste en lograr que cada una de las comunidades culturales de la parroquia entienda las expresiones espirituales de las otras. Muchos de los malentendidos y conflictos que surgen entre los miembros de las parroquias no implican necesariamente mala voluntad o diferencias de personalidad, sino profundas diferencias en sus formas de articular el Cristianismo.

Si decimos que "somos uno en el Espíritu, somos uno en el Señor"[8], ¿de qué forma realizamos la "unidad en la diversidad", a través de las múltiples expresiones legítimas de la fe que animan a nuestras comunidades?

En el mundo católico de los Estados Unidos existen cinco tipos de parroquias. En primer lugar, las parroquias nacionales o étnicas que están compuestas por gente de la misma nacionalidad y que ofrecen servicios litúrgicos en una lengua distinta de aquella de la cultura dominante, por ejemplo, las parroquias de inmigrantes europeos del siglo XIX o las parroquias nacionales asiático-americanas actuales. En segundo lugar, las parroquias que forman parte de la cultura dominante. Son aquellas animadas por una cultura euroamericana y todas sus liturgias son en inglés. En tercer lugar, las parroquias inclusivas, que tienen diversos grupos culturales involucrados en los ministerios de la parroquia, pero comparten el inglés como lengua común, por ejemplo, una parroquia compuesta por euroamericanos, afroamericanos y filipinoamericanos. En cuarto lugar, las parroquias compartidas, las cuales cuentan con diversos grupos culturales que tienen liturgias y ministerios en su propia lengua, y comparten las mismas instalaciones. Por último, las parroquias de transición, las cuales son parroquias de larga tradición euroamericana que extienden su ministerio hasta otro grupo cultural o simplemente se ven trastornadas numéricamente por un grupo de otra cultura; lo último sucede especialmente cuando los latinos se convierten en el grupo cultural dominante en una congregación que históricamente fue una parroquia nacional o euroamericana[9].

---

de estas formas alternativas de comprender la fe cristiana. Para una exposición más detallada del modelo sintético de la teología contextual véase Stephen B. Bevans, SVD, *Models of Contextual Theology* (Maryknoll, NY: Orbis Press, 1992), 81–96.

[8] Esta es la primera línea del himno "Sabrán que somos cristianos por nuestro amor".

[9] Esta clasificación proviene del trabajo de Ken-Johnson Mondragón y Stephen Dudeck. Véase Ken Johnson Mondragón, "Ministry in Multicultural and National/

to grasp the particular cultural bearings of their faith but those of the parishioners they serve. The challenge becomes to enable each of the cultural communities in the parish to understand each other's spiritual expressions. Many of the misunderstandings and conflicts that ensue between parishioners are not necessarily reflective of ill will or personality differences, but deep differences in their cultural articulations of Christianity.

If we claim that "we are one in the spirit, we are one in the Lord,"[8] how do we genuinely realize "unity in diversity" through the multiple legitimate expressions of the faith that animate our faith-based communities?

In the US Catholic world, five types of parishes stand out. First, a national or ethnic parish is made up of people from the same nationality and offers liturgies in languages distinct from the dominant culture, for example, the European immigrant parishes of the nineteenth century or the Asian American national parishes of today. Second, a mainstream culture parish is one oriented by European American culture and whose liturgies are all in English. Third, an inclusive parish has multiple cultural groups involved in parish ministries but share a common English language, for example, a parish that is made up of European Americans, African Americans, and Filipino Americans. Fourth, a shared parish has multiple cultural groups that have liturgies and ministries in their own language but share the same physical facilities. Finally, a transitional parish is either when a long-standing European American parish extends its ministry to another cultural group or becomes overwhelmed numerically by another cultural group; the latter occurs especially when Latinos become the dominant cultural group in a congregation that was historically either a national or a European American parish.[9]

---

[8] This is the first line of the hymn "They'll Know We Are Christians by Our Love."

[9] This typology has grown out of the work by Ken Johnson-Mondragón and Stephen Dudek. See Ken Johnson-Mondragón, "Ministry in Multicultural and National/Ethnic Parishes: Evaluating the Findings of the Emerging Models of Parish Leadership Project" (National Association for Lay Ministry: 2008), 8–12; Stephen S. Dudek, "Becoming Inclusive Communities of Faith: Biblical Reflection and Effective Frameworks," *New Theology Review* 20, no. 1 (February 2008): 40–51.

De estas, los retos más grandes para las relaciones interculturales están en las parroquias compartidas y en transición. De hecho, un número creciente de parroquias en los Estados Unidos son parroquias compartidas. Al mismo tiempo, los ministros de pastoral en parroquias nacionales, en parroquias compuestas por la cultura dominante o las de carácter incluyente se encuentran cada vez más con estos mismos retos a medida que la Iglesia Católica en los Estados Unidos se convierte en una realidad más diversa desde el punto de vista étnico, lingüístico y racial.

La tentación del etnocentrismo

¿De qué forma se pueden librar los ministros de privilegiar una perspectiva cultural sobre otras? Al igual que los misioneros no deben imponer su perspectiva cultural a la hora de anunciar la fe, tampoco los ministros parroquiales deben hacerlo. Por el contrario, deben estar alerta para no dar por supuesto que su forma de entender la fe es superior a la de otra cultura; los ministros parroquiales están llamados a elevar la fe del otro[10].

Las parroquias euroamericanas, sin importar si son parroquias de la cultura dominante, inclusivas o en transición, necesitan de manera particular cuidarse de la tentación de asimilar a las nuevas comunidades culturales a la forma euroamericana de hacer las cosas. Esta tentación es perfectamente comprensible dado que muchos católicos euroamericanos estuvieron inicialmente en parroquias nacionales, pero sus descendientes al final terminaron por acudir a parroquias de la cultura dominante.

Allan Figeroa Deck utiliza una etiqueta para este enfoque: "la parroquia americanizante (. . .) en la cual los clérigos y con frecuencia

---

Ethnic Parishes: Evaluating the Findings of the Emerging Models of Parish Leadership Project" (National Association for Lay Ministry: 2008), 8–12; Stephen Dudek, "Becoming Inclusive Communities of Faith: Biblical Reflection and Effective Frameworks", *New Theology Review* 20, no. 1 (febrero 2008): 40–51.

[10] Como observa Kathy Black, quienes caen en el etnocentrismo o "rechazan a aquellos que son diferentes porque creen que son inferiores y por lo mismo no merecen su tiempo o atención, o se vuelven asimilacionistas, tratando de que todos sean exactamente como ellos" (Kathy Black, *Culturally-Conscious Workship*, St. Louis, MO: Chalice Press, 2000), 57 [traducción nuestra].

Of these categories, the challenges of intercultural relations are most vivid in shared and transitional parishes. In fact, a growing number of US parishes fall under the shared category. At the same time, pastoral ministers in national, mainstream, and inclusive parishes are also increasingly facing these same challenges as the US Catholic Church is becoming more diverse in ethnic, linguistic, and racial terms.

Dealing with the Ethnocentric Temptation

How do pastoral ministers guard against privileging one particular cultural perspective over another? Just as missionaries should not impose their cultural perspective in evangelizing the faith, neither should parish ministers. In turn, they need to guard against the ethnocentric presumption that their understanding of the faith is superior to that of another culture; parish ministers are called to uplift the faith of the other.[10]

European American parishes, whether they are in the mainstream, inclusive, or transitional categories, especially need to guard against the temptation of assimilating newer cultural communities to the European American ways of doing things. This temptation is very understandable given that many European American Catholics initially were in national parishes, but their descendants eventually gravitated toward mainstream parishes.

Allan Figueroa Deck labels this approach "the Americanizing parish . . . in which the clergy and frequently the lay leaders have decided that newcomers will have to adapt themselves to the way things have always been done."[11] Unfortunately, as Deck also points out, this model puts "assimilation or Americanization [comes] . . .

---

[10] As Kathy Black notes, practitioners of ethnocentrism either "dismiss those who are different as inferior and therefore may not be worthy of their time or recognition, or they may become assimilationist by trying to make everyone be just like them" (Kathy Black, *Culturally-Conscious Worship* [St. Louis, MO: Chalice Press, 2000], 57).

[11] Allan Figueroa Deck, *The Second Wave: Hispanic Ministry and the Evangelization of Cultures* (New York: Paulist Press, 1989), 61.

los líderes laicos han decidido que los recién llegados tendrán que adaptarse a la forma en que las cosas siempre se han hecho"[11]. Por desgracia, como también señala Deck, este modelo hace que la "asimilación o americanización [vaya] (. . .) antes que la evangelización"[12]. En tales circunstancias, los creyentes de la cultura alterna no se sienten acogidos porque la distribución de los sacramentos y de otros servicios y actividades parroquiales se hace solo en inglés o de una manera con la que ellos no se sienten a gusto desde el punto de vista cultural[13]. El fin de la liturgia es permitir a la gente profundizar en su vida de fe en la lengua y cultura en que se sientan cómodos, no aprender inglés o volverse "americanos".

La asimilación refleja lo que el teólogo Justo González llama la "la mentalidad de frontera"[14]. Esta mentalidad de frontera —señala— hace una distinción neta entre gente civilizada y gente incivilizada. Con frecuencia, a los últimos se les identifica como paganos o infieles. La frase "no vaya más allá del confín", por ejemplo, es en la historia irlandesa la forma de decir que uno estaba yendo más allá del límite de la civilización, adentrándose en una tierra supuestamente habitada por bárbaros salvajes. Como González explica, a medida que la presunta civilización expande sus fronteras, los así llamados bárbaros pueden escoger entre asimilarse a la civilización o ser exterminados por ella: no existe término medio[15].

En el período colonial de los Estados Unidos, las comunidades religiosas de puritanos buscaron alcanzar la pureza de su creencia religiosa y el estilo de vida que antes creyeron imposible debido a las persecuciones y a la corrupción que habían visto en el Viejo Mundo. En esta búsqueda de la pureza, estas comunidades se encerraron en sí mismas y se fortificaron contra los que no compartían sus creencias. Aunque estos asentamientos eran incluyentes y llenos de espíritu fraterno para con aquellos que compartían las creencias puritanas, excluían a cualquier otro que no las compartiera.

Esta preocupación por civilizar a los que se creían bárbaros con el paso del tiempo se asentó en la cultura política de los Estados

---

[11] Allan Figueroa Deck, *The Second Wave: Hispanic Ministry and the Evangelization of Cultures* (New York: The Paulist Press, 1989), 61 [traducción nuestra].

[12] Ibid.

[13] Ibid.

[14] Justo González, *Santa Biblia: The Bible Through Hispanic Eyes* (Nashville: Abingdon, 1996), 85–86.

[15] Ibid.

before evangelization."[12] In such circumstances believers from alternative cultures do not feel welcome because the distribution of the sacraments and other parish services and activities are done only in English or in a cultural manner with which they are unfamiliar.[13] The purpose of liturgy is to enable people to deepen their faith lives in the language and culture in which they feel comfortable, not to learn English or become "American."

Assimilation is reflective of what theologian Justo Gonzalez terms the "frontier mentality."[14] This frontier mentality, he points out, clearly distinguishes between the civilized and the uncivilized. Frequently, the latter are referred to as heathens or infidels. The phrase "do not go past the pale," for instance, refers in Irish history to the post that indicated one was moving beyond the boundary of civilization into the land inhabited supposedly by wild barbarians. As Gonzalez explains, as the so-called civilization expands its boundary, the so-called barbarians can choose to assimilate to civilization or be exterminated by it—there is no middle ground.[15]

In the US colonial period, the Puritan religious communities sought to achieve a purity of religious belief and way of life they previously felt was impossible due to the persecutions and the corruption they had experienced in the Old World. In this pursuit of purity, these communities were very self-enclosed and fortified against those who disagreed with their beliefs. Although these settlements were inclusive and fraternal to those who shared Puritan beliefs, they were exclusive to anyone that did not share them.

This preoccupation with civilizing the presumed barbarian over time makes its way into US political culture with notions such as "a city on a hill," "a beacon of light," and "an errand in the wilderness."[16] Therefore as the settlers spread westward, they saw their efforts very much as bringing civilization to uncultured lands and people. This civilizing motif continues with the uprooting of young

---

[12] Ibid.

[13] Ibid.

[14] Justo González, *Santa Biblia: The Bible Through Hispanic Eyes* (Nashville: Abingdon, 1996), 85–86.

[15] Ibid.

[16] Samuel P. Huntington, *Who Are We?: The Challenges to America's National Identity* (New York: Simon and Schuster, 2004), 64.

Unidos con nociones como "una ciudad sobre la colina", "un faro de luz" y "un mensaje en el desierto"[16]. Por ello, a medida que los colonizadores avanzaban hacia el oeste, vieron sus esfuerzos sobre todo como una forma de llevar la civilización a las tierras y pueblos sin cultura. Esta bandera de la civilización siguió con el desarraigo de los jóvenes nativoamericanos de sus tribus para ser educados en "escuelas cristianas". En el Suroeste, durante la guerra de 1846–48 entre los Estados Unidos y México, el Catolicismo euroamericano suplantó al Catolicismo mexicano en muchas parroquias. Los nuevos sacerdotes dijeron a los católicos mexicanos de larga tradición que sus anteriores prácticas de fe necesitaban ser "corregidas".

Todavía peor, con la asimilación, los miembros de las comunidades culturales subordinadas en una parroquia asumen la noción de que "la cultura, la lengua y los valores dominantes son mejores que los suyos"[17]. En la vida parroquial, esta aceptación de la inferioridad conduce a una deferencia a las estructuras y procesos de la parroquia que privilegian a la comunidad dominante, incluso cuando esta comunidad ya no es desde el punto de vista numérico, mayoría. En tales casos, los miembros de la comunidad cultural subordinada no tienen la confianza ni tampoco el dominio del lenguaje para ofrecer a la comunidad parroquial sus dones culturales.

La cultura dominante que practica la asimilación no siempre es la euroamericana. Por ejemplo, algunas parroquias latinas están divididas entre mexicano-americanos de segunda o tercera generación, que hablan inglés y los emigrantes de habla hispana recién llegados de México y Centroamérica. Los mexicano-americanos, cuyas familias han estado en los Estados Unidos desde la Revolución Mexicana o antes, y han incorporado a sus vidas muchas de las costumbres americanas, llevan el liderazgo en la parroquia. Una vez más, el acceso a las estructuras de liderazgo de la parroquia en general para los recién llegados puede depender en gran medida de su grado de adaptación a las costumbres de sus predecesores mexicano-americanos.

Hacer la vista gorda subrayando los aspectos comunes e ignorando las diferencias fácilmente conduce a olvidar cómo las características que se privilegian como "color de piel, rasgos faciales, tipo de cabello,

---

[16] Samuel P. Huntington, *Who Are We?: The Challenges to America's National Identity* (New York: Simon and Schuster, 2004), 64.

[17] Black, *Cuturally-Conscious*, 58.

Native Americans from their tribes so as to be educated at "Christian schools." In the Southwest in the wake of the 1846–48 United States-Mexican War, European American Catholicism supplanted Mexican Catholicism in many parishes. The long-standing Mexican Catholics were told by their new priests that their past faith practices needed to be "corrected."

Worse yet, with assimilation, members of the subordinate cultural communities in a parish internalize the notion that "the dominant culture, language, and values are better than their own."[17] In parish life, this acceptance of inferiority leads to a deference to parish structures and processes that privilege the dominant community, even when this dominant community is no longer the numerical majority. In such instances, members of the subordinate cultural community lack the confidence and frequently the language skills to bring forward their cultural gifts into the parish community.

The dominant culture practicing assimilation is not always European American. For example, some Latino parishes are divided between the long-standing, primarily English-speaking Mexican Americans and the more recent, Spanish-speaking migrants from Mexico and Central America. The Mexican Americans, whose families have been in the United States since the Mexican Revolution or earlier and have incorporated many US American mores, constitute the parish leadership. Once again, access to the overall parish leadership structure by the more recent migrants may very well depend on the degree to which they adapt the manners of their Mexican American predecessors.

Simply opting for a colorblind approach that stresses commonalities over differences too easily ignores how preferred traits such as "skin color, facial features, hair texture, ethnicity, nationality, language proficiency, physical and mental abilities, educational level, and economic level" still work their way into determinations of what is held in common.[18] All too often though, if a person's body features or cultural values do not match those supposedly held in common, precious aspects of a person's background get denied, leaving such

---

[17] Black, *Culturally-Conscious*, 58.
[18] Ibid., 57.

origen étnico, nacionalidad, dominio del lenguaje, capacidades físicas y mentales, nivel de educación y nivel económico" siguen influyendo a la hora de determinar cuáles son los aspectos comunes[18]. Con demasiada frecuencia, si los rasgos físicos de una persona o sus valores culturales no coinciden con los que supuestamente son comunes, se niegan valiosos aspectos de la cultura de esa persona, dejándola con la sensación de que es "invisible"[19]. En el caso de las parroquias incluyentes, donde euroamericanos, afroamericanos o filipino-americanos participan en los actos de culto en inglés, los ministros de pastoral deben preguntarse si las actividades de la parroquia de verdad están integrando las contribuciones culturales de las tres comunidades o si de forma subrepticia están asimilando a los fieles, convirtiéndolos en "americanos".

En este contexto, ¿podemos asombrarnos de que los latinos estén abandonando las parroquias católicas por comunidades pentecostales o de otro tipo, o que simplemente estén dejando el Cristianismo organizado por completo?[20]. Las bancas de muchas congregaciones pentecostales en las que se habla español están llenas de antiguos católicos. La espiritualidad, los cantos de los servicios en estas comunidades son muy atractivos para los latinos, que no encuentran esa sensibilidad cultural en las liturgias de las parroquias católicas. Incluso algunas de las principales congregaciones protestantes anuncian sus liturgias en español como *misas*.

Un ejemplo de cómo la Iglesia Católica de los Estados Unidos ha sido poco sensible al influjo de las tradiciones culturales en las actividades litúrgicas y sociales de la parroquia, tuvo lugar en la década de los ochenta, cuando algunos católicos afroamericanos literalmente abandonaron la Iglesia para formar el Templo Imani y darle así un espacio propio a la espiritualidad afroamericana. Un ejemplo anterior en la historia de una completa ruptura con el Catolicismo en los Estados Unidos fue cuando algunos inmigrantes polaco-americanos formaron su propia iglesia porque sentían que el Catolicismo de los Estados Unidos estaba demasiado dominado por los americanos de origen irlandés y alemán.

El etnocentrismo es contrario al ministerio intercultural. Como ministros de pastoral, nuestra responsabilidad es anunciar el Evangelio

---

[18] Ibid., 57.
[19] Ibid., 58.
[20] Pew Forum on Religion and Public Life, "The Shifting Religious Identity of Latinos in the United States", (Washington, DC: Pew Research Center, 2014), 5–6.

persons with the feeling that they are "invisible."[19] In the case of inclusive parishes where a combination of European Americans, African Americans, or Filipino Americans worship together in English, pastoral ministers especially need to question whether parish activities truly integrate the cultural contributions of all three communities or in fact subtly assimilate parishioners into being "American."

In this context, is it such a shock that some Latinos are shifting from Catholic parishes to Pentecostal and other faith-based communities or simply leaving organized Christianity all together?[20] The pews of many Spanish-speaking Pentecostal congregations are filled with former Catholics. The spirit-filled, song-filled character of Pentecostal services is very appealing to Latinos who do not find this cultural sensibility in the worship at the neighboring Catholic parishes. Even some mainline Protestant congregations advertise their Spanish liturgies as *misas*—Spanish for masses.

An example of the US Catholic church being insensitive to the importance of cultural traditions to parish liturgical and social activities happened in the 1980s when some African American Catholics literally left the church to form the Imani Temple to realize a more distinctly African American spirituality. A previous historical example of a complete break with US Catholicism was when some Polish American immigrants formed their own church because they felt US Catholicism was too dominated by Irish and German Americans.

Ethnocentrism is contradictory to intercultural ministry. As pastoral ministers, our responsibility is to evangelize the Gospel through the cultural norms of our fellow believers, not to reduce the Gospel to being the reflection of our mores or that of the dominant parish group.

---

[19] Ibid., 58.

[20] Pew Forum on Religion and Public Life, "The Shifting Religious Identity of Latinos in the United States" (Washington, DC: Pew Research Center, 2014), 5–6.

a través de la cultura de nuestros hermanos creyentes y no hacer del Evangelio un reflejo de nuestras costumbres o de las del grupo dominante en la parroquia.

Pros y contras de las parroquias compartidas

Un número cada vez mayor de parroquias en los Estados Unidos son parroquias compartidas debido, tanto al número creciente de católicos provenientes de África, Asia, América Latina y las Islas del Pacífico, como a la consolidación de muchas parroquias nacionales que llevan ya varias décadas de vida, especialmente en el Noreste y en el Medio Oeste.

Desde el punto de vista de la inculturación, es perfectamente legítimo y signo de consideración facilitar a los creyentes dar culto a Dios en su propia lengua y cultura. Los caminos paralelos que siguen algunas comunidades dentro de las parroquias reflejan las diversas formas en que se relaciona el Evangelio con las lenguas y culturas. Si bien se queda corto en cuanto a la integración de los grupos, es preferible a la asimilación. Este acuerdo a menudo será la opción más realista para el ministerio intercultural, cuando haya muchas lenguas involucradas. Por otro lado, tanto la tentación del etnocentrismo como el reto de lograr un acceso equitativo y justo a las estructuras de toma de decisiones están presentes en las parroquias compartidas, de la misma forma que lo están en aquellas en que se da la tendencia a la asimilación.

Tener actos litúrgicos y vida parroquial en los que esté implícita la convicción ya sea de la superioridad cultural de una o la exclusión de otra, es tan contrario al Evangelio como el enfoque de la asimilación. En una ocasión, en una liturgia para celebrar a Nuestra Señora de Guadalupe, un latino dijo a un euroamericano que participaba en la ceremonia "¿tú que estás haciendo aquí?", como diciendo que la celebración de la Guadalupana era solo para los latinos. La ironía aquí es que Nuestra Señora de Guadalupe combina a su vez creencias espirituales indígenas y elementos del Catolicismo español. Su mensaje es de inclusión, no de exclusión, y actualmente es la patrona de toda América, no solo de México.

En la década de los noventa, la misma parroquia también tenía tres legiones de María distintas, separadas por la lengua. De nuevo, es comprensible que la gente necesite rezar el Rosario en su propia

The Pros and Cons of Shared Parishes

A growing number of parishes in the United States are shared parishes due to both the growing number of Catholics from Africa, Asia, Latin America, and the Pacific Islands and the consolidation of many long-standing national parishes, especially in the Northeast and Midwest.

In terms of inculturation, it is perfectly appropriate and sensible that believers worship in their native languages and cultures. Parallel tracks in parishes are reflective of the multiple understandings of the relationship of the Gospel to particular languages and cultures. Short of an integration of groups that is not assimilation, this shared arrangement will often be the most realistic engagement of intercultural ministry where multiple languages are involved. At the same time, both the challenges of ethnocentrism and fair and just access to the overall decision-making structures of the parish are just as present in shared parishes as in a parish preoccupied with assimilation.

Conducting liturgy and church life that either projects cultural superiority or excludes other cultural groups is just as contrary to the Gospel as the assimilation approach. Once at a liturgy celebrating Our Lady of Guadalupe, a European American attending the celebration was confronted by a Latino who stated, "what are you doing here," as if to say that the *Guadalupana* celebration was only for Latinos. The irony here is that Our Lady of Guadalupe combines Mexican indigenous spiritual beliefs with Spanish Catholicism. She conveys inclusion, not exclusion, and now is the patroness for all the Americas, not just Mexico.

The same parish in the 1990s also had three different Legions of Mary separated by language. Again, it is certainly understandable that people need to pray the rosary in their own language; likely, none of the groups intentionally excluded the members of the other prayer groups. In terms of intercultural ministry though, it seems reasonable that such legionnaires might occasionally pray the rosary together.

In terms of inculturation, the universal aspect of Christianity gets eclipsed when the faith is reduced to just one group's cultural practices.

lengua; además, lo más probable es que ninguno de los tres grupos haya excluido de forma intencional a los miembros de los otros grupos de oración; sin embargo, desde el punto de vista del ministerio intercultural, parece conveniente que esos legionarios recen de vez en cuando el Rosario juntos.

Por lo que ve a la inculturación, el carácter universal del Cristianismo queda eclipsado cuando la fe se reduce a las prácticas culturales de un solo grupo. Entonces la sensibilidad de Pentecostés de llegar a comprender al otro con cierta profundidad, a pesar de las diferencias de lengua y tradiciones, se pierde.

Si las comunidades culturales de una parroquia compartida caen en un excesivo ensimismamiento, resultará muy difícil celebrar eventos generales, como el día de la fiesta de la parroquia o liturgias compartidas en los momentos más importantes del calendario litúrgico, como por ejemplo la Semana Santa. Si no se fomentan los intercambios frecuentes entre los diversos grupos culturales, el ministerio intercultural se reduce a formas protocolarias de compartir, como hacer que los fieles de la parroquia lleven las ofrendas en la Misa usando trajes típicos o cenas en las que cada grupo comparte platillos típicos de su propia cultura. Tales iniciativas son buenas, pero a no ser que nos lleven a conocer al otro de forma profunda, como compartir los alimentos con cierta frecuencia en la casa de otro, se convierten en iniciativas superficiales, que nunca afrontan el duro trabajo que implica alcanzar una verdadera unidad en la diversidad.

Los ministros de pastoral tienen la responsabilidad de analizar si hay otros elementos en juego en tales separaciones que en definitiva están socavando la unidad de la comunidad cristiana. Las comunidades separadas dentro de una parroquia también pueden formarse cuando las comunidades subordinadas, sean latinas, asiático-americanas u otros grupos étnicos 1) no se sienten acogidos por la comunidad dominante, 2) sienten que la forma de rezar y de vivir la espiritualidad en su propia cultura no encuentra un lugar en las liturgias y prácticas del grupo dominante, 3) o no tienen los recursos económicos o las habilidades para cuestionar la forma en que se lleva adelante la vida parroquial. Por ejemplo, ¿están distribuidos los recursos de manera adecuada entre los grupos culturales dentro de la parroquia y estos grupos tienen acceso equitativo a las decisiones que se toman sobre toda la parroquia? Muy a menudo estas problemáticas no se afrontan con decisión.

Dichas desigualdades con frecuencia se manifiestan en temas como qué comunidad cultural tiene los mejores horarios para la Misa,

Then the Pentecost sensibility of having some understanding of each other despite different languages and traditions gets lost.

If the cultural communities in a shared parish become too inward looking, it becomes very difficult to celebrate parish-wide events such as the feast day for the parish's name or shared liturgies at key points of the Christian calendar such as Holy Week. Without nurturing on-going interchanges between cultural groups, intercultural ministry gets reduced to token forms of sharing, such as having parishioners in diverse cultural attire bring forth the gifts at Mass or having a dinner at which each group shares its respective ethnic foods. Such initiatives are well intended, but unless they lead us to know each other in a deep way, such as sharing meals regularly in each other's homes, they become superficial initiatives that never undertake the hard work involved in pursuing genuine unity in diversity.

Pastoral ministers have a responsibility to examine whether other factors are at play in such separations that ultimately undermine the unity of a Christian community. Separate communities within one parish can also form when the subordinate communities, be they Latinos, Asian Americans, or other ethnic constituencies 1) do not feel welcome by the dominant community, 2) feel that their cultural ways of praying and pursuing spirituality are missing in the liturgies and practices of the dominant group, or 3) do not have the economic resources or educational skills to challenge the way that the parish is being run. For example, are resources distributed in a just fashion to cultural groups within a parish, and do these groups have fair access to overall parish decision making? All too often these issues aren't directly addressed.

Such disparities frequently arise in terms of issues such as which cultural community receives the preferred mass times either on Saturday evening or on Sunday. But they can also be something as simple as the parish bulletin in English being published with more professional polish than the version of the bulletin in other languages. Or when joint spiritual reflection evenings are held and after an initial bilingual or multilingual liturgy to begin the event, the communities subsequently divide to do faith sharing in their respective languages. All too often, the meeting space for the English speakers is nicer than that of the non-English speakers or the non-English speakers are asked by the English speakers to move to another location on the parish premises so as to facilitate separate, linguistic faith sharing. These kinds of practices by the dominant or long-standing cultural community are not healthy forms of evangelization.

ya sea los domingos o los sábados por la tarde. Pero puede tratarse también de cosas tan sencillas como si la hoja parroquial se publica en inglés con mejor calidad que la versión del mismo boletín para otras lenguas. O cuando se tienen tardes de reflexión en común y después de una liturgia inicial bilingüe o multilingüe, los diversos grupos culturales se dividen para compartir su fe en sus respectivas lenguas. Muy a menudo, las salas de reunión para los grupos de habla inglesa son mejores que las de aquellos que no hablan inglés o los primeros piden a los segundos que usen otro espacio en las instalaciones de la parroquia, para que las actividades espirituales se tengan en grupos lingüísticos separados. Este tipo de prácticas por parte de la comunidad dominante no son una forma sana de evangelización.

En algunas parroquias compartidas, la comunidad de habla inglesa todavía domina los comités más importantes, como el consejo de pastoral o el comité de finanzas. Además de dominar el lenguaje, los miembros de habla inglesa frecuentemente son quienes sostienen financieramente la parroquia, incluso si ya no son mayoría. En consecuencia, sus normas todavía permean la estructura y decisiones de la parroquia. Estas diferencias no son solo un problema de sensibilidad hacia la diversidad cultural, sino también un problema de justicia social.

Por ejemplo, en una discusión sobre relaciones interculturales en una parroquia compuesta por grupos de habla inglesa, española y vietnamita, una euroamericana anotó que ser culturalmente sensible implicaba también reconocer su ascendencia ucraniano-americana. Por un lado, su reflexión fue bien recibida: las culturas que nos hacen ser quienes somos, son importantes y deben ser respetadas; por otro lado, sin embargo, la pregunta clave es saber si su ascendencia ucraniano-americana es un obstáculo para ser un líder en las estructuras decisionales de la parroquia (de hecho era un líder) o si acaso para su vida profesional. Es muy probable que para los inmigrantes ucranianos que llegaron a los Estados Unidos, sobre todo después del colapso de la Unión Soviética, esto fuera un problema, especialmente si el inmigrante tenía poco dominio del inglés. Sin embargo, en el caso en cuestión, este particular líder parroquial dominaba el inglés y tenía un alto nivel de instrucción. No estaba encontrando obstáculos para acceder a los foros de decisión debido a su origen étnico.

En el caso de los feligreses latinos y vietnamita-americanos de la misma parroquia, su limitado dominio del inglés, su falta de comprensión de las normas dominantes euroamericanas y sus recursos

In some shared parishes, the English-speaking community still dominates the key committees of the overall parish such as the pastoral council or the finance committee. Besides fluency in the language, the English-speaking members frequently are the financial foundation of the parish even if they no longer constitute a majority of parishioners. Consequently, their norms still pervade parish decision-making structure. These discrepancies are not just matters of sensitivity to cultural differences, but ones of social justice.

For example, in a discussion on intercultural relations in a parish comprised of English-speaking, Spanish-speaking, and Vietnamese-speaking groups, a European American observed that being culturally sensitive also entailed acknowledging her Ukrainian American background. On one level, the thought was well taken; the cultures that shape each of us are important and need to be respected. On the other hand, though, the key question is whether her Ukrainian American background put up barriers to her being a leader in parish decision-making structures (which she was) or for that matter to opportunities in her professional life. It is quite possible for Ukrainian immigrants who have come to the United States, especially after the collapse of the Soviet Union, that such concerns might be an issue, especially if the immigrants have limited facility in English. However, in the case in question, this particular parish leader spoke fluent English and was highly educated. She was not facing obstacles in accessing decision-making networks due to her ethnicity.

In the cases of Latino and Vietnamese American parishioners in this same parish, their limited facility with English, lack of understanding of the dominant European-American norms, and by and large more limited financial resources made it more difficult to access the decision-making structures running the parish. Being sensitive to difference is not just a matter of acknowledging the cultural backgrounds from which people come, but whether barriers are in place, on ethnic or racial grounds, that limit their ability to contribute fully to parish life. Realizing just relationships both between and within cultural groups in parishes is integral to intercultural ministry.

Without a doubt, differences of language and/or culture make both national and shared parishes necessary. But separation that leads to an ethnocentrism in which cultural groups see themselves as superior to the other parish cultural groups or that their way of practicing the faith is better or purer than those of the other groups is contrary to the Gospel.

financieros mucho más limitados, les hacían más difícil acceder a los foros de decisión que dirigían la parroquia. Ser sensible a las diferencias culturales no es solo cuestión de reconocer la procedencia de las personas, sino también analizar si existen barreras causadas por el origen étnico o racial que limiten la capacidad de las personas para contribuir de manera plena a la vida parroquial. Establecer relaciones justas, tanto entre los diversos grupos culturales como dentro de cada uno de ellos, es una parte fundamental del ministerio intercultural.

Sin duda, las diferencias de lengua y/o cultura hacen necesarias tanto las parroquias nacionales como las compartidas. Pero la separación que conduce a un etnocentrismo en el que los grupos culturales se ven a sí mismos como superiores a los otros o les hace pensar que su forma de practicar la fe es mejor y más pura que la de los otros grupos, es contraria al Evangelio.

Si queremos ir más allá de la mera tolerancia para comprometer a otros grupos culturales de la parroquia en una amplia interacción social y litúrgica, debemos caer en la cuenta de que tanto la asimilación como el separatismo se quedan cortos. La Buena Noticia del Evangelio exige no solo que seamos amables con alguien que es "diferente", sino que nos llama a profundizar en nuestra vida espiritual y en las riquezas de nuestras comunidades compartidas a través de nuevas ideas y puntos de vista compartidos. Todo esto debe hacerse a través de relaciones interculturales que no privilegian a ninguna cultura.

Volviendo a la historia del inicio de este capítulo, sí, la propia lengua es un elemento fundamental en el culto para cualquier creyente; pero necesitamos cuidarnos de la tentación de pensar que nuestra forma cultural de ser cristianos es la mejor o la única. Con el concepto de inculturación, este capítulo ha mostrado que el Cristianismo desde el inicio ha enfrentado el reto de anunciar el Evangelio en diversas culturas. Pero más allá de la compleja dinámica entre Evangelio universal y culturas particulares, en las parroquias de nuestros días, los grupos culturales viven en medio de constantes interacciones con diversas formas de expresar la fe. Como ministros de pastoral, estamos llamados por nuestra fe cristiana a promover una unidad en la diversidad que rechace la asimilación y que a la vez no se conforme con tener diversos grupos culturales en una parroquia compartida manteniendo una distancia prudente entre sí. Lo ideal es una parroquia integrada: eso es lo que analizaremos en el siguiente capítulo.

In our worshiping communities, if we are to move beyond mere tolerance to engage other cultural groups in extensive social and liturgical interaction, then both assimilation and separatism fall far short of the mark. The Good News of the Gospel entails not just being nice to someone "different" from us, but calls us to deepen our spiritual lives and shared communities through the new insights and outlooks shared in intercultural relationships that do not privilege any one culture.

Returning to the story at the outset of this chapter, yes, worshiping in one's language is crucial to every believer, but we need to guard against the temptation of thinking that our cultural way of being Christian is the best or only way. Through the concept of inculturation, this chapter has illustrated that Christianity from its outset has been wrestling with the challenge of communicating the Gospel through multiple cultures. But beyond just understanding the complex dynamic between the universal Gospel and particular cultures, in our contemporary parishes, multiple cultural groups have to navigate their intersecting cultural expressions of the faith. As pastoral ministers, we are called by our Christian faith to foster a unity in diversity that rejects assimilation yet is not content for cultural groups in a shared parish just to be at a respectful distance from each other. Ideally, an integrated parish should be our aim—the focus of the next chapter.

2

Entender y promover la unidad en la diversidad

Escenario: Una parroquia tiene una reunión con los líderes de las comunidades de habla inglesa, española y vietnamita para analizar cómo promover una mayor interacción intercultural. Sigue un intercambio animado y a veces acalorado de puntos de vista, pero sobre todo entre los líderes de habla inglesa. Mientras estos líderes con frecuencia se interrumpen entre sí, los líderes de las comunidades latina y vietnamita-americana esperan pacientemente su turno alzando la mano. Y mientras los líderes de habla inglesa se sientan en el centro de la sala de reuniones, los latinos y vietnamita-americanos se sientan sobre todo en los extremos. Cuando uno de los líderes de habla inglesa menciona que no se está tomando en cuenta en la discusión a los líderes latinos y vietnamitas, un miembro de habla inglesa ya mayor responde "bueno, lo que pasa es que así hacemos aquí las cosas; necesitas lanzarte al ruedo".

Como ministro de pastoral, ¿qué harías en esa situación? Ciertamente ahí están involucradas diversas formas de comunicación. ¿Deberíamos prestar atención al hecho de que una comunidad está al centro de la sala, mientras los líderes de las otras comunidades están en los extremos? ¿De qué manera estos dos factores afectan a la forma en que una persona comparte su perspectiva con los demás feligreses? Nos gusta hablar de la necesidad de vivir la unidad en la diversidad, pero casos como este nos muestran cuán costoso y difícil puede ser.

Si las comunidades de fe tienden al uniformismo o a crear compartimentos para confinar a las culturas, los ministros de pastoral necesitan diseñar y promover liturgias y actividades sociales en la

2

Understanding and Fostering Unity in Diversity

Scenario: A parish holds a meeting between leaders of its English-speaking, Spanish-speaking, and Vietnamese-speaking communities to discuss how to foster more intercultural interaction. A lively and at times heated exchange of perspectives ensues, but largely between the English-speaking leaders. Whereas these leaders quite willingly interrupt each other, the Latino and Vietnamese American leaders patiently wait their turn to be acknowledged by raising their hand. And whereas the English-speaking leaders sit at the center of the meeting room, the Latino and Vietnamese American leaders sit primarily at its periphery. When one of the English-speaking leaders points out that the Latino and Vietnamese leaders are not being recognized amid the ongoing heated exchanges that are ensuing, an elderly English-speaking member responds "well, that is just the way we do it here; you need to get into the mix."

As a pastoral minister how would you handle this situation? There are clearly different styles of communication going on. Should we be concerned that one community, in terms of the seating arrangement, is at the center of the room, whereas the leaders from the other communities are at the periphery? How do both of these factors affect every person's ability to share his or her perspective with the other parishioners? We like to talk about practicing unity in diversity, but cases such as this illustrate how daunting an undertaking this is.

If faith-based communities manifest either uniformity or conversely exclusive cultural enclaves, pastoral ministers need to envision and cultivate parish liturgies and social activities that enable

49

parroquia que permitan a las diversas personas y grupos compartir sus propios dones con los demás para llegar a comunidades de fe mucho más dinámicas. Ciertamente, una parroquia integrada "es muy difícil de conseguir, aunque no imposible"[1]. Incluso en el modelo de parroquia inclusiva, la unidad que se basa primariamente en la lengua común del inglés puede impedir a los cristianos de otras lenguas comunicar sus pensamientos y sentimientos más profundos a los demás.

La clave está en que los miembros de la parroquia a menudo ven su propia cultura como un conjunto de características que definen su identidad y que se oponen a otros grupos. Los ministros de pastoral pueden ayudar a las personas a comprender que la cultura es una realidad dinámica en crecimiento y transformación, y no una posesión cuya pureza se debe preservar. Como seres humanos, nuestra identidad cultural siempre se estará desarrollando a través de cada conversación y encuentro que tiene lugar en nuestras vidas. Los intercambios interculturales que se encuentran al centro de la unidad en la diversidad son, desde esta óptica, una oportunidad para el crecimiento personal y común. De hecho, solo con concebir la cultura como una relación dinámica y no como una posesión estática, el temor a convivir con alguien que no es aparentemente como nosotros, disminuye.

Cuando dirijo talleres sobre el ministerio intercultural a líderes parroquiales, a menudo llevo conmigo un emblema alemán de seis puntas que puede encontrarse en los graneros del sudeste de Pensilvania. Pero este tiene al centro un emblema irlandés: un gran trébol sobrepuesto a un grupo de pájaros y flores alemanes estilizados. Me parece apropiado para expresar la combinación de la cultura alemana e irlandesa presente durante mis años de formación en Pensilvania. Sin embargo, la mayor parte de mi vida profesional como adulto la he pasado en Texas. Por ello, para estar completo, este emblema debería incluir también lupinos, chiles jalapeños y otros elementos de la cultura de Texas. Por otro lado, los contactos que tenga en el futuro con otras culturas seguirán modificando los símbolos de este emblema como una consecuencia de mi identidad personal. No es algo estático. Del mismo modo, las culturas también sufren cambios en la medida en que son influidas y transformadas por otras culturas.

---

[1] Allan Figueroa Deck, *The Second Wave: Hispanic Ministry and The Evangelization of Cultures* (Nueva York: Paulist Press, 1989), 63 [traducción nuestra].

diverse persons and groups to share their respective gifts with each other to lead to much more dynamic faith-based communities. Admittedly, the integrated parish "is very difficult to achieve, though not impossible."[1] Even with the inclusive parish model, unity that is primarily rooted in a common English language might still prevent Christians of other languages to be able to communicate their deepest thoughts and feelings with each other.

The root of the challenge is that fellow believers often see their culture as a set of characteristics defining their identity as opposed to that of other groups. Pastoral ministers can help parishioners see that culture is actually an ongoing dynamic of growth and transformation, rather than a possession or purity to be preserved. As human beings, our cultural identity is forever unfolding through every conversation and encounter we experience. The intercultural exchanges at the heart of unity in diversity then provide an opportunity for personal and community growth. If nothing else, by grasping culture as a dynamic relationship, not a possession to be pickled, the fear of encountering someone else who is supposedly not like oneself lessens.

When I do workshops on intercultural ministry for parish leaders, I often take with me a Pennsylvania "Dutch" (a recasting of Deutsch-German) hex sign that can be found on barns in southeastern Pennsylvania. In particular, I use the Irish hex—a large shamrock superimposed on a set of German stylized birds and flowers. It seems apropos to the mixture of German and Irish cultures during my formative years in Pennsylvania. However, most of my professional adult life has been spent in Texas. Therefore, to have the same resonance, this hex sign should also include bluebonnet flowers, jalapeño peppers, and other Texan cultural artifacts. In turn, future cultural encounters will continue to recast the symbols of this sign as a rendering of my personal identity—it is not static. By extension, cultures also undergo changes as they are affected and transformed by other cultures. The ministerial challenge is to get people to embrace these cultural intersections as marvelous opportunities for personal growth and of the parish as a whole.

As opposed to the civilization versus barbarian contrast of the frontier mentality raised in the previous chapter, Justo González

---

[1] Allan Figueroa Deck, *The Second Wave: Hispanic Ministry and The Evangelization of Cultures* (New York: Paulist Press, 1989), 63.

La clave del ministerio intercultural esta en lograr que la gente vea estas intersecciones culturales como valiosas oportunidades para su crecimiento personal y el de toda la parroquia.

Como opuesta a la mentalidad de frontera que se basa en el contraste entre el mundo civilizado y el mundo bárbaro presentada en el capítulo anterior, Justo González llama a la mentalidad de acoger la combinación de culturas "mentalidad del límite". En esta perspectiva, las culturas penetran unas en otras y crean todo tipo de combinaciones[2]. Este nexo ofrece un ambiente benévolo, sobre todo si se compara con las nociones egocéntricas de que una cultura debe prevalecer sobre otra o por el contrario que las distintas culturas deben preservarse de forma que no reciban influencias externas. Como opuesto a la mentalidad de frontera que es "unidireccional", la mentalidad del límite es "bidireccional"[3]. Más que tratar de civilizar o elevar a otras culturas asimilándolas o eliminándolas, la mentalidad del límite se siente cómoda mezclando y armonizando culturas.

Usando la Escritura, González explica cómo el libro de Josué contiene muchas historias de "límites de identidad abiertos", que buscan influir desde el interior, en vez de entrar en un conflicto abierto con la mentalidad de frontera prevalente[4]. También sugiere que el extranjero o el exiliado pueden ser una bendición para la comunidad dominante, como sucede con las contribuciones que José hizo a Egipto. Dar la bienvenida al extranjero en nuestras comunidades significa no solo que el recién llegado puede contribuir de manera plena a su nueva comunidad, sino que también los miembros de la comunidad receptora pueden crecer y beneficiarse de este encuentro. De hecho, los encuentros de Jesús con los samaritanos fueron una trasgresión a las fronteras culturales de sus días. El bien común recibe poco a cambio cuando obstaculizamos o frustramos este mutuo intercambio de dones. Como explica González, cuando excluimos a los otros, "nos excluimos a nosotros mismos"[5].

Sacando las consecuencias de la distinción hecha por González, mientras la mentalidad de frontera conduciría a una comunidad de fe

---

[2] Justo González, *Santa Biblia: The Bible Through Hispanic Eyes* (Nashville: Abingdon, 1996), 85–86.

[3] Ibid., 86

[4] Ibid, 88.

[5] Ibid., 113.

renders the ethic of embracing cultural mixing as the border mentality. In this perspective, cultures interpenetrate and create all kinds of new combinations.[2] This nexus has a fluid ambiance, especially in contrast to ethnocentric notions that either one culture should supersede others or conversely that separate cultures should be preserved in a way that protects them from outside influences. As opposed to the frontier mentality being "unidirectional," the border mentality is "bidirectional."[3] Rather than civilizing or uplifting other cultures by assimilating or eliminating them, the border mentality is comfortable with mixing and matching cultures.

Using Scripture, González cites how the book of Joshua contains many stories of "fluid identity boundaries" that seek to erode from within, rather than directly confront the prevailing frontier mentality.[4] He also suggests that the alien or exile can be a blessing for the prevailing community, as in the contributions Joseph made to Egypt. Welcoming the stranger into our communities is not just so that outsiders can contribute fully to their new community, but that the long-standing members of this community also grow and benefit through this encounter. Indeed, Jesus' encounters with and outreach to the Samaritans transgressed the established cultural borders of his day. The common good is shortchanged in a community when we obstruct or thwart this mutual sharing of gifts. As González puts it, when we exclude others, "we exclude ourselves."[5]

To expand upon González's distinction, whereas the frontier mentality would lead a faith-based community to welcome only new members who commit themselves to a core set of beliefs assumed to be correct or true, the border mentality suggests God's revelation manifests itself in varying ways through different cultures. Therefore, a faith-based community is called to welcome alternative expressions of Christianity as enabling an extension of the eucharistic communion celebrated in liturgy and a fuller grasping of the work of the Holy Spirit in our midst. Different cultures are not inherently in opposition to each other; instead, they can be the space for very positive encounters.

[2] Justo González, *Santa Biblia: The Bible Through Hispanic Eyes* (Nashville: Abingdon, 1996), 85–86.
[3] Ibid., 86.
[4] Ibid., 88.
[5] Ibid., 113.

a dar la bienvenida solo a los nuevos miembros que se comprometen a adoptar un conjunto de creencias que son consideradas correctas o verdaderas, la mentalidad del límite sugiere que la revelación de Dios se manifiesta de diversos modos a través de las diversas culturas. Por ello, una comunidad de fe está llamada a acoger expresiones alternas del Cristianismo viéndolas como una extensión de la comunión eucarística celebrada en la liturgia y como una forma más completa de acoger la acción del Espíritu Santo en medio de nosotros. Las diversas culturas no se oponen estructuralmente unas a otras; más bien, pueden ser un espacio para encuentros muy positivos.

Más allá de solo ofrecer espacios para expresiones de fe separadas, la comunidad cristiana en su esencia debe propiciar fecundas interacciones entre dichas expresiones[6]. A diferencia de la mentalidad de frontera donde "mis caminos no son tus caminos", la mentalidad del límite ve a las culturas como valores, tradiciones y costumbres que se mezclan de manera fascinante. Al concebir la identidad cultural como una relación que se está realizando y no como una posesión estática, la unidad en la diversidad nos permite apreciar las diversas manifestaciones culturales del Evangelio sin llegar, ya sea al uniformismo o al tribalismo.

La universalidad de la fe cristiana tradicionalmente ha sido vista como un principio general que trasciende a las culturas del mundo. El capítulo precedente presentó los dos peligros que se presentan cuando la evangelización cristiana se hace alejada de las culturas particulares o cuando se identifica demasiado con ellas.

Con la unidad en la diversidad, la universalidad cristiana se expresa también en términos horizontales o laterales. No obstante que cada cultura practica la fe con costumbres únicas, podemos entender, gracias a la universalidad de la fe y al concepto de la dignidad de la persona humana, al menos de manera parcial, las expresiones de otras culturas. Dada la pluralidad de culturas, los intercambios culturales no van a conducir a una perfecta comprensión del otro, pero nuestra identidad cristiana compartida hace posible una comunicación

---

[6] Como recuerdan los obispos de Houston: "Cada persona debe llegar a ver una interacción positiva entre las culturas como un medio para enriquecer la propia fe". Obispos de la Diócesis de Galveston-Houston, Muchos miembros, un solo cuerpo: carta pastoral sobre la diversidad cultural de la Diócesis de Galveston-Houston, 20 de mayo de 1994, 26 [traducción nuestra].

Beyond just providing space for separate cultural expressions of the faith, Christian community at its heart is about enabling cross-fertilization between these expressions.[6] Distinct from the notion of the frontier mentality that "my ways are not your ways," the border mentality renders cultures as mixing values, traditions, and practices in intriguing ways. By rendering cultural identity as an unfolding relationship, not a static possession, unity in diversity enables us to cherish the multiple cultural manifestations of the Gospel without leading either to uniformity or tribalism.

The universality of the Christian faith is conventionally rendered as an overarching principle that transcends the particular cultures of the world. The preceding chapter reviewed the two dangers when Christian evangelization becomes too detached from particular cultures or when it becomes too immersed in these cultures.

With unity in diversity, Christian universality is also expressed in horizontal or lateral terms. Even though every culture practices the faith through unique ways, we have the capacity through the universality of the faith and in the notion of the dignity of the human person to grasp, at least partially, the expressions of other cultures. Given the plurality of cultures, intercultural interchanges will not lead to a perfect understanding of each other, but our shared Christian identity makes constructive communication and understanding of each other possible. Intercultural ministry lies on a continuum between those who too easily claim "one size fits all" and those who despair that the differences between cultures are too great for mutual sharing.

Fortunately within the Christian tradition there are theological frameworks that can help us foster understanding and pursuit of unity in diversity. First, communion or eucharistic ecclesiology accents that the Christian church seeks to emulate the love shared by the three persons of the Holy Trinity—Father, Son, and Holy Spirit. Vatican II stresses "the ecclesial Body of Christ" in which the communion shared at liturgy manifests the unity we have both vertically with God and horizontally with each other: "The sacrament of the

---

[6] As the Houston bishops remind us: "Each person must come to see a positive engagement of cultures as a means of enriching one's faith." Bishops of the Diocese of Galveston-Houston, *Many Members, One Body: A Pastoral Letter on the Cultural Diversity of the Church of Galveston-Houston*, May 20, 1994, 26.

constructiva y llegar a comprender al otro hasta cierto punto. El ministerio intercultural consiste en colocarse en un punto intermedio entre los que dicen "una talla funciona para todos" y aquellos que se desesperan creyendo que las diferencias entre las culturas son tan grandes que es imposible una verdadera interacción.

Afortunadamente, dentro de la tradición cristiana hay marcos teológicos que pueden ayudarnos a promover el entendimiento mutuo y a perseguir la unidad en la diversidad. En primer lugar, la comunión o eclesiología eucarística subraya que la iglesia cristiana trata de imitar el amor que comparten las tres personas de la Santísima Trinidad: el Padre, el Hijo y Espíritu Santo. El Concilio Vaticano II hace hincapié en el concepto de la Iglesia como "Cuerpo de Cristo", en el cual la Comunión que se comparte en la liturgia manifiesta la unidad que tenemos, tanto verticalmente con Dios como horizontalmente con los demás: "El sacramento del cuerpo y la sangre de Cristo nos transforma en el Cuerpo viviente de la Iglesia, el cuerpo del Cristo resucitado en el mundo"[7].

Por más que el Concilio Vaticano II subraye el papel clave de la Iglesia local como una "asamblea eucarística", cada congregación es también una parte integral de la comunión que abarca a todo el mundo y una comunión con creyentes a lo largo del tiempo[8]. No es suficiente tener comunión con la propia asamblea parroquial. Desde el punto de vista del ministerio intercultural, la completa realización de la asamblea eucarística se lleva a cabo cuando se permite a cada persona aportar sus propios dones para enriquecer a toda la comunidad. Los ministros de pastoral están llamados a crear y realizar liturgias y actividades parroquiales que pongan de manifiesto el Cuerpo Místico de Cristo.

Esta "nueva humanidad que se distingue por una nueva forma de vivir juntos", que encuentra expresión en la asamblea eucarística, no debe quedarse dentro de los muros de la iglesia, sino que debe salir a transformar el mundo: "Somos enviados desde la Eucaristía, donde encontramos y recibimos el amor de Dios que nos sana y reconcilia, para ser pan partido y vino servido a los demás"[9]. La llamada al ministerio

---

[7] Richard R. Gaillardetz y Catherine E. Clifford, *Keys to the Council: Unlocking the Teachings of Vatican II* (Collegeville, MN: Liturgical Press, 2012), 72 [traducción nuestra].

[8] Ibid., 73.

[9] Ibid., 74.

Body and Blood of Christ transforms us into the living Body of the church, the Body of the risen Christ in the world."[7]

As much as Vatican II stresses the key importance of the local church as a "eucharistic assembly," each congregation also is an integral part of a worldwide communion and a communion with believers over time.[8] It is not enough just to have communion within one's parochial assembly. In terms of intercultural ministry, the full realization of this eucharistic assembly is through enabling each person to bring his or her respective gifts forward to enrich the entire community. Pastoral ministers are called to envision and enact liturgies and parish activities that manifest the Mystical Body of Christ.

This "new humanity marked by a new way of living together" realized in our eucharistic assembly is not to be kept just within the walls of the church, but is to be transformative of the world: "We are sent out from the Eucharist, where we encounter and receive the healing and reconciling love of God, to be bread broken and wine poured out for others."[9] The call to intercultural ministry is not a matter of implementing political correctness or civil rights in our congregations. To the contrary, the unity in diversity realized in our eucharistic assembly becomes the basis for realizing more just relationships in the political, social, and economic practices of the world.

Second, Pentecost spirituality is another vital Christian source for envisioning and practicing unity in diversity. Christianity expands the covenant God made with the Jewish people to the Gentiles. The universality of God's covenant is no longer restricted to a particular cultural group, but is extended to all peoples. As opposed to being just a religion rooted in the Jewish tradition that becomes exported to other peoples and cultures, a new vision of community arises in which we abandon our old selves to realize a new self through the power of Christ and the Holy Spirit: "[At Pentecost], the Holy Spirit empowers the apostles to preach to Jews of many nations and many languages and creates among them a new faith community. While each continues to speak in his or her own language, the differences of language are transcended by the Spirit, allowing each to understand

[7] Richard R. Gaillardetz and Catherine E. Clifford, *Keys to the Council: Unlocking the Teachings of Vatican II* (Collegeville, MN: Liturgical Press, 2012), 72.

[8] Ibid., 73.

[9] Ibid., 74.

intercultural no consiste en implementar prácticas políticamente correctas o hacer respetar los derechos civiles en nuestras congregaciones. Por el contrario, la unidad realizada en la diversidad en nuestra asamblea eucarística se convierte en la base para entablar relaciones más justas en los ámbitos político, social y económico del mundo.

En segundo lugar, la espiritualidad de Pentecostés es otra fuente cristiana vital para crear y practicar la unidad en la diversidad. El Cristianismo difunde la Alianza que Dios hizo con el pueblo judío y con los gentiles. La universalidad de la alianza de Dios ya no está restringida a un grupo cultural en particular, sino que se extiende a todos los pueblos. Como opuesta a ser solo una religión enraizada en la tradición judía, es exportada a otros pueblos y culturas, surge una nueva visión de comunidad en la que abandonamos a nuestro hombre viejo para revestirnos del nuevo por el poder de Cristo y del Espíritu Santo: "[en Pentecostés], el Espíritu Santo da fuerza a los apóstoles para que prediquen a los judíos de muchas naciones y en muchas lenguas, y crea entre ellos una nueva comunidad de fe. Si bien cada uno sigue hablando en su propia lengua, las diferencias lingüísticas son superadas por el Espíritu, permitiendo a cada uno entender a los demás. El evento de Pentecostés demuestra que la lengua no iba a ser una barrera para la nueva comunidad que había sido formada por Cristo. El Espíritu de Dios dado a la Iglesia sana las divisiones causadas por la lengua u otras diferencias étnicas o culturales"[10].

Pentecostés nos demuestra cómo gente de diversas lenguas y culturas, por la acción del Espíritu Santo, puede comunicarse y tener una relación fraternal con los demás. En vez de estar separados por la raza, la etnia, la cultura o la lengua, en Pentecostés una "masa multicultural de gente" se convierte en un grupo de "hermanos y hermanas de la familia de Dios"[11]. Como opuesto a las divisiones políticas, sociales y económicas que enfrentan a las personas entre sí, Jesús proclama un modo alternativo de vida, que está abierto a todos "sin importar su raza, origen étnico, género o clase social" y promete "amor, sentido de pertenencia y justicia en este mundo y la vida eterna en el mundo que vendrá"[12].

---

[10] Muchos miembros, un solo cuerpo, 7 [traducción nuestra].

[11] Kathy Black, *Culturally-Concsious Worship* (St. Louis, MO: Chalice Press, 2000), 36 [traducción nuestra].

[12] Ibid., 45.

the other. The Pentecost event demonstrates that language would not be a barrier in the new community being formed by Christ. God's Spirit given to the Church heals the divisions caused by language or other aspects of ethnic or cultural differences." [10]

Pentecost exemplifies for us how people of different languages and cultures, through the work of the Holy Spirit, are able to communicate and have fellowship with each other. Rather than being separated by race, ethnic, cultural, and linguistic divides, at Pentecost a "multicultural mass of people" became "brothers and sisters in the family of God." [11] As opposed to the political, social, and economic divides that set people against each other, both in Jesus' day and ours, Jesus proclaims an alternative way of life that is open to everyone "regardless of race, ethnicity, gender, or class" and promises "love, belonging, and justice in this world and eternal life in the world to come." [12]

As opposed to the possessive renderings of cultural identity and spiritual truth that can lead to assimilation on the one hand and tribalism on the other, this Pentecost spirituality accents the importance of seeing truth "from multiple angles simultaneously." [13] In particular this "kin-dom" sensibility, as opposed to inflexible certitude, emphasizes openness to new revelations about God and embraces ambiguity and change as integral to life in Christian community: "God becomes less the property of a particular group and more the source of this rainbow of difference that brings new revelations each day." [14] Therefore the inevitable conflicts and disagreements between diverse cultures are actually opportunities for spiritual growth through seeking "not to resolve but to embrace and live faithfully in ambiguity and change." [15] Ultimately, unity in diversity engages cultural differences, not as divisive, but as "beneficial to the overall well-being of the community." [16]

---

[10] Many Members, One Body, 7.

[11] Kathy Black, *Culturally-Conscious Worship* (St. Louis, MO: Chalice Press, 2000), 36.

[12] Ibid., 45.

[13] Charles Foster in Black, *Culturally-Conscious*, 34.

[14] Black, *Culturally-Conscious*, 59. Both Black and Ada María Isasi-Díaz characterize this Christian community as the "kin-dom" of God. See Black, *Culturally-Conscious*, 35, and Ada María Isasi-Díaz, *Mujerista Theology: A Theology for the Twenty-First Century* (Maryknoll, NY: Orbis Press, 1996), 85–86.

[15] Foster in Black, *Culturally-Conscious*, 60.

[16] Black, *Culturally-Conscious*, 58.

Como opuesto a una visión posesiva de la identidad cultural y de la verdad espiritual que puede conducir, por un lado a la asimilación y, por otro al tribalismo, la espiritualidad de Pentecostés subraya la importancia de ver la verdad "desde muchos ángulos al mismo tiempo"[13]. En particular, esta sensibilidad del Reino, como opuesta a una rígida posesión de la verdad, hace hincapié en la apertura a nuevas revelaciones sobre Dios y acepta los sobresaltos y el cambio como parte integrante de la vida de la comunidad cristiana: "Dios es cada vez menos propiedad de un grupo particular y cada vez más la fuente de este arcoíris de diferencias que trae nuevas revelaciones cada día"[14]. Así, los inevitables conflictos y desacuerdos entre las diversas culturas son en realidad oportunidades para el crecimiento espiritual gracias a que se busca "no tanto resolver, sino aceptar y vivir con confianza los sobresaltos y el cambio"[15]. Al final, la unidad en la diversidad toma las diferencias culturales, no como algo que produce división, sino como algo "benéfico para el bienestar general de la comunidad"[16].

Desde el punto de vista de la noción católica de bien común, cada persona alcanza su completo desarrollo moral cuando comparte sus propios dones con los demás en una vida dentro de una comunidad. Por su parte, el bien común alcanza toda su bondad precisamente a través del intercambio mutuo de dones. Cuando insistimos, ya sea en que todos los grupos culturales tienen que adoptar el mismo modo de hacer las cosas o en que, cuando mucho, lo más que podemos esperar es una vida de comunidad que tiene lugar solo dentro de grupos separados en la parroquia y no entre ellos, no estamos construyendo una dinámica más profunda de fraternidad cristiana basada tanto en el Cuerpo Místico de Cristo como en una trabajo animado por el espíritu de Pentecostés.

Desde el punto de vista del apostolado cristiano, estamos llamados a ser levadura en el mundo, no a conformarnos con él. Si nosotros no

---

[13] Charles Foster en Black, *Culturally-Conscious*, 34.

[14] Black, *Culturally-Conscious*, 59 [traducción nuestra]. Tanto Black como Ada María Isasi-Díaz describen esta comunidad cristiana como el "reino" de Dios (ndt: el término usado en el original en inglés para referirse a "reino" es *kin-dom*, el cual elimina el carácter patriarcal o machista del término *king-dom*). Ver Black, *Culturally-Conscious*, 35 y Ada María Isasi-Díaz, *Mujerista Theology for the Twenty-First Century* (Maryknoll, Nueva York: Orbis Press, 1996), 85–86.

[15] Foster in Black, *Culturally-Conscious*, 60.

[16] Black, *Culturally-Conscious*, 58.

In terms of the Catholic notion of the common good, each person comes to one's full moral development through sharing one's respective gifts with others in community life. In turn, the common good realizes its full bounty through this mutual sharing of gifts. When we either insist that all cultural groups have to assimilate to the same way of doing things or that the best we can hope for is a sense of community that is realized just within and not between separate sections of our parishes, we work against realizing a much deeper dynamic of Christian fellowship grounded both in the Mystical Body of Christ and a Pentecost sense of engagement.

In terms of Christian outreach, we are called to be leaven to the world, not just be reflective of it. If we do not seek and manifest unity in diversity, our parish communities may very well mirror, if not perpetuate, the prejudices and patterns that lead to inequalities among cultural groups in terms of political, social, and economic opportunities and access to decision-making structures in the world at large. At a theological conference I attended, one of the speakers from India discussed how he is one of the few Catholic priests ordained from the lowest caste (most priests ordained in India are from the upper castes). A eucharistic ecclesiology and Pentecost spirituality calls us as pastoral ministers to challenge such outcomes.

Simply emphasizing or encouraging cultural mixing is insufficient. Pastoral ministers are called to foster lateral, open, and equal exchanges between diverse cultural groups. Are parishioners from diverse cultural communities able to bring their contributions forward and contribute to the well-being of the faith-based community? Or are parish practices reflective of the privileges of one group, who may not even be a majority of parish members? No one should have to shed one's cultural background as the price of admission to parish discourses. Fostering unity in diversity is not just a matter of being tolerant of differences or periodically "allowing" diverse cultural expressions in worship, but ensuring that every member of our parish communities is able to share gifts and talents, not only within their cultural group, but with the parish as a whole.

Embracing cultural mixing is at the core of Christian communion. Unity in diversity rejects the focus of the frontier mentality on homogeneity and purity. Instead, as informed by the border mentality, unity in diversity not only acknowledges that cultures are relationships forever unfolding and being transformed by each other but

buscamos y mostramos la unidad en la diversidad, nuestras comunidades parroquiales pueden simplemente imitar, sino es que perpetuar, los prejuicios y esquemas que conducen a las inequidades entre los diversos grupos culturales en lo que ve a las oportunidades en los campos político, social y económico, y en la posibilidad que estos grupos tienen de acceder a las estructuras decisionales en todo el mundo. En una conferencia sobre Teología a la que asistí, uno de los conferencistas, originario de la India, habló de cómo era uno de los pocos sacerdotes católicos ordenados que provenía de la casta más baja (la mayoría de los sacerdotes ordenados en la India proviene de las castas superiores). Una eclesiología eucarística y una espiritualidad de Pentecostés nos llaman como ministros de pastoral a transformar estas situaciones.

No es suficiente subrayar o animar a una convivencia entre las culturas. Los ministros de pastoral están llamados a promover intercambios horizontales, abiertos y equitativos entre los diversos grupos culturales. ¿Los miembros de la parroquia que provienen de diversas comunidades culturales pueden ofrecer sus contribuciones y ayudar al bienestar de la comunidad de fe? ¿O acaso las costumbres de la parroquia reflejan los privilegios de un grupo, que puede incluso no ser la mayoría? Nadie tiene por qué abandonar su legado cultural para poder participar en los asuntos de la parroquia. Promover la unidad en la diversidad no es solo ser tolerante con las diferencias o "permitir" periódicamente otras expresiones culturales en el culto, sino asegurarse de que cada miembro de la comunidad parroquial puede compartir sus dones y talentos no solo dentro de su propio grupo cultural, sino también con toda la parroquia.

Abrazar la mezcla de las culturas es algo que está en el corazón de la comunión cristiana. La unidad en la diversidad rechaza la preocupación de la mentalidad de frontera por la homogeneidad y la pureza. En su lugar, como propone la mentalidad del límite, la unidad en la diversidad no solo reconoce que las culturas son relaciones en constante re-ejecución y que las culturas siempre se están influyendo entre sí, sino que estamos llamados por el Evangelio a acoger al forastero y a crecer a través de una convivencia profunda con las personas de otras culturas. Aunque no es sencillo, tanto como personas cuanto como comunidad, nos enriquecemos con las diversas contribuciones de otros que supuestamente son distintos a nosotros. En lugar de imponer a los demás una cultura uniforme o, por el contrario, aislar a las culturas

that we are called by the gospels to welcome the stranger and grow through our engagements with persons from other backgrounds. Though challenging, both as persons and as a community, we become enriched by the diverse contributions of others who supposedly are different from ourselves. Rather than superimposing a uniform culture over all others or conversely isolating cultures from each other, unity in diversity engages the mixing of cultural differences as furthering the kingdom of God.

There will be times when bridging cultural communities in parishes will be frustrating and entail conflict. Nor does building such bridges culminate in a harmony of cultures—the Goldilocks sense of being "just right." New encounters will continually beget new tensions. But by working through these differences, we gain new insights into the full amplitude of a eucharistic ecclesiology and a Pentecost Christianity. Paraphrasing Arturo Bañuelas, fiesta is the anticipation of a new universalism in which all peoples can engage each other as equals.[17] We are continually called as Christians to work through the promises and pitfalls of intercultural engagement to realize just and right relationships in our faith-based communities that become a model to the world at large.

Returning to the scenario at the beginning of this chapter, by calling this meeting the pastor had good intentions; it was vital to discuss how to shift from being a shared parish to being an integrated one in which all three cultural spiritual heritages nurtured the spiritual well-being of the parish as a whole. Unfortunately, little thought was given by those coordinating the meeting to a communication format and a seating arrangement that would enable the representatives of all three cultural groups to communicate deeply and effectively with each other—the conduct of the meeting was too reflective of the norms of the English-speaking community. The next chapter addresses why pastoral mindsets reflective of nineteenth century immigration patterns misread the dynamics of the current Latin migration and therefore may institute parish practices more reflective of the frontier, not border mentality.

---

[17] Arturo J. Bañuelas, "U.S. Hispanic Theology: An Initial Assessment," in *Mestizo Christianity: Theology from the Latino Perspective*, ed. Arturo J. Bañuelas (Maryknoll, NY: Orbis Press, 2005), 77.

entre sí, la unidad en la diversidad asume la tarea de mezclar las diferencias culturales como una forma de hacer avanzar el Reino de Dios.

Habrá veces en las que tender puentes entre las diversas comunidades culturales de una parroquia sea frustrante y conlleve además conflictos. Ni la construcción de dichos puentes culmina en una armonía perfecta de culturas (es más bien un sentimiento de "esto está bien" como el de Goldilocks). Los nuevos encuentros conllevarán nuevas tensiones. Pero al trabajar a través de estas diferencias, obtenemos nuevos puntos de vista sobre la amplitud de la eclesiología eucarística y del Cristianismo inspirado por el evento de Pentecostés. Parafraseando a Arturo Bañuelas, la fiesta es la anticipación del nuevo universalismo en el que todos los pueblos pueden involucrarse con los demás como iguales[17]. Como cristianos se nos llama continuamente a trabajar entre las esperanzas y dificultades que conlleva la convivencia intercultural para establecer relaciones justas y adecuadas en nuestras comunidades de fe de modo que se conviertan en un modelo para todo el mundo.

Volviendo al escenario con el que comenzamos este capítulo, al organizar esa reunión, el párroco tenía buenas intenciones; era de capital importancia discutir cómo pasar de una parroquia compartida a una parroquia integrada en la cual las tres herencias culturales y espirituales contribuyeran al bien espiritual de toda la parroquia. Por desgracia, quienes organizaron la reunión le prestaron poca atención a contar con un buen esquema de comunicación y a distribuir los asientos de forma que los representantes de los tres grupos culturales se pudieran comunicar con amplitud y efectividad con los demás: en el formato de la reunión prevalecieron las normas de la comunidad de habla inglesa. El siguiente capítulo explica por qué los planteamientos pastorales que reflejan los esquemas de la inmigración del siglo XIX no logran entender las dinámicas actuales de la inmigración latina y, por lo mismo, deben actuar siguiendo la mentalidad del límite y no la mentalidad de frontera.

---

[17] Arturo J. Bañuelas, "U.S. Hispanic Theology: An Initial Assessment", en *Mestizo Christianity: Theology from The Latino Perspective*, ed. Arturo J. Bañuelas, (Maryknoll, NY: Orbis Press, 2005), 77.

3

La asimilación cultural en el siglo XXI

Escenario: El director del coro de una parroquia, para preparar la siguiente liturgia bilingüe, tiene un ensayo en el que se mezclan los miembros del coro de habla inglesa con representantes de varios coros en español. El director dirige el ensayo solo en inglés y se apoya en el coro en inglés para los diversos cantos incluso cuando estos son en español. De hecho, los miembros del coro en español están sentados bastante atrás de los miembros del coro en inglés; en otras palabras están sobre todo en los extremos del coro y no en el centro.

Como ministro de pastoral, ¿qué es lo que más te llama la atención de este hecho? Es evidente que el director tiene buenas intenciones al querer hacer una liturgia bilingüe, teniendo en cuenta cómo está cambiando la composición de la parroquia. Durante las últimas dos o tres décadas, la composición de esta parroquia ha pasado de ser una combinación de afroamericanos y euroamericanos a ser una parroquia donde estos grupos tradicionales se han visto eclipsados rápidamente por el número de inmigrantes latinos, sobre todo de México. Aun así, la forma en que se tiene el ensayo refleja, tanto por la forma de comunicación como por los lugares que se asignan a los nuevos miembros, la lengua y las normas de los miembros de la parroquia más antiguos.

El capítulo anterior analizó por qué los ministros de pastoral están llamados a buscar la integración entre las diversas culturas y no la asimilación de una cultura por otra. En las tres décadas que he estado dedicado al ministerio intercultural, especialmente en parroquias con amplia presencia latina, he escuchado una y otra vez a

3

The World of Assimilation in the Twenty-First Century

Scenario: A parish choir director, in order to prepare for an upcoming bilingual liturgy, holds a rehearsal that combines the English choir with representatives from the various Spanish *coros* in the parish. The director conducts the rehearsal only in English and relies on the English choir to carry the choir parts even when music is sung in Spanish. In fact, the Spanish *coro* members largely sit in back of the English choir members; in other words, they are primarily at the periphery, not at the center of the choir space.

As a pastoral minister, what strikes you about this situation? Clearly the choir director has good intentions in terms of doing a bilingual liturgy in light of the changing composition of the parish. Over the past two to three decades this parish has shifted from being a combination of African Americans and European Americans to being one where these long-standing groups have been rapidly eclipsed in numbers by Latino immigrants, primarily from Mexico. Yet, the way the rehearsal is done both in communication and seating seemingly reflects the language and norms of the long-standing parishioners.

The previous chapter focused on why pastoral ministers are called to seek integration between diverse cultures, not the assimilation of one culture by another. In the three decades I have been extensively engaged in intercultural ministry, especially in parishes with large Latino populations, time and again, I have heard some European Americans contend that Latinos will assimilate (or in some instances should assimilate) to being "American" just as their ancestors did in

euroamericanos decir que los latinos terminarán por ser asimilados (en algunas ocasiones *deben* ser asimilados) a la cultura americana, de la misma forma que hicieron sus antepasados en los siglos XIX y XX. Ha habido momentos en que he querido gritar, porque como sociólogo sostengo que la dinámica actual de la inmigración latina es radicalmente distinta de la inmigración en el pasado de los inmigrantes europeos católicos.

La atención que se presta a los latinos en este capítulo no quiere restar importancia a otros grupos de inmigrantes, también recientes, que provienen de África, Asia y de las islas del Pacífico, los cuales han cambiado significativamente el entramado de los Estados Unidos durante el último medio siglo[1]. Pero cuando examinamos la distribución de los católicos en los Estados Unidos, según la cantidad de afroamericanos, de americanos con ascendencia asiática o en las islas del Pacífico, de euroamericanos y de latinos desde 1940 hasta el presente, el principal cambio ha sido que el número de euroamericanos ha descendido dramáticamente y el número de latinos se ha incrementado, también dramáticamente, hasta el punto de que entre los católicos del milenio, los latinos superan a todos los demás grupos de católicos juntos[2]. En concreto, los ministros de pastoral deben tener en cuenta la presencia de los católicos latinos, no solo en el Suroeste, sino en todo el país.

Algunos podrían decir que la atención que este capítulo presta a las dimensiones históricas, políticas y socioeconómicas de la cultura latina en los Estados Unidos es una preocupación secundaria para los ministros parroquiales encargados de asuntos financieros, litúrgicos y de catequesis. Pero ser conscientes de estas realidades sociales puede llevarnos a replantear la forma en que realizamos nuestro ministerio y ofrecernos valiosa información para contrarrestar a aquellos que siguen insistiendo erróneamente en la asimilación.

Durante las últimas tres décadas, la población latina se ha incrementado grandemente, tanto por la inmigración como por las tasas de natalidad. Según el censo de los Estados Unidos de 2010, los latinos se han convertido en el grupo minoritario más grande del país.

---

[1] La *Inmigration and Nationality Act* de 1965 eliminó el sistema de cuotas que durante las últimas cuatro décadas había favorecido a los inmigrantes del norte y oeste de Europa.

[2] Center for Applied Research in the Apostolate, "2010 CARA Catholic Poll" (Washington, DC: Center for Applied Research in the Apostolate, 2010), 3.

the nineteenth and twentieth centuries. There have been moments when I wanted to scream, because as a social scientist I contend that the contemporary dynamic of Latino migration is radically different from that of past European Catholic immigrants.

The focus on Latinos in this chapter is not to slight other newer immigrants from Africa, Asia, and the Pacific Islands who have significantly changed the complexion of the United States over the past half century.[1] But when examining the distribution of US Catholics in terms of African Americans, Asian/Pacific Islander Americans, European Americans, and Latinos from 1940 to the present, the primary shift has been that European Americans have dramatically declined and Latinos have dramatically risen, to the point that among millennials, Latino Catholics exceed all the other Catholic groupings combined.[2] In concrete terms, pastoral ministers are dealing with the spread of the Latino Catholic presence, not just in the Southwest, but across the country.

Some would argue that this chapter's focus on the historical, political, and socio-economic dimensions of US Latino culture are of secondary concern to ministers doing financial stewardship, liturgy, and religious education in parishes. But an awareness of these social science realities can prompt us to rethink the way to do ministry and provide solid information and analysis to counter those who mistakenly insist on assimilation.

Over the past three decades, the population of Latinos has expanded extensively both through immigration and birthrates. Based on the 2010 US census, Latinos had become the largest minority group in the United States.

Latino contributions are increasingly integral to the future vitality of US Catholicism. A 2008 Pew study indicates that the third largest "congregation" in the United States is former Catholics who have migrated to Protestant churches, other religions, or have abandoned formal religious practice. Were it not for the migration of Latino,

---

[1] The Immigration and Nationality Act of 1965 eliminated the quota systems that had over the previous four decades favored immigrants from Northern and Western Europe.

[2] Center for Applied Research in the Apostolate, "2010 CARA Catholic Poll" (Washington, DC: Center for Applied Research in the Apostolate, 2010), 3.

Las contribuciones latinas son cada vez más parte esencial de la futura vitalidad del Catolicismo en los Estados Unidos. Un estudio de 2008 del *Pew Forum on Religion and Public Life* revela que la tercera "congregación" más grande en los Estados Unidos es la de antiguos católicos que han pasado a iglesias protestantes, a otras religiones o han abandonado la práctica formal de la religión. Si no fuera por la inmigración de católicos latinos, asiáticos y de otras partes, el número total de católicos en los Estados Unidos estaría descendiendo. Los latinocatólicos ya son el 33% de la población católica de los Estados Unidos y son el 50% de los católicos menores de 35 años. En el Suroeste, este número se eleva hasta el 75%. Dado que la población de latinocatólicos es joven y sigue creciendo, el destino de la Iglesia Católica en los Estados Unidos, por lo menos durante la próxima mitad del siglo, va a estar ligado de manera particular a este grupo[3].

Lo más notable es que durante las últimas tres décadas, este crecimiento de la presencia latina se ha extendido a regiones de los Estados Unidos ajenas a la asociación histórica del Sudoeste, como Alabama, Oklahoma, Carolina del Norte y del Sur e incluso Maine, entre otros. Estas migraciones muchas veces comenzaron cuando las compañías llevaron a los inmigrantes a aquellas regiones para trabajar. En muchos casos, el tamaño de la comunidad de inmigrantes es tan grande que casi de la noche a la mañana se convierte en una comunidad alterna a la comunidad de los residentes tradicionales, conduciendo a diversas tensiones.

Aunque Houston se encuentra en un estado históricamente asociado con "México-América" —Texas— y ha tenido una pequeña población méxico-americana que se remonta hasta el siglo XIX, hasta antes de 1980 era una ciudad poblada predominantemente por blancos y gente de color, lo cual contrastaba de manera particular con los asentamientos más antiguos de españoles y mexicanos como San Antonio. Sin embargo, actualmente los latinos son el grupo étnico y racial más grande en Houston y un gran porcentaje de esta población se debe a las olas de inmigración provenientes de México y Centroamérica de las últimas tres décadas. El caso de Houston se repite

---

[3] Pew Hispanic Trends Project y Pew Forum on Religion and Public Life, "Changing Faiths: Latinos and the Transformation of the American Religion" (Washington, DC: Pew Research Center, 2007), 1; Robert Putnam y David Campbell, *American Grace: How Religion Divides and Unites Us* (New York: Simon & Schuster, 2010), 17, 107; Tim Matovina, *Latino Catholicism: Transformation in America's Largest Church* (Princeton: Princeton University Press, 2012), vii.

Asian, and other Catholics to the United States, the overall number of Catholics in the United States would be decreasing. Latino Catholics already comprise 33 percent of the US Catholic population, and among those below the age of twenty-five, Latinos comprise 50 percent. In the Southwest, that number has risen to 75 percent. Given the Latino Catholic population is young and growing in numbers, the destiny of the US Catholic Church at least for the next half century is going to be very tied to this population.[3]

Most notably over the last three decades, this growing Latino presence has spread into regions of the United States beyond its historic association with the Southwest—Alabama, Oklahoma, North and South Carolina, and even Maine, among other locales. These migrations are frequently initiated by companies that take immigrants to certain locations to work. In many cases the size of the migrant community is so large that almost overnight it becomes an alternative community to the long-standing residents, leading to tension.

Although Houston is in a state historically associated with "Mexican America"—Texas—and has had a small Mexican American population dating back to the nineteenth century, prior to 1980 it was predominantly a black/white city in terms of its racial divide, especially in contrast to the historical Spanish/Mexican settlements such as San Antonio. Today though, Latinos are the largest ethnic/racial group in Houston, and a huge percentage of this population is due to the waves of migration from Mexico and Central America over the past three decades. The pattern of Houston is being replicated in Atlanta and many other metropolitan areas whose historical minority population was African American or previously had no minority population at all.

Given the historic association of most Latinos and Latin Americans with Catholicism, US Catholic parishes will need to address this expanding Latino presence. Most of these Latinos are going to be dominant Spanish speakers, at least for the first generation. Admittedly, there will be particular parishes that one might be able to

---

[3] Pew Hispanic Trends Project and the Pew Forum on Religion and Public Life, "Changing Faiths: Latinos and the Transformation of the American Religion" (Washington, DC: Pew Research Center, 2007), 1; Robert Putnam and David Campbell, *American Grace: How Religion Divides and Unites Us* (New York: Simon & Schuster, 2010), 17, 107; Tim Matovina, *Latino Catholicism: Transformation in America's Largest Church* (Princeton: Princeton University Press, 2012), vii.

en Atlanta y en muchas otras áreas metropolitanas cuya población minoritaria históricamente eran los afroamericanos o simplemente no había población minoritaria.

Dada la asociación histórica de la mayoría de los latinos y latinoamericanos con el Catolicismo, las parroquias católicas de los Estados Unidos tendrán que hacerse cargo de la creciente presencia latina. Muchos de estos latinos van a ser en su mayor parte hispanohablantes, al menos en la primera generación. Probablemente habrá algunas parroquias a las que uno podrá retirarse para evitar esta dinámica, pero esto va a ser más bien la excepción, no la regla. Como ministros de pastoral, el problema no es si tratamos o tendremos que tratar con latinocatólicos, sino si lo hacemos de una manera que reconozca y construya sobre el legado latino tradicional que cada vez está más presente en el Catolicismo de los Estados Unidos.

En parroquias cuyos miembros descienden de católicos que durante el siglo XX pasaron de una parroquia nacional a parroquias de la cultura dominante o parroquias compartidas, muchos de los feligreses e incluso algunos ministros de pastoral dan por descontado que los latinos se asimilarán o que deben asimilarse a la cultura tradicional de la parroquia de la misma manera que hicieron ellos. La noción del "cazo para derretir" (*melting pot* ndr) todavía permea fuertemente a la cultura americana. Supuestamente los inmigrantes a los Estados Unidos dejan detrás de sí la historia y la cultura de su país de origen y se sumergen en la cultura americana dominante para convertirse completamente en americanos. En esencia, las identidades nacionales de la cultura del viejo mundo son "lijadas" y el inmigrante recibe una capa fresca de pintura americana.

Muchos de los católicos que vinieron a los Estados Unidos en el siglo XIX y parte del XX experimentaron esta dinámica del cazo para derretir. Por lo general, los primeros inmigrantes hablaban la lengua de su país de origen, pero para la tercera generación, la lengua que dominaba en el hogar ya era el inglés y era difícil encontrar alguna diferencia entre esos niños y el resto de los niños del vecindario, exceptuando quizás sus apellidos. En el mejor de los casos, las comidas típicas y las fiestas nacionales como el día de san Patricio para los irlandeses o el día de Cristóbal Colón para los italianos fueron conservadas durante tres generaciones y más.

Las conocidas parroquias católicas nacionales que existen en muchas ciudades industriales del Noreste y del Medio Oeste ofrecieron

retreat to so as to avoid this dynamic, but this outcome is becoming the exception, not the rule. As pastoral ministers, the issue is not whether we are or will be dealing with Latino Catholics, but whether we do so in a way that recognizes and builds upon the long-standing Latino legacy in US Catholicism.

In parishes whose members are descendants of Catholics who in the past century transitioned from national to either mainstream or shared parishes, many parishioners and even some pastoral ministers assume that Latinos will or should assimilate to the long-standing culture of the parish in the same manner. The pervasiveness of the notion of "the melting pot" in American culture remains very strong. Supposedly, immigrants to the United States leave behind the history and culture of their country of origin and immerse themselves in prevailing US culture to become full-fledged Americans. Essentially the national identities of the old-world culture are peeled away and the immigrant takes on a fresh coat of American paint.

Many Catholics who came to the United States in the nineteenth and first part of the twentieth century experienced this melting pot dynamic. Typically, the initial immigrants spoke the language of the country of origin, but by the third generation the dominant language in the household was English and the children were largely indistinguishable from others in the neighborhood, except perhaps for their last names. At best, ethnic foods and celebration of nationality days such as St. Patrick's Day for the Irish and Columbus Day for the Italians were retained three generations and beyond.

The famed national Catholic parishes that exist in many northeastern and midwestern industrial cities provided a haven for European immigrants. For example, on some street corners of the south side of the former steel town, Bethlehem, Pennsylvania, until very recently one could practically throw a rock in just about any direction and hit a Catholic national parish. Each of these national parishes provided the initial immigrants a place where they could mingle with their ethnic group, speak their native language, and celebrate ethnic festivities. At the same time, the social activities and networks in these comfort zones provided a foundation for acculturating immigrants and their immediate descendants into the US American mainstream. In turn, the education provided by parish schools and socialization regarding mainstream values enabled these immigrant families to compete successfully for advancement in business and government.

un refugio a los inmigrantes europeos. Por ejemplo, en algunas esquinas del lado sur del pueblo de Bethlehem, Pensilvania (dedicado en otro tiempo a producir acero), hasta hace muy poco, prácticamente uno podía lanzar una piedra en casi cualquier dirección y golpear una parroquia católica nacional. Cada una de estas parroquias nacionales ofreció a los primeros inmigrantes un lugar donde podían mezclarse con su propio grupo étnico, hablar su propia lengua y celebrar sus fiestas. Al mismo tiempo, las actividades sociales y las redes de estas zonas de confort ofrecían una base para la aculturación de los inmigrantes y de sus descendientes inmediatos a la cultura americana dominante. Por su parte, la educación ofrecida por las escuelas parroquiales y el contacto con los valores de la cultura dominante permitieron a estas familias de inmigrantes competir con éxito para poder progresar en los negocios y en la política.

Con frecuencia, para la tercera generación, los descendientes de los inmigrantes se habían mudado ya a parroquias territoriales compuestas por católicos de diversas nacionalidades y, en algunos casos, incluso habían contraído matrimonio con un no católico. En consecuencia, muchas de estas parroquias nacionales ahora están cerrando sus puertas y se han unido a otras parroquias o se han llenado con otros grupos culturales. Por ejemplo, la Santa Infancia, que es la parroquia irlandesa tradicional en Bethlehem, Pensilvania, ahora es predominantemente una parroquia latina, con Misas en inglés, portugués y español.

Sin duda, se pueden hacer críticas al rigor histórico de la teoría del cazo para derretir. Pero ese debate es algo que deben resolver los historiadores y los sociólogos[4]. Sin embargo, la teoría del cazo

---

[4] Por más optimista que sea la idea del cazo para derretir, algunas objeciones pueden presentarse a su presunto éxito. En primer lugar, no todos los grupos se asimilaron con el paso del tiempo. Un estudio reciente del Pew señala que las diferencias económicas entre la gente de color y los blancos en el país está creciendo y no disminuyendo. Véase Pew Research and Social Demographic Trends, "Twenty-to-one: Wealth Gaps Rise to Record Highs between Whites, Blacks, Hispanics", (Washington, DC: Pew Research Center, 2011). En segundo lugar, la conquista de los nativoamericanos es también una parte de esta historia de asimilación. Las culturas y los pueblos alternos eran suprimidos conforme los asentamientos americanos se iban desplazando hacia el oeste. En tercer lugar, las leyes de inmigración de este país hasta 1965 favorecieron el ingreso de la herencia euroamericana, especialmente la de aquellos de proveniencia anglosajona. Los grupos de nacionalidad europea se asimilaron en una época en que

Frequently by the third generation, the descendants of the immigrants had moved into territorial parishes comprised of Catholics of diverse nationalities or, in some instances, had even married non-Catholics. As a consequence, many of these national parishes are now closing their doors and have consolidated with other parishes or become populated by other cultural groups. For example, Holy Infancy, the historic Irish parish in Bethlehem, Pennsylvania, is now predominantly a Latino parish, with Masses in English, Portuguese, and Spanish.

Without a doubt, criticisms can be raised regarding the historical accuracy of the melting pot. But that debate is a matter for historians and social scientists to sort out.[4] But this melting pot narrative provides the lenses through which many European American Catholics see how newcomers from other cultural groups should engage in parish and civic life. Their conviction is that just as their ancestors assimilated to the US way of life during the nineteenth and twentieth centuries, so will today's immigrants from Africa, Asia, and Latin America. In turn, a particular premium is put on speaking English, just as German, Polish, Italian, and other immigrant groups learned to do in the past.

---

[4] As sanguine as the melting pot narrative is, a number of issues can be raised regarding its presumed success. First, not all groups are assimilated over time. A recent Pew study illustrates that the economic gaps between blacks and whites in this country is growing, not diminishing. See Pew Research and Social Demographic Trends, "Twenty-to-One: Wealth Gaps Rise to Record Highs between Whites, Blacks, Hispanics" (Washington, DC: Pew Research Center, 2011). Second, the conquest of the Native Americans is part and parcel of this assimilation story. Alternative peoples and cultures are extinguished as American settlements move westward. Third, the immigration laws of this country up until 1965 favored admission of European American heritage, especially those of Anglo-Saxon background. European nationality groups have had an easier time assimilating than those of other geographic or racial backgrounds. Fourth, the civil rights movements of the past half century have precisely challenged the norm of assimilation on the basis that the sacrifice of cultural background not be the price of admission into the so-called American dream (Robert Bellah, Richard Madsen, William M. Sullivan, Ann Swindler, and Steven M. Tipton, *The Good Society* [New York: Vintage Books, 1992], 300). Those readers who would like to examine further the argument that non-European groups have by and large been exterminated, excluded, or subjugated by US immigration and assimilation practices should consult chapters 1, 2, and 7 of my text, *Mestizo Democracy: The Politics of Crossing Borders* (College Station, TX: Texas A&M Press, 2002).

para derretir son los lentes a través de los cuales muchos católicos euroamericanos ven la forma en que los recién llegados deben involucrarse en la parroquia y en la vida civil. Su convicción es que, de la misma forma que sus antepasados se asimilaron al estilo de vida de los Estados Unidos durante los siglos XIX y XX, así deben hacerlo también los inmigrantes actuales de África, Asia y Latinoamérica. También se hace un particular énfasis en la necesidad de aprender inglés, del mismo modo que hicieron alemanes, polacos, italianos y otros grupos de inmigrantes en el pasado.

Incluso si no se logra entender cómo las normas que implica el cazo para derretir están en conflicto con la tarea de promover la unidad en la diversidad, el hecho es que los patrones de migración del siglo XXI y las consecuentes intersecciones lingüísticas y culturales son cualitativamente diferentes de las que experimentaron los inmigrantes del siglo XIX y de la primera mitad del siglo XX. Si los ministros de pastoral siguen usando los lentes del cazo para derretir, como es comprensible que lo hagan tomando en cuenta la experiencia de su propia familia, muy probablemente no podrán entender las dinámicas económicas y culturales que enfrentan los inmigrantes de nuestros días, en particular los latinos. Los consiguientes pasos equivocados no solo harán más grande la brecha entre las culturas dentro de las parroquias, sino que probablemente fomentarán una hostilidad cada vez mayor.

En primer lugar, las redes de comunicación a distancia y de transporte son muy distintas a las de hace 150 años. El inmigrante irlandés del siglo XIX, que tomaba un barco hacia América en County Cork, no regresaba ya a su país. En cambio, los inmigrantes de nuestros días —a través de la televisión, las computadoras y otros aparatos— pueden estar en contacto de forma cotidiana con su lugar de origen.

---

ello era más sencillo, algo que no sucedió con grupos de otro origen geográfico o racial. En cuarto lugar, los movimientos de los derechos civiles de la segunda mitad del siglo pasado precisamente han cuestionado la norma de la asimilación argumentando que implica el sacrificio de la propia cultura para poder ser admitido al así llamado sueño americano [Robert Bellah, Richard Madsen, William M. Sullivan, Ann Swindler y Steven M. Tipton, *The Good Society* (Nueva York: Vintage Books, 1992), 300]. Para profundizar en el tema de cómo los grupos no europeos han sido exterminados, excluidos u oprimidos por las políticas de inmigración y asimilación de los Estados Unidos, el lector puede consultar los capítulos 1, 2 y 7 de mi texto, *Mestizo Democracy: The Politics of Crossing Borders* (College Station, TX: Texas A&M Press, 2002).

Even without getting into how the norms embedded in the melting pot are in tension with fostering unity in diversity, the practical matter is that twenty-first century migration patterns and resulting linguistic and cultural intersections are in fact qualitatively different from those experienced by immigrants of the nineteenth and the first half of the twentieth centuries. If pastoral ministers wear the lenses of the melting pot, as understandable as that might be from their own family histories, they will very likely misread the economic and cultural dynamics faced by immigrants today—Latinos in particular. The ensuing missteps will not only widen the gap between cultures in parishes but will likely foster increased hostility in intercultural relations.

First, telecommunication and transportation networks are far different from 150 years ago. The Irish immigrant in the nineteenth century, who boarded the ship for America in County Cork, was not going "back." By contrast, today's immigrants—through television, computers, and other communication devices—can stay in touch daily with their native lands. Many such immigrants end up being dual citizens, and some own property both in the United States and in their country of origin. Rather than just being American or being Mexican, they see themselves as being both. This "both-and" rather than "either-or" construction of personal identity is very reflective of the growing connections between peoples and countries in the twenty-first century.

Second, in most major US cities, businesses are extensively marketing to Spanish-speaking customers. On many phone trees, the first option is one for English *y dos para Español*. Commercial radio stations abound in Spanish. Any language that can sustain a profitable radio or television station, separate from any government or private foundation assistance, is one that is going to be integral to the country's future discourse.

Without a doubt, English will remain the power language in economic, social, and political networks in the United States. Consequently, most immigrants strive to learn English in their pursuit of upward social mobility. In most shared parishes, dominant Spanish speakers will more likely speak some English than dominant English speakers will speak some Spanish. As much as a person can survive in the United States by speaking Spanish, mastering English remains essential for professional success.

Muchos de estos inmigrantes terminan por ser ciudadanos de dos lugares y algunos tienen propiedades tanto en los Estados Unidos como en su país de origen. Más que ser solo americanos o mexicanos, se ven a sí mismos como ambos. Esta conformación de la propia identidad que los hace ser "ambos" en lugar de "este o aquel" refleja muy bien las crecientes relaciones entre pueblos y países en el siglo XXI.

En segundo lugar, en la mayoría de las grandes ciudades de los Estados Unidos, las empresas se están dirigiendo ampliamente a los clientes de habla hispana. En muchos menús de los teléfonos de servicio al cliente, el número uno es para inglés y el dos para español. Abundan las estaciones de radio en español. Cualquier lengua que pueda mantener una estación de radio o televisión rentable, independiente de cualquier ayuda gubernamental o de una fundación privada, es una lengua que va a formar parte integral de los asuntos del país en el futuro.

Sin duda, el inglés va a seguir siendo la lengua predominante en el mundo económico, social y político de los Estados Unidos. Por ello, la mayoría de los inmigrantes se esfuerza por aprenderlo en su búsqueda por progresar en la escala social. En la mayoría de las parroquias compartidas, los miembros que hablan más español que inglés se esfuerzan no obstante por hablar inglés; los que dominan el inglés se esfuerzan menos por hablar español. Aunque una persona puede sobrevivir en los Estados Unidos hablando solo español, dominar el inglés sigue siendo algo esencial para el éxito profesional.

Al mismo tiempo, en ciudades que tienen una amplia población de habla hispana, como Nueva York, Los Ángeles, Chicago, Houston y Miami, las personas que dominan tanto el inglés como en español van a tener mejores oportunidades profesionales prácticamente en todo el siglo XXI. Las disposiciones de que se hable solo inglés no van a detener la penetración del español en los Estados Unidos, que es el quinto país más grande de habla hispana en el mundo[5]. La situación

---

[5] Matovina, *Latino Catholicism.*, ix. Dependiendo de a quién se considere como hispanohablante, como los estudiantes que aprenden español en las escuelas, los Estados Unidos de cualquier forma van del segundo al quinto lugar en la clasificación de países de habla hispana. Puede verse también, Tim Matovina, "Latino Catholics: Caught between Two Worlds", *U.S. Catholic* 78, no. 3 (marzo de 2013): 18–22; Tim Matovina, "10 Things to Know about Hispanic Catholics", *Hispanic Ministry Resource Center*, 13 de noviembre de 2013, http://www.hispanic-ministry.com/print/10-things-know-about-hispanic-catholics.

At the same time, in cities that have large Spanish-speaking populations, such as New York, Los Angeles, Chicago, Houston, and Miami, people who are fluent in both English and Spanish are going to have the best professional opportunities well into the twenty-first century. English-only mandates are not going to stem the pervasiveness of Spanish in the United States, which is the fifth largest Spanish-speaking country in the world.[5] This is a world far removed from that faced by a Sicilian immigrant who came to the United States circa 1900 whose family in all likelihood would primarily speak Italian only during the first generation. Future pastoral ministers are going to need to have some facility in Spanish.

Third, the historical and geographic ties between Mexico and the United States also make intercultural intersections in the twenty-first century qualitatively different from that of the nineteenth-century European American migration. Latinos have had a rich legacy in the United States, dating back to the sixteenth and seventeenth centuries with the intersections of Spaniards and Native Americans in Florida and what is now the US Southwest. In the Southwest, a Latino presence, both Spanish and later Mexican, ensued simultaneously with early English and French colonization of North America. Latinos were integral to the developments of these lands prior to their incorporation into the Republic of Texas in 1836 and then the United States as an outcome of the United States-Mexico War of 1846–48.

At the conclusion of this war, Mexico lost one-third to one-half of its territory, which stretches today from what is Texas to California. Admittedly there were not extensive Spanish-speaking settlements in this region pre-1848, and communication between the settlements in Texas, New Mexico, Arizona, and California tended to flow through Mexico City rather than directly between the settlements. Still, there were property owners whose Spanish land grants were not honored post-1848, and the descendants of these Spanish/Mexican settlements were subjected to second-class treatment over the next century by

[5] Matovina, *Latino Catholicism*, ix. Depending upon who is included as Spanish-speakers, such as students studying Spanish in schools, the United States ranges anywhere from second to fifth in terms of the ranking of Spanish-speaking countries. See also Tim Matovina, "Latino Catholics: Caught between Two Worlds," *U.S. Catholic* 78, no. 3 (March 2013): 18–22; Tim Matovina, "10 Things to Know about Hispanic Catholics," *Hispanic Ministry Resource Center*, November 13, 2013, http://www.hispanic-ministry.com/print/10-things-know-about-hispanic-catholics.

actual es muy distinta de la que encontraron los inmigrantes sicilianos cuando vinieron a los Estados Unidos alrededor de 1900, cuyas familias con toda probabilidad hablarían italiano como primera lengua solo durante la primera generación. Los ministros de pastoral en el futuro van a tener necesidad de dominar suficientemente el español.

En tercer lugar, los vínculos históricos y geográficos entre México y los Estados Unidos también hacen que las intersecciones interculturales del siglo XXI sean cualitativamente distintas de las intersecciones causadas por la inmigración euroamericana del siglo XIX. Los latinos tienen ya un rico legado en los Estados Unidos, que se remonta hasta los siglos XVI y XVII con los encuentros entre los españoles y los nativoamericanos de Florida, y en el Suroeste de los Estados Unidos. En el Suroeste, una presencia latina, primero española y después mexicana, tuvo lugar al mismo tiempo que los inicios del proceso de colonización de Norteamérica por parte de Inglaterra y Francia. Los latinos fueron parte esencial del desarrollo de esas tierras antes de su incorporación a la República de Texas en 1836 y después a los Estados Unidos como consecuencia de la guerra entre Estados Unidos y México en 1846–48.

Al final de esta guerra, México perdió entre una tercera parte y la mitad de su territorio, el cual iba desde lo que actualmente es Texas hasta California. Es verdad que no había amplios asentamientos de habla hispana en esta región antes de 1848 y que la comunicación entre los asentamientos de Texas, Nuevo México, Arizona y California era más bien directamente con la Ciudad de México y no entre sí. Aun así, había propietarios de tierras que habían sido otorgadas por los españoles a los que se les despojó de las mismas después de 1848 y los descendientes de los asentamientos hispano-mexicanos recibieron un trato de ciudadanos de segunda clase durante el siglo siguiente por parte de los colonizadores que dominaron las estructuras de poder de los Estados Unidos en esos estados. Como bien ha dicho el movimiento chicano (un movimiento político de inspiración mexicano-americana) "nosotros no cruzamos la frontera, la frontera nos cruzó a nosotros". Aquellos feligreses que comienzan a exigir el "solo inglés" deberían saber que en algunas regiones de los Estados Unidos, los cristianos han estado hablando español desde hace más tiempo que inglés.

En el siglo XX, tanto la Revolución Mexicana como más tarde los programas de trabajadores braceros (1940–1960) trajeron muchos mexicanos con sus familias a los Estados Unidos. La Revolución (1910–30)

the settlers who came to dominate the US power structures in these states. As the Chicano (Mexican-American political) movement has been fond of saying, "we didn't cross the border, the border crossed us." For parishioners who start advocating "English-only," it may be helpful to make them aware that in some regions of the United States, Christians have been speaking Spanish longer than English.

In the twentieth century, both the Mexican Revolution and later the US *bracero* worker programs from the 1940s to the 1960s brought many Mexican workers and their families into the United States. The Revolution (1910–30) was a direct reaction to the selling of Mexican economic resources by the Mexican dictator Porfirio Diaz to US and British corporations over the last quarter of the nineteenth century and the first decade of the twentieth. In turn, during World War II, the US government created a guest worker program for Mexicans to do the work left behind by Americans who went off to fight in the war. In the latter part of the twentieth century, businesses in the United States hired both documented and undocumented Mexican immigrants because they were a cheap labor supply.

Therefore, contemporary Latino immigrants are indeed more recent arrivals compared to those of the pre-1848 era, but when they cross into the US Southwest, they are in a region that has intricate historical and cultural ties to Mexico.[6] Consequently, in the encounter with the prevailing European Americans, even at the parish level, the question arises who is actually assimilating whom or which is the original language/culture in the situation. Put less polemically, especially in the US Southwest, Spanish speakers have crossed back and forth and populated the US-Mexico border region for centuries. Rather than a person identifying with one geographic location, there are communities in the United States that have intimate ties with communities in Mexico or Central America, with populations migrating back and forth.[7] This is a very different dynamic from that of

---

[6] The Chicano movement terms the US Southwest Aztlán, the supposed mythical land of the Aztecs before they traveled south to establish their empire. This characterization is more romantic than historically accurate, but it does capture that Latinos are migrating to the most northward region of Latin America, rather than completely breaking from their countries of origin.

[7] Roger Rouse, "Mexican Migration and the Social Space of Postmodernism," in *Between Two Worlds: Mexican Immigrants in the United States*, ed. David G. Gutiérrez (Wilmington, DE: Scholarly Resources, 1996), 247–63.

fue una reacción directa a la venta de los recursos económicos de México por parte del dictador mexicano Porfirio Díaz. Los recursos se vendían a los Estados Unidos y a corporaciones británicas durante el último cuarto del siglo XIX y la primera década del XX. Además, durante la Segunda Guerra Mundial, el gobierno creó un programa para recibir trabajadores de México que realizaran el trabajo que no podían hacer los americanos que habían marchado a la guerra. En la última parte del siglo XX, los diversos negocios de los Estados Unidos contrataron tanto a mexicanos con documentos como indocumentados porque era una mano de obra barata.

Por ello, los inmigrantes latinos de la actualidad ciertamente son recién llegados comparados con aquellos que llegaron antes de 1848, pero cuando cruzan al Suroeste de los Estados Unidos, están en una región con la que tienen profundos vínculos históricos y culturales[6]. Por consiguiente, en el encuentro con los euroamericanos que son la cultura dominante, incluso en un nivel parroquial, la pregunta es quien está asimilando a quien o cuál es la lengua y cultura original. Dicho de manera menos polémica, especialmente en el Suroeste de los Estados Unidos, las personas de habla hispana han cruzado una y otra vez, y han poblado la región de la frontera México-Estados Unidos por siglos. Las personas, más que identificarse con un lugar geográfico, viven en comunidades en los Estados Unidos que tienen profundos vínculos con comunidades de México o Centroamérica, con miembros que van y vienen constantemente[7]. Se trata de una dinámica muy distinta a la de muchas inmigraciones europeas del siglo XIX que nunca volvieron a sus lugares de origen.

En cuarto lugar, muchos países latinoamericanos al igual que las Filipinas, tienen lazos históricos con los Estados Unidos debido a su colonialismo político y económico. Al comenzar la guerra entre España y Estados Unidos de 1898, este último tenía un gran interés

---

[6] El movimiento chicano llama al Suroeste de los Estados Unidos "Aztlán", la supuesta tierra mítica de los aztecas antes de que emprendieran su viaje hacia el sur para establecer su imperio. El nombre es más romántico que rigurosamente histórico, pero muestra cómo los latinos simplemente sienten que están emigrando a la parte más al norte de Latinoamérica y, por lo mismo, no están realizando una completa ruptura con sus países de origen.

[7] Roger Rouse, "Mexican Migration and the Social Space of Postmodernism", en *Between Two Worlds: Mexican Immigrants in the United States*, ed. David G. Gutiérrez, (Wilmington, DE: Scholary Resources, 1996, 247–63).

many nineteenth-century European immigrants who did not return to their places of origin.

Fourth, many Latin American countries as well as the Philippines are historically entangled with the United States due to US political and economic colonialism. In the wake of the Spanish-American War of 1898, the United States has had a great deal of economic, political, and military impact on Cuba, the Philippines, and Puerto Rico. In turn, due to economic penetration by US corporations, the countries of Central America and Colombia historically have had deep ties to the United States. The US government also intervened militarily in the Dominican Republic in 1965.

Latinos from these countries living in cultural enclaves in many US cities are tied to these histories. They may be grateful for the opportunities found in the continental United States, but they are also quite aware of the historical domination of their homelands by US economic interests. This history of exploitation needs to be grasped by pastoral ministers if they are to be effective with ministry to these immigrants. Painting rosy pictures of the US American way of life is ill advised. Catechesis that shares with long-standing church members that the migration of these Latinos into the United States is partly a consequence of the entanglement of US economic and foreign policy with Latin America for the past two centuries is vital.[8]

Fifth, and probably most importantly, as long as huge disparities between rich and poor people in Mexico and Central America persist, a gulf that has been exacerbated by political and economic instability in these regions over the past thirty to forty years, poor people will be tempted to travel north to the United States. Personal and family survival, not lawbreaking, motivates their exodus.

The reality remains that much of the population in Mexico and Central America is young and needs economic opportunities. If people do not find these opportunities in their homelands, they will certainly still be drawn to the opportunities available in the most prosperous nation in the world over the last century. As much as there is a great deal of disagreement over the impact of the NAFTA and CAFTA free trade agreements, my reading of the studies suggests

---

[8] Lisa García Bedolla, *Latino Politics* (Malden, MA: Polity Press, 2009); Juan Gonzalez, *Harvest of Empire* (New York: Viking Penguin, 2001).

económico, político y militar en Cuba, las Filipinas y Puerto Rico. Además, debido a la penetración de las compañías americanas, los países de Centroamérica y Colombia siempre han tenido profundos vínculos con los Estados Unidos. El gobierno americano también intervino militarmente en la República Dominicana en 1965.

Los latinos de estos países que viven en guetos culturales en muchas ciudades de Estados Unidos también tienen lazos con esas historias. Pueden estar agradecidos por las oportunidades que encontraron aquí, pero también son muy conscientes de la dominación histórica sobre sus países de origen llevada a cabo por los intereses económicos de los Estados Unidos. La historia de la explotación necesita ser comprendida por los ministros de pastoral si quieren ser eficaces en su ministerio con estos inmigrantes. Pintar de rosa el estilo de vida americano puede ser una falta de consideración. Es de vital importancia hacer una catequesis que explique a los miembros más antiguos de la iglesia que la inmigración de los latinos a los Estados Unidos es en parte una consecuencia de nuestra política exterior y económica en Latinoamérica durante los últimos dos siglos[8].

En quinto lugar, y probablemente lo más importante, en la medida en que continúen las grandes diferencias entre ricos y pobres en México y Centroamérica, una región que ha sufrido una enorme inestabilidad política y económica en los últimos 30 o 40 años, los pobres seguirán teniendo la tentación de emigrar al norte, a los Estados Unidos. La sobrevivencia personal y familiar, no el deseo de quebrantar la ley, es lo que motiva su éxodo.

La realidad sigue siendo que mucha de la población en México y Centroamérica es joven y está necesitada de oportunidades económicas. Si la gente no encuentra esas oportunidades en su propia tierra, ciertamente seguirá sintiéndose atraída por las oportunidades disponibles en la nación más próspera del mundo durante el último siglo. Si bien hay una gran disparidad de opiniones sobre el impacto de los tratados de libre comercio TLCAN y CAFTA, la lectura de diversos estudios parece sugerir que estos acuerdos han beneficiado sobre todo a los empresarios, inversores y a las compañías trasnacionales o multinacionales. Cuando se perdieron muchos empleos en México debido al TLCAN, solo hubo más inmigración a

---

[8] Lisa García Bedolla, *Latino Politics* (Malden, MA: Polity Press, 2009); Juan González, *Harvest of Empire* (New York: Viking Penguin, 2001).

that these agreements have largely been to the advantage of entrepreneurs, investors, and the transnational/multinational corporations. As jobs have been lost in Mexico due to NAFTA, especially in the rural areas, this has only caused more migration to the major cities of Mexico and especially those of the United States. In addition, the extensive violence in Mexico connected with the drug gang wars in recent years has compounded social instability.

Some of the descendants of the present-day Latin American migrants will acculturate to the mores and manners of the United States by the second or third generation, but as long as Spanish-speaking migrants continue to come north to the United States for political and economic reasons, the political, social, economic, linguistic, and cultural entwining between the United States and Latin America is only going to increase. Therefore, understanding the spiritual and cultural orientations of Latinos becomes that much more crucial for pastoral ministers.

These preceding five points illustrate that today's migration patterns are a universe apart from those of the nineteenth century. Consequently, Latino immigrants are unlikely to assimilate to this country along the lines of past European American immigrants. Parish ministers need to shed melting pot lenses to do effective intercultural ministry, especially in parishes increasingly Latino both in numbers and character.

The tendency in the United States is to render the colonization and subsequent development of the United States as an east-to-west wave from Plymouth Rock to the shores of the Pacific Ocean. However, we also need to recognize impact of the south-to-north wave from the early Spanish explorations in the sixteenth and seventeenth centuries to the more recent and ongoing migrations.[9]

Even our long-standing understanding of US Catholicism privileges the European American experience at the expense of the Latino heritage. Only in recent years has historical scholarship by Tim Matovina and others brought to the forefront the Spanish, Mexican, and other Latino nationality legacies and contributions to US Catholicism.[10]

---

[9] Allan Figueroa Deck, *The Second Wave: Hispanic Ministry and the Evangelization of Cultures* (New York: Paulist Press, 1989), 1.

[10] Matovina, *Latino Catholicism*.

las grandes ciudades de México y, especialmente, a las de Estados Unidos. Además, la violencia tan extendida en México causada por los cárteles de la droga en años recientes, ha provocado también inestabilidad social.

Algunos de los descendientes de los inmigrantes latinoamericanos en estos días van a asumir las costumbres y formas de vida de los Estados Unidos en la segunda o tercera generación, pero mientras los inmigrantes de habla hispana sigan viniendo por razones económicas o políticas, las interacciones políticas, sociales, económicas, lingüísticas y culturales entre los Estados Unidos y América Latina solo van a seguir creciendo. Por ello, entender la espiritualidad y la cultura de los latinos se convierte en algo fundamental para los ministros de pastoral.

Estos cinco puntos muestran que los patrones de migración de nuestros días son un universo aparte de los que sostuvieron la inmigración del siglo XIX. En consecuencia, es poco probable que los inmigrantes latinos se asimilen a la cultura de este país de la misma forma que lo hicieron en el pasado los euroamericanos. Los ministros de pastoral necesitan abandonar los lentes del cazo para derretir para poder hacer un ministerio intercultural eficaz, especialmente en las parroquias que cada vez son más latinas, tanto por el número de miembros como por la fisonomía que están adquiriendo.

La tendencia en los Estados Unidos es concebir la colonización y el desarrollo subsecuente del país como una ola de este a oeste, desde Plymouth Rock hasta las costas del Océano Pacífico. Sin embargo, necesitamos reconocer también el impacto de la ola del sur hacia el norte, desde las primeras exploraciones de los españoles en los siglos XVI y XVII hasta las migraciones más recientes y actuales[9].

Incluso nuestra comprensión tradicional del Catolicismo de los Estados Unidos privilegia la experiencia euroamericana minusvalorando la herencia latina. Solo en los últimos años, los estudios históricos realizados por Tim Matovina y otros han puesto en evidencia los legados de naciones como España, México y otras semejantes, así como sus contribuciones al Catolicismo de este país[10].

---

[9] Allan Figueroa Deck, *The Second Wave: Hispanic Ministry and the Evangelization of Cultures* (New York: Paulist Press, 1898), 1.

[10] Matovina, *Latino Catholicism*.

Finally, just because the dynamics of twenty-first-century immigration are quite distinct from that of nineteenth-century immigration, it does not mean that Latinos constitute a threat to US Catholic identity. If anything, becoming well informed on Latino Catholic spirituality is integral to the future growth and vitality of the US Catholic Church. One would have to go back to the impact of Irish immigrants on the structure and conduct of US Catholicism in the mid-nineteenth century to find a similar example. Admittedly, only about 75 percent of US Latinos are Catholics, and there are ongoing defections among them, especially to Pentecostal churches, but the overall numbers potentially provide a strong, steady source of renewal for US Catholicism for the next half century.

Rather than seeing Latinos as just the latest immigrant group in a long litany of US Catholic ethnic groups, we need to grasp that the Latino Catholicism has been an integral part of US Catholic history from its outset, and that this legacy is sustaining and renewing itself in a matter quite different from other ethnic Catholicisms. Latinos are not just an "add-on" to other ethnic or other racial groups in a parish. Effective pastoral ministers will engage the contribution of Latino Catholicism from the "inside-out."

Returning to the scenario at the outset of this chapter, the Spanish *coro* members are seemingly just an "add-on" to the existing practices of the English choir. Singing in Spanish does not make a liturgy bilingual except in a superficial way. To do bilingual, bicultural liturgies in a deep way entails integrating choir members and, perhaps more importantly, musical styles and ambiance. Instruments from both the English and Spanish liturgy approaches need to be fused without either being privileged, and an atmosphere needs to be created that invites parishioners from both traditions to embrace the beauty of the other culture. In order to do this in a deep, inner way, one has to grasp the differences in spiritual imaginations that inform the European American and Latino Catholic heritages—the focus of the next chapter.

Por último, precisamente porque la dinámica de la inmigración en el siglo XXI es muy distinta de la del siglo XIX, eso no significa que los latinos sean una amenaza para la identidad católica de nuestro país. Más bien, conocer suficientemente la espiritualidad latinocatólica es esencial para el futuro crecimiento y vitalidad de la Iglesia Católica en los Estados Unidos. Haría falta ir al pasado y analizar el impacto que tuvieron los inmigrantes irlandeses en la estructura y conducta del Catolicismo de los Estados Unidos a mediados del siglo XIX para encontrar un ejemplo similar. Ciertamente solo el 65% de los latinos de Estados Unidos son católicos y también hay quienes dejan la Iglesia, especialmente para unirse a iglesias pentecostales; pero el número total todavía ofrece una fuente sólida y segura para renovar el Catolicismo en los Estados Unidos durante el próximo medio siglo.

En lugar de ver a los latinos como un grupo más de la larga lista de grupos étnicos del Catolicismo en los Estados Unidos, necesitamos entender que el Catolicismo latino ha sido parte integral de la historia católica de nuestro país desde los inicios y que este legado se mantiene y renueva a sí mismo de una manera muy distinta a como lo hacen otros católicos ligados a una determinada cultura. Los latinos no son simplemente un "añadido" a otros grupos étnicos o raciales de una parroquia. Los líderes de pastoral eficaces aprovecharán la contribución del Catolicismo latino desde el corazón del mismo.

Volviendo al escenario presentado al inicio de este capítulo, los miembros del coro en español parecerían simplemente un "añadido" a la forma de hacer las cosas del coro en inglés. Cantar en español no hace bilingüe a una liturgia mas que de una manera superficial. Hacer liturgias bilingües, biculturales, de manera profunda, implica integrar a los miembros del coro y quizás, todavía más importante, los estilos musicales y la atmósfera del culto. La forma de utilizar los instrumentos, tanto de la liturgia en inglés como de la liturgia en español necesita tener en cuenta ambos legados sin que ninguno de ellos sea privilegiado y se debe crear una atmósfera que invite a los fieles de ambas tradiciones a aceptar la belleza de la otra cultura. Para hacer esto de una manera profunda e íntima, uno debe entender las diferencias que hay en las diversas concepciones espirituales, tanto de la tradición euroamericana como de la latinocatólica. De esto nos ocuparemos en el siguiente capítulo.

Llegar a la parte oculta del iceberg
el encuentro de dos olas

Escenario: En la reunión de un comité parroquial de liturgia, al que asisten latinos y euroamericanos, algunos miembros del comité están molestos por lo que ellos ven como la profanación de una estatua de la iglesia. Un día, un miembro de la parroquia besó la estatua y sin darse cuenta la dejó manchada con lápiz labial. Algunos miembros euroamericanos estaban escandalizados por ello. Después de escuchar la discusión sobre la necesidad de respetar las estatuas, el director del coro en español finalmente tomó la palabra y dijo, "de acuerdo, ya entendimos: las estatuas de la iglesia son para decoración no para veneración".

Como ministro de pastoral, ¿qué crees que está pasando aquí? ¿Es comprensible que algunos miembros del comité estuvieran tan molestos por el lápiz labial en la estatua? ¿Qué quiere decir el otro miembro del comité al oponer decoración y veneración? ¿Te ha tocado estar en reuniones con problemas semejantes?, ¿qué hizo el grupo en aquella ocasión para resolver el conflicto?, ¿se tomaron un tiempo para analizar si las diferencias espirituales o culturales podían estar causando el conflicto y entonces analizaron qué podían hacer para solucionar el problema?

Habiendo establecido que la presencia cada vez mayor de los latinos en el Catolicismo de los Estados Unidos muy probablemente no va a seguir los mismos esquemas de asimilación que siguieron los católicos euroamericanos desde la mitad del siglo XIX hasta la mitad del siglo XX, debemos ser conscientes de que tanto la espiritualidad

4

Getting under the Surface of the Iceberg
The Meeting of Two Waves

Scenario: At a parish liturgy committee meeting, attended by both Latinos and European Americans, some committee members are upset about what they see as desecration of a church statue. The vestibule of the church contains a beautiful, new, white statue of the parish's patron saint. One day a parishioner kissed the statue and unintentionally left a residue of lipstick. Some of the European American members are aghast that someone would leave lipstick on the statue. After listening to discussion that stressed such statues should not be defiled, the Spanish choir director finally speaks up and says, "Okay, we get it; the church's statues are for decoration, not veneration."

As a pastoral minister, what do you think is going on here? Is it understandable that some members of the committee were visibly upset about the lipstick on the statue? What does the other committee member mean by the contrast between decoration and veneration? Could there be cultural differences at the heart of these quite different responses? Have you found yourself in meetings where divisions such as this arose? What did your group do to resolve the conflict? Did it take the time to probe whether spiritual or cultural differences might be driving the conflict and then examine what might be done to deal with this matter?

Having established that the growing Latino presence in US Catholicism is unlikely to follow the assimilation patterns of European American Catholics from the mid-nineteenth to mid-twentieth centuries in many parishes across the country, both European American

y la cultura euroamericanas como latinas van a permear todo el país. Esto va a conllevar conflictos y valiosos intercambios. Los valores culturales influyen en la forma en que cada uno de estos grupos practica la fe. Ser cada vez más conscientes de estos valores es una condición previa para cualquier integración cultural duradera y constructiva.

La mayor atención que se presta a las espiritualidades euroamericana y latina no quiere ignorar el valor de otras formas de Catolicismo, como la africana, la asiática o la propia de las islas del Pacífico. En el ministerio parroquial, analizar la forma en que la espiritualidad de estas culturas está articulada es esencial si se quiere que verdaderamente formen parte de la parroquia; sin embargo, la intersección cultural más urgente y extendida durante el próximo medio siglo va a ser entre euroamericanos y latinocatólicos.

La conducta está en la parte superior del iceberg y los valores, en la inferior

Los consejos parroquiales, los comités parroquiales de finanzas, las reuniones parroquiales de liturgia y otras reuniones de los ministerios parroquiales van a tener conflictos en todo tipo de temas, desde qué tipo de cantos para la Misa escoger hasta los horarios para los servicios litúrgicos, o cómo organizar las fiestas para eventos. Pero cuando diversos grupos culturales están involucrados en estas discusiones, lo que produce el conflicto no es un tema concreto, sino los distintos valores culturales que subyacen a cada grupo cultural.

Eric Law, que ha escrito mucho sobre los retos que conlleva promover las relaciones interculturales en las comunidades de fe protestantes, utiliza la imagen del iceberg para explicar esta dinámica. Lo que está sobre la superficie del agua es la "cultura externa" de una comunidad de fe: "la apariencia de los edificios físicos de la Iglesia, la forma en que damos culto, nuestra música, nuestra doctrina, nuestra estructura organizativa explícita y los procesos para la toma de decisiones, nuestra misión establecida, etc."[1]. Law sostiene que los cambios en la cultura externa pueden suceder con mucha facilidad, porque implican "un cambio superficial" como cuando se cambia una llave que gotea[2].

---

[1] Eric Law, *Sacred Acts, Holy Change: Faithful Diversity and Practical Transformation* (St. Louis, MO: Chalice Press, 2002), 37 [traducción nuestra].

[2] Ibid., 36–37.

and Latino spirituality and culture will be pervasive. There will be accompanying conflicts and beautiful interchanges between these cultural groups. Cultural values underlie how each group practices its faith. Raising awareness of these values comes before any long-lasting, constructive, cultural integration can result.

The focus on the specifics of European American and Latino spiritualities is not intended to slight African, Asian, Pacific Islander, and other types of American Catholics. In parish ministry, examining the cultural articulations of spirituality of any of these groups is crucial if they are an integral or growing part of a parish, though, the most pressing and widespread intersection over the next half century will be between European American and Latino Catholics.

Conduct Above and Values Below the Iceberg

Parish councils, parish finance committees, parish liturgy meetings, and other gatherings of parish ministers will get into disputes over all kinds of issues, ranging from hymnal choices to liturgy times to types of receptions for events. But when diverse cultural groups are involved in these disputes, what is driving the conflict is not the specific issue but the underlying different values of the parishioners.

Eric Law, who has written extensively on the challenges of fostering intercultural relations in Protestant faith-based communities, uses the analogy of the iceberg to explain this dynamic. What lies above the surface of the water in an iceberg is the "external culture" of a faith-based community: "the appearance of the physical buildings of the church, our worship proceedings, our music, our doctrine, our explicit organizational structure and decision-making process, our stated mission, and so on."[1] He contends that changes in this external culture can happen fairly easily because they involve "surface change" such as replacing a water fountain system that has gone bad.[2]

On the other hand, the largest part of the iceberg lies below the water. Law terms this region the "internal culture" of a faith-based

[1] Eric Law, *Sacred Acts, Holy Change: Faithful Diversity and Practical Transformation* (St. Louis, MO: Chalice Press, 2002), 37.

[2] Ibid., 36–37.

Por otro lado, la parte más grande del iceberg esta debajo del agua. Law llama a esta parte la "cultura interna" de una comunidad de fe: las "creencias y valores no articulados" que informan las acciones de los miembros de la congregación[3]. La gente da por descontado que sus valores son lo normal y por ello es muy difícil lograr un cambio. Mientras la cultura externa es visible y es parte del nivel consciente de una comunidad de fe, la cultura interna es invisible y es parte del nivel inconsciente de una comunidad de fe[4].

Cuando hay desacuerdos entre los miembros de diversos grupos culturales, por lo general, el conflicto no se debe al tema o controversia que primero aparece a los ojos, sino a un choque entre dos sistemas de valores internos de cada cultura, los cuales se encuentran debajo de la superficie del agua. Los ministros de pastoral necesitan "sumergirse" para reconocer estas diferencias de valores, de lo contrario seguirán apareciendo en la superficie una y otra vez de distintas maneras. Estas diferencias en los valores que se encuentran latentes, deben llevarse a la superficie de manera sistemática para afrontarlas de forma que las comunidades puedan realizar la unidad en la diversidad. Así, los miembros de la parroquia más fácilmente se darán cuenta de que un lado no está automáticamente bien y el otro mal. Todavía más importante, teniendo en cuenta todo esto, serán capaces de encontrar una solución que satisfaga a ambas partes.

Diversas concepciones espirituales

La reflexión de Law sobre los conflictos entre valores culturales se sirve de su experiencia en psicología y, sobre todo, en la reflexión de Edward Hall sobre las diferencias de un contexto alto y de un contexto bajo, y en los estilos de comunicación entre las culturas[5]. Law también se concentra en los conflictos específicos de algunas congregaciones protestantes. Curiosamente, no analiza los sistemas de valores comparando diferencias étnicas y culturales específicas, como por ejemplo las diferencias entre la cultura euroamericana y la latina.

---

[3] Ibid., 36.

[4] Law, *Sacred Acts*, 36–40; Conferencia de Obispos Católicos de Estados Unidos (USCCB, por sus siglas en inglés), Building Intercultural Competence for Ministers (Washington, DC: United States Conference of Catholic Bishops, 2012), 7.

[5] Edward Hall, *Beyond Culture* (New York: Anchor, 1989), 105–16. Las culturas de "contexto alto" se basan en las relaciones interpersonales, mientras que las de "contexto bajo" se apoyan más bien en la ley (nota del traductor).

community: the "unarticulated beliefs and values" that inform the actions of congregation members.[3] People come to assume their values are normal and are thus very challenging to change. Whereas the external culture is visible and is part of the conscious level of a faith-based community, the internal culture is invisible and is part of the unconscious level of faith-based community life.[4]

When there are disagreements between members of different cultural groups, more likely than not, the conflict is not the surface issue or controversy, but a clash between the internal values of each culture below the water surface. Pastoral ministers need to get below the surface to recognize these differences of values are liable to play themselves out over and over again with different surface issues. In a systematic way, these underlying value differences need to be brought to the surface and addressed in order for our faith-based communities to realize unity in diversity. Then parishioners will more likely come to realize that one side is not automatically right and the other side automatically wrong. More importantly, based upon this new awareness, they will be able to discern a mutually satisfactory resolution of the conflict.

Spiritual Imaginations

Law's discussion of cultural value conflicts draws upon his background in psychology and especially Edward Hall's deliberation between high context and low context cultures and communication styles.[5] Law also focuses on the specific conflicts in particular Protestant congregations. Notably, he does not address value systems in terms of specific ethnic cultural contrasts such as between European American and Latino cultures.

If we are going to address the growing intersections of multiple cultural communities in US parishes, we need to push Law's insight

---

[3] Ibid., 36.

[4] Law, *Sacred Acts*, 36–40; United States Conference of Catholic Bishops, *Building Intercultural Competence for Ministers* (Washington, DC: USCCB, 2012), 7.

[5] Edward Hall, *Beyond Culture* (New York: Anchor, 1989), 105–16. High context cultures take into account the full range of interpersonal relationships whereas low context cultures place more emphasis on following rules and laws.

Si vamos a afrontar las cada vez más frecuentes intersecciones culturales que se están dando en muchas parroquias, necesitamos llevar más allá la propuesta de Law sobre traer a la superficie los sistemas de valores de los diversos grupos culturales: estudiar las diferencias entre las concepciones espirituales y su impacto en la vida de la parroquia. El teólogo David Tracy y el sociólogo Andrew Greeley sostienen, por ejemplo, que la forma en que afrontamos el mundo refleja la forma en que concebimos la relación de Dios con este. Greeley dice que se trata de una sensibilidad poética y estética, que es muy semejante a la dimensión no evidente de los sistemas de valores propuesta por Law. En concreto, Tracy y Greeley distinguen entre las concepciones espirituales dialécticas y las sacramentales[6].

Como dice Greeley, la concepción dialéctica ve a Dios como alguien que tiene una relación lejana con un mundo muy pecador. Dios interviene en momentos clave de la historia para redimir lo que de otra forma sería un completo caos. La relación personal del creyente con ese Dios trascendente es un beneficio extra y la fe no afecta a los asuntos humanos, fuera de las comunidades de fe formadas por cristianos que tienen las mismas convicciones. Lo importante es vivir una vida moral de acuerdo con los Mandamientos de Dios, la cual llevará a la salvación eterna, y tampoco hay que esforzarse mucho por mejorar a la humanidad en esta vida, la cual es en gran medida un valle de lágrimas[7].

Por su parte, la concepción sacramental o de la encarnación, a la par que reconoce el poder trascendente de Dios, también resalta aspectos de su bondad que se manifiestan en esta vida a través de nuestras relaciones con los demás y con el mundo natural. Debido a esta encarnación de la presencia de Dios en los diversos aspectos de esta vida, tendemos a ver el trabajo de los seres humanos en instituciones y asociaciones como algo querido por Dios. En consecuencia, los cristianos que tienen esta forma de pensar tienden más a participar y preocuparse por crear redes políticas, sociales y económicas, que un cristiano que ve al mundo cómo un lugar casi totalmente corrompido y afligido por el pecado. Aunque el Reino de Dios solo

---

[6] David Tracy, *The Analogical Imagination: Christian Theology and the Culture of Pluralism* (New York: Crossroad, 1981); Andrew Greeley, *The Catholic Myth: The Behavior and Beliefs of American Catholics* (New York: Charles Scribner's Sons, 1990).

[7] Greeley, *The Catholic Myth*, 45–48.

about bringing to the surface the tension between value systems in a different, broader direction—studying the difference of spiritual imaginations and their impact on parish life. Theologian David Tracy and sociologist Andrew Greeley contend, for example, that how we engage the world is reflective of what we imagine as God's relationship to the world. Greeley renders this imagination as a poetic, aesthetic sensibility that is very akin to the mythic dimension of Law's focus on underlying organization values. Specifically, Tracy and Greeley distinguish between the dialectical and sacramental spiritual imaginations.[6]

As expressed by Greeley, the dialectical imagination sees God as having a distanced relationship to a very sinful world. God intervenes at key points in history to redeem what otherwise is a very conflict-ridden place. A premium is put on the believer's personal relationship with this transcendent God, and not a great deal of faith is placed in human affairs, apart from the faith communities formed by like-minded Christians. The point is to live a moral life by God's commands that will lead to ultimate salvation and not put much stock into improving the lot of humanity in this life, which by and large is a veil of tears.[7]

By contrast, the sacramental or incarnational imagination, as much as it recognizes the transcendent power of God, also stresses aspects of God's goodness revealed in this life through our relationships with other human beings and with the natural world. Because of this incarnational presence of God in aspects of this life, we are much more likely to see involvement in human associations and institutions as being intended by God. Consequently, Christians of this outlook are more likely to cultivate and take care of extended political, social, and economic networks than a Christian who fundamentally sees the world as corrupt and ridden with sin. As much as the kingdom of God will be realized in all its amplitude in the next life, the sacramental imagination leads Christians to transform the sinful practices and institutions of this life so as to bring forth in part the glory of God.[8]

---

[6] David Tracy, *The Analogical Imagination: Christian Theology and the Culture of Pluralism* (New York: Crossroad, 1981); Andrew Greeley, *The Catholic Myth: The Behavior and Beliefs of American Catholics* (New York: Charles Scribner's Sons, 1990).

[7] Greeley, *The Catholic Myth*, 45–48.

[8] Ibid.

se realizará plenamente en la vida futura, la concepción sacramental lleva a los cristianos a transformar las prácticas pecaminosas y las instituciones de esta vida para que hagan presente de alguna forma la gloria de Dios[8].

Al final, estas dos concepciones espirituales conducen a diversas prácticas en la conducta personal, en la vida de iglesia y en los compromisos políticos, sociales y económicos. Aunque estas diferencias podrían tener implicaciones para el ministerio intercultural, aquí lo importante es la contraposición de distintas concepciones espirituales. Por ello, más que centrarnos en las implicaciones concretas de las diferencias entre la concepción dialéctica y la sacramental, este capítulo presta atención, sobre todo, a las diferencias entre las concepciones o idiosincrasias espirituales euroamericana y latinocatólica, así como sus implicaciones para el ministerio intercultural[9]. Para los ministros de pastoral es esencial entender estas dos espiritualidades y patrimonios históricos tan distintos. Esto les permitirá manejar los conflictos y los talentos de estos grupos a medida que vayan coincidiendo en las bancas de la parroquia.

Para comenzar, necesitamos reformular nuestra comprensión de la identidad del Catolicismo de los Estados Unidos. Además de la gran contribución de los católicos euroamericanos a esta identidad, necesitamos reconocer también las contribuciones, cada vez mayores y ampliamente presentes en la historia, del Catolicismo latino. Como mencionábamos en el capítulo anterior, se trata de dos olas de inmigración que se están encontrando[10].

La primera ola es la expansión hacia el oeste de los Estados Unidos, desde los primeros asentamientos en Jamestown y Plymouth Rock hacia la costa oeste. Las fronteras dejaron de expandirse a finales del siglo XIX. Los inmigrantes católicos, especialmente los de

---

[8] Ibid.

[9] Existen algunos paralelismos entre la oposición dialéctica vs. sacramental y la oposición espiritualidad euroamericana vs. latina. La Reforma Protestante estaba muy enraizada en una concepción dialéctica y las repercusiones de la Reforma tienen un impacto mucho mayor en los católicos euroamericanos que en los latinos. Al mismo tiempo, los católicos euroamericanos, en cuanto católicos, están también muy influidos por la concepción sacramental, lo cual elimina un paralelismo perfecto entre ambas oposiciones.

[10] Allan Figueroa Deck, *The Second Wave: Hispanic Ministry and the Evangelization of Cultures* (New York: Paulist Press, 1989), 1.

Ultimately, these two different spiritual imaginations lead to different practices in personal conduct, church life, and political, social, and economic undertakings. Although these differences might have implications for intercultural ministry, the concept of contrasting spiritual imaginations is what is crucial. Therefore, rather than focusing on the specific implications of the differences between the dialectical versus sacramental spiritual imaginations, this chapter will focus on the differences between the European American Catholic and the Latino Catholic spiritual imaginations and their implications for intercultural ministry.[9] For pastoral ministers, understanding these very different spiritualities and histories over the past five centuries is crucial to navigating the conflicts and the contributions that emerge as these cultural groups increasingly intersect in parish pews.

To start, we need to recast our understanding of US Catholic identity. In addition to the major contributions of European American Catholics to this identity, we need to also acknowledge the extensive historical and growing contributions of Latino Catholicism. As acknowledged in the previous chapter, two different migration waves are intersecting.[10]

The first wave is the westward expansion of the United States from the initial settlements at Jamestown and Plymouth Rock to the west coast of the United States. The ultimate closing of the frontier occurs at the end of the nineteenth century. Catholic immigrants, especially from Europe, who come into this country during the nineteenth and early twentieth centuries, are socialized very much into the mythology driving this east to-west wave. Past US American settlers and immigrants now expect that newer immigrants from Asia, Latin America, and elsewhere need to assimilate to this so-called "American" heritage.

---

[9] There are some parallels between the dialectical versus sacramental imagination contrast and the European American versus Latino spirituality contrast. The Protestant Reformation is very rooted in the dialectical imagination, and the Reformation's repercussions have a much greater impact on European American Catholics than Latino Catholics. At the same time, European American Catholics as Catholics are also very deeply affected by the sacramental imagination, so this muddles any parallels between the two sets of contrasts.

[10] Allan Figueroa Deck, *The Second Wave: Hispanic Ministry and the Evangelization of Cultures* (New York: Paulist Press, 1989), 1.

Europa, que llegaron a este país durante el siglo XIX e inicios del XX, se incorporaron a la sociedad americana en el momento en que tenía lugar esta expansión. Los antiguos colonizadores de los Estados Unidos y los inmigrantes ahora esperan que los nuevos inmigrantes provenientes de Asia, América Latina y otros lugares asimilen de la misma forma la así llamada herencia "americana".

La otra ola, que ha durado más tiempo y es más lenta en su desarrollo, es la inmigración de latinoamericanos hacia el norte. Esta ola comienza en el momento en que Cristóbal Colón se encuentra con los pueblos indígenas de las Indias Occidentales y sigue adelante durante tres décadas hasta la conquista de México. Durante los tres siglos siguientes, las expediciones de exploración y la creación de misiones —y después de asentamientos— sigue avanzando hacia el norte, llegando hasta Los Ángeles (California); Taos (Nuevo México); Nacogdoches (Texas); y San Agustín (Florida). Las sucesivas olas de inmigración hacia el norte debidas a la Revolución Mexicana, a la intervención de los Estados Unidos en Cuba y Puerto Rico, a los programas *bracero* durante la Segunda Guerra Mundial y a la creciente inestabilidad política y económica de México, Centroamérica, Sudamérica y el Caribe causan esta segunda ola, más lenta, pero que también está permeando la fisonomía del país.

Los valores propios de cada ola de inmigración tienen su raíz en espiritualidades y procesos históricos muy profundos, los cuales no van a ser fácilmente asimilados por la otra ola.

Considérese, por ejemplo, cómo el ambiente que rodeó a los primeros colonizadores y a la fiesta de Acción de Gracias tiene plena ciudadanía en el alma americana con una celebración anual. La historia de los Padres Peregrinos, un grupo puritano separatista, ahora es celebrada por católicos, musulmanes y muchos otros tipos de americanos. Incluso fuera de Nueva Inglaterra o del Noreste, las escuelas, desde kinder hasta preparatoria, tienen carteles donde aparecen los padres peregrinos y los nativoamericanos conviviendo en hermandad, así como coloridas hojas, incluso si aún no han cambiado de color los árboles o no es algo particularmente llamativo. A pesar de todo ello, celebramos anualmente este acontecimiento de la historia americana.

Igualmente impresionantes, aunque menos conocidas, son las relaciones y semejanzas entre los diversos grupos de la ola latina. En el capítulo anterior, analizamos el crecimiento de los vínculos

The other wave, both longer and slower in its development, is the migration of Latin Americans northward. This wave begins with Columbus's encounter with the indigenous peoples of the West Indies and then carries forward three decades to the conquest of Mexico. Over the next three centuries in this wave, exploratory expeditions and establishment of missions and ultimately settlements proceed as far north as Los Angeles, California; Taos, New Mexico; Nacogdoches, Texas; and St. Augustine, Florida. Subsequent processions of migrants northward due to the Mexican Revolution, US involvement in Cuba and Puerto Rico, US *bracero* programs during World War II, and more recent political and economic instability in Mexico, Central America, South America, and the Caribbean constitute this slower but no less steady and pervasive second wave.

The respective values of each migration wave are informed by deep spiritualities and histories that will not be easily assimilated by the other wave.

Consider, for instance, how the mythology surrounding the Pilgrims and the Thanksgiving celebration has been inscribed into the American soul with the annual holiday. The story about the Pilgrims, a Puritan separatist group, is now celebrated by Catholics, Muslims, and many other types of Americans. Even outside of New England or the Northeast, grade schools have posters displayed of the Pilgrims and Native Americans in fellowship, as well as cutouts of colored leaves, even if the changing of tree colors does not actually occur or is not terribly spectacular. Yet, we perpetuate this annual mythology.

Equally impressive, though less acknowledged, are the connections and continuities in the Latino wave. The previous chapter reviewed the growing geographic, political, economic, telecommunication, and transportation ties between Latin America and the United States. But just as crucial in the Latino south-to-north wave are cultural traditions and values, which although not identical in every Spanish-speaking country, sustain a bond between Latinos and their Latin American country of origin. Several years ago I assigned my students to read *I, Rigoberta Menchú*, the autobiography of the indigenous activist who won the Nobel Peace Prize for her pursuit of human rights for indigenous peoples in Guatemala.[11] The

---

[11] Rigoberta Menchú, I, *Rigoberta Menchú: An Indian Woman in Guatemala*, ed. Elisabeth Burgos-Debray, trans. Ann Wright (New York: Verso, 1994).

geográficos, políticos, económicos, de comunicaciones y de transporte entre América Latina y los Estados Unidos. En la ola de inmigración latina son esenciales los valores y tradiciones culturales, los cuales aunque no son idénticos en todos los países, son no obstante un vínculo entre los latinos y sus países de origen. Hace varios años pedí a mis alumnos que leyeran *Me llamo Rigoberta Menchú*, la autobiografía de una activista indígena que ganó el premio Nobel de la Paz por su lucha en favor de los derechos humanos y de los pueblos indígenas de Guatemala[11]. Las primeras cien páginas son una detallada explicación de la antropología cultural de la tribu indígena quiché. Una alumna mexicano-americana comentó que una de las costumbres descritas en el libro también la practicaba su mamá. Probablemente no había una relación directa entre la gente del poblado en el que vivió su niñez Rigoberta Menchú y la familia de esta alumna. Más bien, es probable que la costumbre observada por la madre de la alumna proviniera de prácticas indígenas del pasado presentes tanto en México como en Centroamérica, las cuales con el tiempo se han abierto paso hacia el norte y han sufrido algunas modificaciones de generación en generación.

Sin duda, los valores culturales de la "mentalidad de frontera" que informan a la ola de inmigración de este a oeste se han convertido en una parte esencial de la cultura política y social de los Estados Unidos. Pero igualmente llamativo es el impacto cada vez mayor de los valores culturales latinos, cuyos orígenes son incluso anteriores a los de los padres peregrinos. Estas espiritualidades y pasados históricos son parte esencial de la forma en la que se comportan los euroamericanos y los latinos en nuestras parroquias.

La ola de inmigración euroamericana de este a oeste

En la ola de inmigración de este a oeste, los católicos euroamericanos han tenido que convivir con las ideas de la Reforma y de la Ilustración. Incluso antes de llegar a este país, los conflictos religiosos entre católicos y protestantes, y también entre los mismos grupos protestantes, dan forma a las concepciones espirituales de estos adversarios. En el siglo XVI, los movimientos protestantes, especialmente

---

[11] Rigoberta Menchú, *Me llamo Rigoberta Menchú y así me nació la conciencia*, ed. Elizabeth Burgos (México: Siglo XXI Editores, 1985).

first hundred pages of this text are a dense review of the cultural anthropology of the Quiche indigenous tribe. A Mexican American student observed that one of the cultural practices described in the book was also practiced by her mother. There was probably no direct connection between the people of Menchú's childhood village and the family of this student. Rather, the ritual practiced by the mother probably derives from past indigenous practices in either Mexico or Central America that over time have made their way northward and undergone modifications with each ensuing generation.

Without a doubt, the cultural values of the "frontier mentality" that inform the east-to-west wave have become a staple part of US political and social culture. But equally impressive is the growing impact of Latino cultural values in the south-to-north wave, whose origins even predate the Pilgrims. These respective spiritualities and histories are integral to the conduct of European Americans and Latinos in our parishes.

The European American East-to-West Wave

In the east-to-west wave, European American Catholics have had to deal with the Reformation and the Enlightenment. Even before coming to this country, the religious conflicts between Catholics and Protestants and also between Protestant groups shaped the spiritual imaginations of these adversaries. In the sixteenth century, the Protestant movements, especially as led by Martin Luther and John Calvin, successfully challenged the Roman Catholic Church's control of issues of church and state. In this early modern period of the sixteenth–eighteenth centuries, Europe becomes a much more

los dirigidos por Martín Lutero y Juan Calvino, cuestionaron con éxito el control de la Iglesia Católica Romana sobre asuntos relacionados con la misma Iglesia y con el Estado. En este período de la modernidad temprana de los siglos XVI a XVIII, Europa se convierte en un lugar con una diversidad religiosa mucho mayor y el sentido orgánico y unitario de la cristiandad medieval se rompe.

El Concilio de Trento, celebrado por Roma de 1545 a 1563, es precisamente una reacción a los serios retos que los reformadores protestantes plantearon al control de Roma, tanto en la doctrina de la Iglesia como en diversos asuntos políticos. La forma que tiene Roma de articular diversos asuntos morales y religiosos ahora tiene que competir con una serie de alternativas protestantes derivadas de la libertad individual de conciencia.

Incluso si los católicos permanecen fieles a la Iglesia Romana, no pueden dejar de ser conscientes de ideas promovidas por Lutero, como el sacerdocio de todos los creyentes y la noción de predestinación de Calvino, las cuales darán lugar a la peculiar ética del trabajo de los protestantes. Las guerras que siguieron entre católicos y protestantes, y también entre los mismos grupos protestantes, especialmente en Inglaterra, ilustran geográficamente los choques teológicos y políticos de ese período. En consecuencia, muchos grupos vinieron al Nuevo Mundo, tanto para escapar de los conflictos del Viejo Mundo como para poner en práctica sus propias visiones del Cristianismo. Las comunidades religiosas de los puritanos sobre todo trataron de alcanzar la pureza religiosa y de estilo de vida que les parecía imposible vivir debido a las persecuciones y a la corrupción de Europa.

Como resultado, los católicos europeos que vinieron a los Estados Unidos desde el siglo XVII hasta mediados del XX, encontraron un país permeado por muchas ideas protestantes y, sobre todo, ideas puritanas: "En América, la Reforma creó una nueva sociedad. Única entre los países, América es la hija de la Reforma"[12]. Muchos de los primeros asentamientos, sobre todo dentro del Nueva Inglaterra y en la región media del Atlántico, estaban compuestos por grupos religiosos que disentían no solo de la Iglesia de Roma, sino también de la Iglesia Anglicana de Inglaterra. Ideas como trabajar duro y

---

[12] Samuel P. Huntington, *Who are We?: The Challenges to America's National Identity* (New York: Simon and Schuster, 2004), 63 [traducción nuestra].

diverse religious landscape and the holistic, organic sense of medieval Christendom is ruptured.

The Council of Trent held by Rome from 1545–63 is precisely a reaction to the serious challenges the Protestant reformers posed to Rome's control both of church doctrine and political arrangements. Rome's articulation of moral and religious matters now has to compete with a number of Protestant alternatives begat by individual freedom of conscience.

Even if Catholics remain loyal to the Roman Church, they cannot help but be aware of ideas such as Luther's priesthood of all believers and Calvin's notion of predestination, which in turn will beget the Protestant work ethic. The subsequent religious wars between Catholics and Protestants and also between Protestant groups, especially in England, graphically illustrate the theological and political clashes of the period. Consequently, many religious groups come to the New World both to flee the conflicts of the Old World and to put into practice their visions of Christianity. The Puritan religious communities especially sought to achieve a purity of religious belief and way of life that they felt was impossible due to the persecutions and the corruption they had experienced in the Old World.

As a result, as European Catholics come to the United States from the seventeenth to the mid-twentieth centuries, they encounter a country that is infused with many Protestant, and especially Puritan, ideas: "In America, the Reformation created a new society. Unique among countries, America is the child of the Reformation."[12] Many of the early settlements, especially within New England and the Middle Atlantic region, were by religious groups that were in dissent, not just from Rome but from the English Anglican Church. Ideas such as working hard and taking responsibility for one's destiny that become the pulse of US society are very rooted in Reformation thinking. In turn, the practice of congregationalism contributed to the promotion of democratic forums and opposition to hierarchy in the colonies.[13]

The Catholic immigrants also encounter the impact of Enlightenment thinking on the relationship between faith-based communities and governments from the local to the national level. As a consequence

[12] Samuel P. Huntington, *Who are We?: The Challenges to America's National Identity* (New York: Simon and Schuster, 2004), 63.
[13] Ibid., 66–75.

hacerse responsables del propio destino que son parte esencial de la sociedad de los Estados Unidos, tienen su raíz en el pensamiento de la Reforma. Además, la práctica del congregacionalismo contribuyó a la promoción de foros democráticos y a la oposición a la jerarquía en las colonias[13].

Los inmigrantes católicos también se encontraron con el impacto del pensamiento de la Ilustración sobre la relación entre las comunidades de fe y los gobiernos, desde un nivel local hasta un nivel nacional. Como una consecuencia de las guerras de religión en Europa en los siglos XVI y XVII, e incluso algunos ejemplos de intolerancia religiosa y de persecución en las colonias de los Estados Unidos, los pensadores de la Ilustración propusieron una espiritualidad basada más en la razón humana que en las autoridades formales de la Iglesia, ya sean estas católicas o protestantes. El Dios de la Ilustración es un Dios impersonal que actúa a través de las leyes de la naturaleza, no un Dios personal que se revela en la historia concreta de los hombres. Ideas como la fundamental igualdad de los seres humanos, la tolerancia ante las diversas religiones y la separación Iglesia—Estado, que se convirtieron en parte esencial de la política americana, provienen en gran parte del influjo del pensamiento ilustrado en muchos de los fundadores de los Estados Unidos[14]. De hecho, la Constitución de los Estados Unidos no profundiza en el tema de Dios y decía muy poco sobre la religión hasta que se añadió la Primera Enmienda[15].

Para la época de la Revolución en los Estados Unidos, las colonias habían tenido casi un siglo y medio de experiencias aplicando los principios del gobierno republicano independiente y la protección de las libertades individuales, en particular el derecho de los individuos a dar culto como mejor les pareciera. Muchas de las ideas clave que dan forma a la identidad social y política del país —libertad de religión, separación Iglesia-Estado, derechos individuales, igualdad entre las personas y constituciones escritas, entre otros— derivan de las ideas propuestas por la Reforma y por la Ilustración. Los llamados a la reforma social que se siguieron en los siglos XIX y XX también

[13] Ibid., 66–75.

[14] Michael Corbett y Julia Mitchell Corbett, *Politics and Religion in the United States* (New York: Garland Publishing, 1999), 47–48, 58–59; Mary Jo Weaver y David Brakke, *Introduction to Christianity* (Belmont, CA: Wadsworth, Cengage Learning, 2009), 127.

[15] Corbett y Corbett, *Politics and Religion*, 78.

of Europe's religious wars in the sixteenth and seventeenth centuries and even examples of religious intolerance and persecution in the US colonies, Enlightenment thinkers put forth a spirituality based on human reason rather than formal church authorities—Catholic or Protestant. The God of the Enlightenment is an impersonal one who operates through the laws of nature, not a personal one revealed in history. Ideas such as the fundamental equality of human beings, tolerance for multiple religions, and the separation of church and state, which become integral to the US political compact, derive in great part from the Enlightenment inclinations of many of the US founders.[14] Indeed, the constitution of the United States does not discuss God and says very little about religion prior to the addition of the First Amendment.[15]

By the time of the American Revolution, the colonies had had almost a century and one half of experiences with notions of republican self-government and protection of individual liberties, especially the right of individuals to worship freely in their own ways. Many of the key ideas that shape the US political and social compact—freedom of religion, separation of church and state, individual rights, equality between persons, and written constitutions among others—derive from both the discourses of the Reformation and the Enlightenment. Subsequent calls for social reform in the nineteenth and twentieth centuries also come both from the religious communities such as the Quakers, the Mennonites, and mainline Protestants and from Enlightenment thinkers who have great confidence in the rational capacity of human beings to achieve progress.

At the end of the eighteenth century and the beginning of the nineteenth century, it was not unusual for Catholics to be open to the reforms, such as choosing their own clergy and emulating the design and manner of Protestant congregations. For example, Old St. Joseph's Church near Independence Hall in Philadelphia is very similar in design and appearance to the Protestant churches of the day.

---

[14] Michael Corbett and Julia Mitchell Corbett, *Politics and Religion in the United States* (New York: Garland Publishing, 1999), 47–48, 58–59; Mary Jo Weaver and David Brakke, *Introduction to Christianity* (Belmont, CA: Wadsworth, Cengage Learning, 2009), 127.

[15] Corbett and Corbett, *Politics and Religion*, 78.

provienen, tanto de comunidades religiosas como los cuáqueros, los menonitas y las principales comunidades protestantes, como de los pensadores de la Ilustración que tiene una gran confianza en la capacidad racional de los seres humanos para alcanzar el progreso.

A finales del siglo XVIII e inicios del XIX, no era raro para los católicos estar abiertos a las reformas, como escoger a sus propios clérigos e imitar el estilo y las costumbres de las congregaciones protestantes. Por ejemplo, la iglesia de San José Anciano, cerca del Independence Hall en Filadelfia tiene un diseño y apariencia muy similares al de las iglesias protestantes de la época.

Durante el siglo XIX y la primera mitad del XX, los católicos euroamericanos tuvieron que enfrentar mucha discriminación y fueron objeto de suspicacias. El movimiento Know-Nothing, en particular, señaló a los católicos americanos para que fueran perseguidos. La quema de iglesias en Nueva York y Filadelfia llevó a una franca hostilidad entre protestantes y católicos. En respuesta, los católicos lucharon para tener un sistema educativo propio al que pudieran asistir sus hijos precisamente porque sentían que el currículo de las así llamadas escuelas públicas era demasiado protestante.

A pesar de ese conflicto, con el tiempo los católicos euroamericanos tuvieron que aceptar las ideas de la Reforma y de la Ilustración, especialmente la noción de pluralismo religioso, integrándose al final con el tejido social. Una vez más, las parroquias nacionales y étnicas usaban la lengua y la cultura de sus feligreses para proporcionarles los valores y los conocimientos que les permitirían contribuir exitosamente a progreso del país ya para la tercera o cuarta generación. Estas parroquias, de hecho, han realizado esto con tanto éxito que muchas, si no la mayoría, ya no son necesarias.

La "americanización" de los católicos estadounidenses fue tan amplia y profunda que para finales del siglo XIX, el Vaticano llegó a estar preocupado de que hubiera una excesiva adaptación de la Iglesia en los Estados Unidos a la cultura americana. Aunque el Papa León XIII al final apoyó a la parte "romana" en lugar de a la "americanista" cuando confirmó en la carta apostólica *Testem Benevolentiae Nostrae* (sobre el "americanismo")[16] la estructura jerárquica de la Iglesia

---

[16] Papa León XIII, *Testem Benevolentiae Nostrae* (Concerning New Opinions, Virtue, Nature and Grace With Regard to Americanism), 22 de enero de 1899.

During the nineteenth century and the first half of the twentieth century, European American Catholics endured a great deal of discrimination and were the target of much suspicion. The Know-Nothing Movement, in particular, pinpointed US Catholics for persecution. Church burnings in New York and Philadelphia led to outright hostility between Protestants and Catholics. In response, Catholics fought to have their own education system for their children precisely because they felt the curriculum of the so-called public schools was Protestant.

Despite such conflict, over time European American Catholics came to grips with and became socialized around Reformation and Enlightenment ideas—especially the notion of religious pluralism. Once again, ethnic national parishes used the languages and cultures of their parishioners to equip them with the values and the knowledge that would enable Catholic immigrants to be successful contributors to the US mainstream by the third or fourth generation. These parishes, in fact, have been so successful in this regard that many, if not most, are no longer needed.

The "Americanization" of US Catholics was so widespread and extensive that by the end of the nineteenth century, the Vatican became concerned that there was too much accommodation by the church in the United States to the larger US culture. Although Pope Leo XIII ultimately sided with the "Roman" faction over the "Americanist" faction in the US church when he affirmed in *Testem Benevolentiae Nostrae* (Concerning New Opinions, Virtue, Nature and Grace, With Regard to Americanism)[16] the hierarchical ecclesiastical structure of Catholicism, US Catholics persisted in patterning their lives by the norms of the prevailing political, social, and economic spheres.

This penchant for emulating the success of their Protestant and secular counterparts led to the irony that by the 1950s, US Catholics were becoming the most vivid defenders of the "American" way of life—individual opportunity, religious freedom, democratic forums, and hard work.[17] Certainly, Jack Kennedy's 1960 campaign for the

---

[16] Pope Leo XIII, *Testem Benevolentiae Nostrae* (Concerning New Opinions, Virtue, Nature, and Grace, With Regard to Americanism), January 22, 1899.

[17] Mark Massa, *Catholics and American Culture: Dorothy Day, Fulton Sheen, and the Notre Dame Football Team* (New York: Crossroad, 1999).

Católica, los católicos americanos siguieron informando sus vidas con las normas prevalentes en las esferas política, social y económica.

Esta inclinación a imitar el éxito de sus semejantes protestantes o miembros de la sociedad americana en general condujo a la ironía de que para los años cincuenta, los católicos americanos se hubieran convertido en los defensores más acérrimos del estilo de vida "americano", esto es, oportunidades para los individuos, libertad religiosa, foros democráticos y una particular cultura del trabajo[17]. Ciertamente, la campaña de 1960 de Jack Kennedy para llegar a la Casa Blanca todavía causó un gran debate sobre si los católicos podían ser presidentes y su elección constituyó el mayor cambio cultural desde el movimiento Know-Nothing. Esto sigue sucediendo. Para 1960, los católicos estaban llegando a todas las profesiones, alcanzando una mayor prominencia económica y no encontraban ninguna dificultad entre ser católico y ser americano.

En contraste con las advertencias de León XIII sobre el "americanismo" seis décadas antes, el documento del Concilio Vaticano II *Dignitatis Humanae* (declaración sobre la libertad humana) subraya la importancia fundamental de la libertad religiosa[18]. El texto del jesuita americano, John Courtney Murray, tuvo una gran influencia en la preparación de este documento[19]. Su afirmación de que la ley natural no se oponía a los fundamentos morales de una democracia pluralista, reflejaba profundamente la íntima relación del Catolicismo americano con los ideales y prácticas de la Reforma y la Ilustración.

Por ello, para la época de las reformas del Concilio Vaticano II en los años sesenta, muchos católicos americanos de la ola de inmigración de este a oeste estaban preparados para aceptar ideas como tener la Misa en lengua vernácula e involucrar a los laicos en más tareas del ministerio y administración de la Iglesia. Estas ideas de origen protestante se han convertido en una segunda naturaleza para ellos. Si acaso, el disenso que ha tenido lugar en el Catolicismo de los Estados Unidos durante la última mitad de siglo en relación con estas

---

[17] Mark Massa, *Catholics and American Culture: Dorothy Day, Fulton Sheen, and the Notre Dame Football Team* (New York: Crossroad, 1999).

[18] Concilio Vaticano II, *Dignitatis Humanae* (Declaración sobre la libertad humana), 7 de diciembre de 1965.

[19] John Courtney Murray, *We Hold These Truths: Catholic Reflections on the American Proposition* (New York: Sheed and Ward, 1960).

White House still generated a lot of debate over whether a Catholic could serve as president, and his election marked a major cultural shift from the era of the Know-Nothings. The reality remains that by 1960 Catholics were entering all the professions, rising in economic prominence, and saw little tension between being both Catholic and American.

In contrast to Leo XIII's warnings about "Americanism" six decades earlier, the Vatican II document *Dignitatis Humanae* (Declaration on Human Freedom) stresses the fundamental importance of religious freedom.[18] The writing of US Jesuit scholar, John Courtney Murray, had a great influence on the genesis of this document.[19] His contention that natural law was reconcilable with the moral foundations of a pluralistic democracy deeply reflected the US Catholic engagement with Reformation and Enlightenment ideals and practices.

Therefore, by the time of the 1960s Vatican II reforms, many US Catholics of the east-to-west wave were ripe for embracing ideas such as putting the Mass in the vernacular and calling upon laity to assume more roles of ministry and administration in the church. These Protestant-like ideas had become second nature to them. If anything, a salient part of the dissent within US Catholicism over the past half century regarding these reforms has been that both in terms of fostering lay involvement and ensuring parish and diocesan accountability structures, these reforms have not gone far enough.

In terms of religious practices, as much as contemporary European American Catholics engage in acts of Catholic piety, such as saying rosaries and doing novenas, their practice of the faith is very individualized, leading some critics to bemoan the rise of a "cafeteria" Catholicism in which the believer picks and chooses what moral teaching to believe. Not unlike their Protestant and secular counterparts, many European American Catholics not only accept the notion of the separation of church and state but also believe that spiritual practices are a private matter that are not to be manifested in public. In this vein, one is unlikely to hear religious songs on mainstream English commercial radio music stations except during the Christmas season.

---

[18] Second Vatican Council, *Dignitatis Humanae* (Declaration on Human Freedom), December 7, 1965.

[19] John Courtney Murray, *We Hold These Truths: Catholic Reflections on the American Proposition* (New York: Sheed and Ward, 1960).

reformas, ha sido que tanto por lo que ve a involucrar a los laicos en el ministerio como a consolidar las estructuras financieras a nivel parroquial y diocesano no se ha ido todavía suficientemente lejos.

En cuanto a las prácticas religiosas, si bien los católicos euroamericanos de nuestros días participan en actos de piedad católicos, como recitar rosarios y novenas, su práctica de la fe es muy individualista, llevando a algunos críticos a lamentarse por el surgimiento de un Catolicismo de "cafetería" en el que el creyente escoge y se lleva las enseñanzas morales en las que quiere creer. No muy distintos que sus semejantes protestantes o americanos no creyentes, muchos católicos euroamericanos no solo aceptan la noción de la separación Iglesia-Estado, sino que también creen que las prácticas espirituales son un asunto privado que no tiene por qué manifestarse en la esfera pública. Por ejemplo, no es común escuchar canciones religiosas en estaciones de radio en inglés con mucha audiencia, excepto durante el periodo navideño.

En resumen, los católicos de los Estados Unidos provenientes de la ola de inmigración de este a oeste no solo ya no se oponen al legado de la Reforma y de la Ilustración en materia religiosa, política, social y económica, sino que han abrazado muchos de sus ideales, por ejemplo, la libertad individual de credo, igualdad de oportunidades, ideas políticas donde la gente es soberana y transparencia en el manejo de los recursos por parte de quienes están constituidos en autoridad. Volviendo a la metáfora del iceberg, estas normas informan ampliamente la conducta de los católicos euroamericanos en las parroquias.

La ola de inmigración latina de sur a norte

La espiritualidad latinocatólica de la ola de migración de sur a norte es completamente distinta. En contraste con el impacto tan profundo que tuvieron los debates de la Reforma y la Contrarreforma en los euroamericanos y en su forma de ver la vida espiritual y la política, la evangelización inicial realizada por España en América Latina es anterior al Concilio de Trento (1545–63). Durante este periodo, la evangelización de los misioneros españoles en el Nuevo Mundo mostró un Catolicismo que provenía directamente del periodo medieval, en contraste con la doctrina católica más rígida que emerge de las

In summary, not only have US Catholics of the east-to-west wave had to deal with the legacy of the Reformation and the Enlightenment on the religious, political, social, and economic culture of the United States, they have come to embrace many of its ideals—individual freedom of belief, equality of opportunity, political compacts where the people are sovereign, and transparent accountability structures for those in authority. In terms of the iceberg metaphor, these norms extensively inform the conduct of European American Catholics in parishes.

The Latino South-to-North Wave

The Latino Catholic spirituality of the south-to-north wave is a completely different narrative. In contrast to the pervasive impact of the Reformation–Counter Reformation debates on the spiritual and political outlook of European American Catholics, the initial Spanish evangelization of Latin America predates the Council of Trent (1545–63). During this initial period, Spanish missionary evangelization of the New World manifested a much more fluid Catholicism from the medieval period in contrast to the more rigid Catholic doctrine that emerges from the deliberations at Trent in response to the Reformation

deliberaciones de Trento como respuesta a los pensadores reformados[20]. Este Catolicismo más cordial centró su atención más en procesiones, devociones y sacramentos concretos que en doctrinas abstractas. En consecuencia, se reveló muy afín a la estética y costumbres de la espiritualidad indígena de los pueblos nativos. Además, cuando los esclavos africanos fueron llevados al Nuevo Mundo por españoles y portugueses, el carácter estético y naturalista de su espiritualidad tribal se reveló también muy afín y al final terminó por mezclarse con esta espiritualidad más cordial.

Como resultado, la religiosidad popular practicada por muchos mexicanos y centroamericanos, especialmente por los que provienen de un estrato social bajo, no ha fijado un límite claro entre las espiritualidades católica, la indígena y la africana[21] durante los últimos cinco siglos. Dicha religiosidad popular hace mucho énfasis en la comunicación de la espiritualidad a través de signos tangibles —así puede entenderse mejor la historia antes mencionada sobre si se puede o no tocar la estatua del santo—. La experiencia de la espiritualidad a través de la liturgia tiene lugar tanto a través de los ritmos del canto y de los bailes litúrgicos como a través de la proclamación de la Palabra de Dios desde el púlpito. En este sentido, la espiritualidad latina hace un gran énfasis en los colores, no solo en lo que ve a los ornamentos y decoraciones litúrgicas, sino en la variedad de la música y los bailes litúrgicos. El título del libro de cantos en español más usado en la Iglesia Católica de los Estados Unidos, *Flor y canto*, expresa muy bien el espíritu estético de esta espiritualidad. La popularidad de la canción *De colores* en el Catolicismo latino, y especialmente en el movimiento Cursillos, también refleja una espiritualidad hondamente cordial, opuesta a una espiritualidad más cerebral.

Al mismo tiempo, muchos de los primeros misioneros españoles eran hostiles a las prácticas indígenas. Esos misioneros sentían que era su obligación evangelizar a los nativos americanos con la verdad universal del Cristianismo por el bien de sus almas. Las primeras discusiones entre los misioneros españoles y los líderes religiosos de

---

[20] Orlando Espín, "Tradition and Popular Religion: An Understanding of the *Sensus Fidelium*", en *Mestizo Christianity: Theology from the Latino Perspective*, ed., Arturo J. Bañuelas (Maryknoll, NY: Orbis Press, 1995), 148–74; Orlando Espín, *The Faith of the People: Theological Reflections on Popular Catholicism* (Maryknoll, NY: Orbis Press, 1997).

[21] Espín, *Tradition and Popular*; Espín, *The Faith*.

thinkers.[20] This more holistic Catholicism focused on processions, devotions, and concrete sacraments than on abstract doctrines. Consequently, it proved to be very congenial to the aesthetic, concrete practices of the indigenous spirituality of native peoples. In turn, as African slaves are brought to the New World by both Spain and Portugal, the aesthetic and naturalistic charter of their tribal spiritualties are akin to and in fact get mixed into this more holistic spirituality.

As a result, the popular religiosity practiced by many Mexicans and Central Americans, especially those of poorer backgrounds, over the past five centuries does not draw hard and fast lines between Catholic, indigenous, and African spiritualties.[21] It emphasizes communication of spirituality through tangible senses—hence, the significance of the earlier story about touching the saint's statue. The experience of spirituality through liturgy ensues as much through the rhythms of liturgical song and dance as it does through the proclamation of the Word from the pulpit. In the same vein, Latino spirituality places a great deal of emphasis on color, not just in terms of adornments and liturgical decorations, but in the different shades of liturgical music and dance. The title of the most widely used Spanish hymnal in the US Catholic Church, *Flor y Canto* (flower and song), captures this very aesthetic spirituality. The popularity of the song *De Colores* in Latino Catholicism, and especially in the Cursillo movement, also reflects a very heartfelt as opposed to head-centered spirituality.

At the same time, many of the initial Spanish missionaries were hostile to indigenous practices. Such missionaries felt it imperative to evangelize the Native Americans with the universal truth of Christianity for the sake of their souls. Early discussions between the Spanish missionaries and spiritual leaders of the indigenous people were conducted in a way that privileged the Catholic position in the dialogue. In some instances, the indigenous religious leaders were killed by the conquistadors; in other instances, indigenous people were confronted with missionaries that spread the universal truth through Latin, which they obviously did not know. The most notable

---

[20] Orlando Espín, "Tradition and Popular Religion: An Understanding of the *Sensus Fidelium*," in *Mestizo Christianity: Theology from the Latino Perspective*, ed. Arturo J. Bañuelas (Maryknoll, NY: Orbis Press, 1995), 148–74; Orlando Espín, *The Faith of the People: Theological Reflections on Popular Catholicism* (Maryknoll, NY: Orbis Press, 1997).

[21] Espin, *Tradition and Popular*; Espin, *The Faith*.

los pueblos indígenas se realizaron de una forma que favorecía la doctrina católica. En algunos casos, los líderes religiosos indígenas fueron asesinados por los conquistadores; en otros, los pueblos indígenas se enfrentaron a los misioneros que predicaban la verdad universal en latín, el cual obviamente no entendían. La excepción más notable a la tendencia a privilegiar el punto de vista institucional católico en la primera mitad de siglo de la evangelización fue Bartolomé de las Casas, quien defendió los derechos de los indios basándose en la filosofía y teología tomista[22].

La evangelización española de la población indígena no tuvo mucho éxito hasta la aparición de Nuestra Señora de Guadalupe en 1531, casi cuatro décadas después del primer viaje de Cristóbal Colón. La Virgen se apareció no a algún clérigo de la jerarquía en la Nueva España, sino al campesino indígena Juan Diego. La aparición tuvo lugar sobre la colina del Tepeyac, un lugar asociado con una figura femenina de la espiritualidad indígena llamada Tonantzin. Juan Diego recibió la indicación de comunicar la aparición al obispo de la Ciudad de México, quien al inicio no le dio crédito. En la tercera y última aparición, la Virgen le pidió a Juan Diego que recogiera en su tilma unas rosas y que se presentara al obispo. Esta vez, cuando Juan Diego desenrolló su tilma con las rosas, la imagen de Nuestra Señora apareció impresa sobre la tilma, haciendo que el obispo finalmente reconociera que se trataba de una aparición genuina. Esta tilma se ha conservado hasta nuestros días en la Basílica de Nuestra Señora de Guadalupe, en la Ciudad de México.

Aunque el término "Guadalupe" en realidad se refiere a la devoción a una Virgen morena de España, los rasgos de la mujer grabada en la tilma son rasgos indígenas. Aun así, no se trata simplemente de una virgen española o de una figura espiritual indígena: María

---

[22] Bartolomé de las Casas defendió los derechos de los pueblos indígenas en contra de los argumentos propuestos por los pensadores españoles católicos, Sepúlveda y Vitoria. Los argumentos de de las Casas influyeron en las disposiciones de la Corona Española para evitar que los indios se convirtieran en esclavos, aunque dichas disposiciones no siempre fueron respetadas. Si bien los conquistadores cometieron atrocidades contra los pueblos indígenas, tanto a través de la violencia como por la propagación de enfermedades, se debe reconocer a España su preocupación real por la moralidad y justicia del proceso de colonización. Véase Bartolomé de las Casas, *In Defense of the Indians: The Defense of the Most Reverend Lord, Don Fray Barolomé de las Casas, of the Order of Preachers, Late Bishop of Chiapa*, trans. Stafford Poole (DeKalb, IL: Northern, Illinois University Press, 1992).

exception to the privileging of the institutional Catholic outlook in the first half century of Spanish evangelization was Bartolomé de las Casas, who defended the rights of the Indians on the basis of Thomistic theology and philosophy.[22]

Spanish evangelization of the indigenous population was not very successful until the appearance of Our Lady of Guadalupe in Mexico in 1531, almost four decades after Columbus's initial voyage. She appeared, not to any cleric in the New Spain hierarchy, but to the indigenous peasant Juan Diego on the hill of Tepeyac, the place associated with the female indigenous spiritual figure Tonantzin. Instructing Juan Diego to report her appearance to the bishop in Mexico City, initially the cleric refused to believe the report. At the third and final appearance, Guadalupe once again instructed Juan Diego to fill his *tilma* with roses and to go before the bishop. This time, upon Juan Diego unfolding his *tilma* with the roses, the image was emblazoned on the *tilma*, causing the bishop to finally concur that this was a genuine apparition of the Virgin Mary. This *tilma* has been hung to the present day at the Basilica of Our Lady of Guadalupe in Mexico City.

Although the term *Guadalupe* technically refers to a devotion to a dark Virgin in Spain, her features are that of an indigenous woman. Yet she is neither just a Spanish Madonna nor just an indigenous spiritual figure—she integrates and transforms these heritages. The color schemes of her garment, the band around her waist indicating pregnancy, the roses blooming out of season, and the nature sounds that accompany her appearances are reflective of native spirituality. This combination of the Marian Virgin tradition with indigenous affects is a mixture of Spanish Catholic and indigenous spiritual traditions. The fact that she appeared to a peasant and not to the hierarchy indicates that traditionally marginalized people are to be

---

[22] Las Casas defended the rights of the indigenous peoples against the counter arguments of the Spanish Catholic thinkers, Sepulveda and Vittoria. Las Casas's arguments had an impact on the directives by the Spanish crown to stop the enslavement of Indians, although compliance with these edicts was far from complete. As much as atrocities against the native people were perpetrated by the conquistadors both through violence and the spread of disease, it is nevertheless to Spain's credit that this discourse regarding the morality and justice of the colonial administrative practices even occurred. See Bartolomé De Las Casas, *In Defense of the Indians: The Defense of the Most Reverend Lord, Don Fray Bartolomé De Las Casas, of the Order of Preachers, Late Bishop of Chiapa*, trans. Stafford Poole (DeKalb, IL: Northern Illinois University Press, 1992).

integra y transforma estas dos herencias. Los dibujos de sus vestidos, el listón alrededor de su cintura indicando que está encinta, las rosas que florecen fuera de temporada y los sonidos de la naturaleza que acompañan su aparición son reflejo de la espiritualidad indígena. Esta combinación de la tradición mariana con elementos que apelan a la sensibilidad indígena es una mezcla del Catolicismo español y tradiciones espirituales indígenas. El hecho de que se haya aparecido a un campesino y no a un miembro de la jerarquía nos dice que es necesario favorecer a las personas tradicionalmente marginadas. Esto último es un elemento fundamental para entender por qué este evento encuentra tanta resonancia en la religiosidad popular de los mexicanos[23].

Especialmente en las zonas más pobres y rurales de México, la religiosidad popular prospera y es difícil decir dónde termina el Catolicismo y dónde comienzan las contribuciones indígenas y africanas. Durante los siguientes cinco siglos, las prácticas de esta religiosidad popular persistirán junto con las prácticas más formales del Catolicismo institucional. En muchos aspectos, el rostro de Dios en América Latina, especialmente entre la población campesina, es un rostro indígena[24].

Por lo que ve a los Estados Unidos, la religión popular latina fue practicada en muchos de los asentamientos del actual Suroeste, antes de que el país conquistara la región en la guerra de 1846-48 contra México. Sin embargo, después de 1848, muchas de las iglesias católicas de esa región, antes animadas por esta espiritualidad más cordial y sincrética, cayeron bajo la supervisión de sacerdotes franceses e irlandeses. A menudo, los últimos actuaban mucho más desde un Catolicismo jerárquico, rígido, típico de la época post tridentina. El conflicto más notable tuvo lugar entre el nuevo arzobispo de Santa Fe, Jean Baptiste Lemy y el párroco de Taos, José Antonio Martínez, cuyo ministerio estaba muy relacionado con las prácticas populares del pueblo. Aunque las prácticas formales del Catolicismo en la región se hicieron más euroamericanas, las prácticas religiosas populares siguieron estando presentes entre los descendientes de los primeros

---

[23] Virgil Elizondo, *Guadalupe: Mother of the New Creation* (Maryknoll, NY: Orbis Press, 1997); Virgil Elizondo, *The Future is Mestizo: Life Where Cultures Meet* (Boulder, CO: University Press of Colorado, 2000), 57–66.

[24] Manuel M. Marzal y otros, *The Indian Face of God in Latin America* (Maryknoll, NY: Orbis Press, 1996).

empowered, a dimension that is crucial for the vibrancy this event holds in Mexican popular religiosity.[23]

Especially in the poorer, rural areas of Mexico, popular religion thrives and it is hard to delineate where the contribution of Catholicism ends and the indigenous and African contributions begin. Over the next five centuries the practices of this popular religiosity persist alongside the more formal institutional Catholicism. In many respects, the face of God in Latin America, especially among the peasant population, is indigenous.[24]

In terms of the US context, Latino popular religion was practiced in many of the settlements of the current Southwest prior to the conquest of the region by the United States through the 1846–48 war with Mexico. Post-1848, though, many Catholic churches in this region, previously animated by this holistic, syncretic spirituality, became overseen by French and Irish priests. More often than not, the latter operated much more from a hierarchical, rigid, post-Trent Catholicism. The most notorious conflict was between the new archbishop of Santa Fe, Jean Baptiste Lemy, with the pastor of Taos, José Antonio Martínez, whose ministry was much entwined with the popular practices of the people. Although the formal practices of Catholicism in the region became more European American, popular religious practices persisted among the descendants of the original Spanish settlers.[25] The ensuing waves of immigrants northward in the twentieth century from especially the poorer populations in Mexico and Central America then reinforced these popular religion sensibilities.

Today many Latino homes have altars that feature African and indigenous deities alongside Catholic saints. Rituals such as *Dia de los Muertos* (All Souls' Day), *posadas* (a nine-day novena reenacting Mary and Joseph's search for shelter at the time of Jesus' birth), *pastorelas* (a drama recounting the shepherds following the Star of Bethlehem

---

[23] Virgil Elizondo, *Guadalupe: Mother of the New Creation* (Maryknoll, NY: Orbis Press, 1997); Virgil Elizondo, *The Future Is Mestizo: Life Where Cultures Meet* (Boulder, CO: University Press of Colorado, 2000), 57–66.

[24] Manuel M. Marzal and others, *The Indian Face of God in Latin America* (Maryknoll, NY: Orbis Press, 1996).

[25] Justo González, "Hispanics in the New Reformation," in *Mestizo Christianity: Theology from the Latino Perspective*, ed. Arturo J. Bañuelas (Maryknoll, NY: Orbis Press, 1995), 245.

colonizadores españoles[25]. Las olas sucesivas de inmigrantes hacia el norte en el siglo XX, especialmente de las poblaciones pobres de México y Centroamérica han reforzado las costumbres de la religión popular.

Actualmente, muchas casas de latinos tienen altares con imágenes de divinidades africanas o indígenas junto con imágenes de santos católicos. Rituales como el Día de Muertos (fiesta de Todos los Santos), las posadas (una novena que hace una representación de la búsqueda de José y María para encontrar un albergue donde pudiera nacer Jesús), las pastorelas (una representación que narra la historia de los pastores siguiendo la estrella de Belén para encontrar a Jesús en un pesebre) y las quinceañeras (la ceremonia de la mayoría de edad para las jovencitas que cumplen 15 años), están muy enraizados en la espiritualidad pre-europea.

Muchos lugares de culto latinocatólico muestran esta espiritualidad que combina las herencias africana, indígena y católica. Fuera de la puerta de la capilla de Nuestra Señora de la Caridad en Miami, hay un chamán que realiza prácticas religiosas propias de la santería (una religión popular africana practicada sobre todo en el Caribe). En la Iglesia de Nuestra Señora de Guadalupe, en el barrio de Guadalupe en Phoenix, las imágenes para el Vía crucis usan el símbolo indígena del venado. En el altar de la iglesia católica de la reserva del Mescalero, en Nuevo México, hay un tapiz que representa la Última Cena como si fuera una reunión de indios mescaleros. La iglesia católica de la Asunción en Houston tiene un impresionante mural sobre la Asunción; aunque se inspira en uno que se encuentra en la iglesia católica de San Marcos, en Venecia, presenta juntos a figuras como Pío XII, madre Teresa y Juan Diego, el campesino a quien se apareció la virgen de Guadalupe.

Dado el énfasis que hace el Catolicismo en la inculturación, sobre todo desde el Concilio Vaticano II, saber valorar esta vibrante religiosidad popular es muy importante para no caer en el error de tratarla como una religión inferior cuando se la compara con una religiosidad más densa desde el punto de vista doctrinal. Esta religiosidad de espiritualidades mezcladas es un ejemplo de la mentalidad del límite expuesta en el capítulo 2. Esta espiritualidad cordial, estética y sincrética se está

---

[25] Justo González, "Hispanics in the New Reformation", en *Mestizo Christianity: Theology from the Latino Perspective*, ed., Arturo J. Buñuelas (Maryknoll, NY: Orbis Press, 1995), 245.

to find Jesus in the manger), and *quinceneras* (the coming-of-age cere-
mony of young women at the end of fifteen years) are very rooted in
pre-European spirituality.

Many Latino Catholic religious sites manifest this spirituality
that combines African, Catholic, and indigenous heritages. Outside
the door at the Chapel of Our Lady of Charity in Miami, there is a
spiritual figure conducting Santeria religious practices (an African
folk religion especially practiced in the Caribbean). In the Church of
Our Lady of Guadalupe in the barrio of Guadalupe in Phoenix, the
plaques for the Stations of the Cross manifest the indigenous deer
symbol. On the altar in the Catholic church on the Mescalero reser-
vation, in New Mexico, hangs a tapestry depicting the Last Supper
as a gathering of Mescalero Indians. Assumption Catholic Church in
Houston features a striking mural of the Assumption; though inspired
by the one found in St. Mark's Catholic Church in Venice, it brings
together figures such as Pius XII, Mother Teresa, and Juan Diego, the
peasant to whom Guadalupe appeared.

Given the Catholic emphasis on inculturation, especially since
Vatican II, an appreciation of this vibrant popular religiosity is important so it is not treated as a lesser religion when compared to
church doctrine. This religiosity of mixing spiritualities is also em-
blematic of the border mentality reviewed in the second chapter. This
holistic, aesthetic, and syncretic spirituality is becoming an integral
part of our pastoral practices as the south-to-north wave sweeps
over parishes.

Unlike European American Catholics who could not help but
encounter and to a certain extent accommodate Protestant ideas
and outlooks, Latino Catholics do not experience the Reformation–
Counter Reformation debate in the same pervasive way. The impact
of mainline Protestant churches in Latin America is limited. In recent
decades Pentecostalism has been spreading in Latin America, but
the question remains whether this Pentecostalism is a Reformation
Protestantism or is another type of Christianity that has tapped effectively into the very affective, aesthetic spiritual imaginations of
Latinos. In some respects, the Catholicism being brought north by
Latino migrants has very medieval, pre-Reformation sensibilities.

The impact of the Enlightenment on Latino spirituality and culture is a trickier matter. In the debates over the Enlightenment, the

convirtiendo en parte integral de nuestra vida pastoral a medida que la ola de inmigración de sur a norte va llegando a nuestras parroquias.

A diferencia de los católicos euroamericanos, quienes no tuvieron más remedio que convivir y, en cierta forma, adaptarse a las ideas y puntos de vista protestantes, los latinocatólicos no experimentan la influencia de la Reforma y de la Contrarreforma de un modo tan profundo. El impacto de las principales iglesias protestantes en América Latina es limitado. En décadas recientes, el Pentecostalismo se ha extendido en América Latina, pero la pregunta sigue siendo si el Pentecostalismo es un tipo de protestantismo nacido de la Reforma o si es otro tipo de Cristianismo que ha logrado entrar en sintonía con la forma de ser de los latinos, una forma de ser tan afectiva y tan sensible a cierto tipo de estética. En algunos aspectos, el Catolicismo traído al norte por los inmigrantes latinos tiene una sensibilidad medieval, previa al tiempo de la Reforma.

El impacto de la Ilustración en la espiritualidad y cultura latinas es un asunto engañoso. En los debates sobre la Ilustración, la Revolución Francesa y las subsiguientes guerras de independencia en Latino-américa, había tanto clérigos a favor como clérigos en contra de la Ilustración, sobre todo, en México. Sin embargo, durante los últimos dos siglos, y sobre todo teniendo en cuenta el carácter anticatólico y anticlerical de la Revolución Mexicana (1911–29), la Iglesia Católica institucional de México se ve a sí misma como opuesta a un Estado muy secularizado[26]. En este contexto, la fría racionalidad de las ideas de la Ilustración es francamente algo de otro mundo para la religiosidad popular latina, tan abocada a los sentidos y al corazón. Los católicos mexicanos encuentran un mejor ambiente para la libertad religiosa y la separación Iglesia-Estado en nuestro país que en México.

Resultados contrastantes

Si la Reforma y la Ilustración no han afectado a la espiritualidad de los latinocatólicos como lo hicieron con los católicos euroamericanos, los últimos, por su parte, tampoco han experimentado ampliamente la espiritualidad cordial y estética del Catolicismo latino. Si bien la herencia de la Reforma lleva tanto a los euroamericanos protestantes

---

[26] Joseph Palacios, *The Catholic Social Imagination: Activism and the Just Society in Mexico and the U.S.* (Chicago: University of Chicago, 2007).

French Revolution, and the subsequent Latin American wars for independence, there were clergy that were both pro- and anti-Enlightenment, especially in Mexico. Over the past two centuries though, and especially in terms of the anti-Catholic, anti-clerical dimensions of the Mexican Revolution (1911–29), the institutional Mexican Catholic Church sees itself in opposition to a very secular state.[26] In this instance, the arid rationality of Enlightenment ideas is frankly in another universe from the very sensory, heartfelt Latino popular religiosity. Mexican Catholics encounter more positive renderings of religious freedom and the separation of church and state in the United States than they did in Mexico.

Contrasting Outcomes

If the Reformation and the Enlightenment have not affected the spirituality of Latino Catholics as they have that of European American Catholics, the latter conversely have not experienced extensively the holistic aesthetic spirituality of Latino Catholicism. As much as the Reformation heritage leads both European American Protestants and

---

[26] Joseph Palacios, *The Catholic Social Imagination: Activism and the Just Society in Mexico and the U.S.* (Chicago: University of Chicago, 2007).

como a los católicos a hacer hincapié en la libertad de conciencia y a dividir las responsabilidades del ministerio entre clérigos y laicos, el legado puritano todavía marca una línea entre una espiritualidad cristiana occidental y otra no occidental, una línea que el Catolicismo latino no conoce.

Estas concepciones espirituales contrastantes conducen a enfoques muy distintos en el culto y en las actividades de una parroquia. Las diferencias están tan hondamente enraizadas que las tensiones y conflictos van a surgir incluso cuando los grupos culturales no tengan ninguna intención de herir al otro.

Por lo que ve a la liturgia, la diferencia entre la religión popular latina y una espiritualidad católica más "protestante" explica por qué puede tenerse la impresión de que en la misma parroquia cambia el universo entre la liturgia en inglés de las 10:00 am y la liturgia en español de la tarde. En términos generales, lo más probable es que la liturgia en inglés de las 10:00 am sea más silenciosa y austera, prestando una particular atención a las lecturas y a la homilía. Se muestra una gran reverencia a la Liturgia de la Eucaristía, pero se hace de una forma más bien fría y recogida. La congregación participa en los cantos y en las diversas partes de la Misa, pero lo hace de una forma un tanto tradicional. En muchos sentidos, esta experiencia litúrgica no es muy distinta de la que se tiene en un servicio protestante ordinario, si bien en una congregación protestante la gente participará más en los cantos.

En la liturgia en español de la tarde, la atmósfera es como si el techo estuviera a punto de caerse. Los cantos son mucho más vivos, especialmente en las partes de la Misa. Desde el punto de vista cultural, la mayoría de los latinos de escasos recursos económicos saben música de oído y no tienen nociones teóricas sobre la misma, por lo que las partes cantadas que se repiten semana tras semana se aprenden más rápido que las canciones de los libros de cantos. Físicamente hablando, es más probable ver gente balanceándose al ritmo de la música y aplaudiendo. Una vez más, está la veneración de las estatuas, la cual se hace antes, durante y después de la Misa: la espiritualidad latina necesita involucrar los sentidos.

Esta espiritualidad de los latinos tan inclinada a lo estético y sensitivo también explica por qué tantos han dejado las parroquias católicas y se han ido a las iglesias pentecostales o encuentran muy atractivo al Movimiento Carismático. La liturgia en inglés antes

Catholics to emphasize freedom of conscience and mutual sharing of ministerial responsibilities between the clergy and laity, the Puritan legacy still draws a line between Western Christian and non-Western spiritualities that Latino Catholicism erases.

These contrasting spiritual imaginations lead to quite different approaches to worship and parish activities. The differences are so deep seated that parish tensions and conflicts will arise even when the cultural groups in dispute do not wish the other ill.

In terms of liturgy, the difference between Latino popular religion and a more "Protestant Catholic" spirituality explains why in the same parish it can feel like the universe shifts between a 10:00 a.m. English liturgy and a noon Spanish liturgy. In all likelihood, the 10:00 a.m. English liturgy will be more quiet and austere with a focus on listening to the readings and the sermon. There is great reverence for the Liturgy of the Eucharist, but it is done in a detached, devotional manner. The congregation sings the hymns and the parts of the Mass, but does so in a rather straightlaced fashion. In many respects, this liturgical experience is not that unlike a mainstream Protestant service, although the Protestant congregation will usually be stronger on singing.

At the noon Spanish liturgy, the atmosphere feels like the roof is coming off the building. The singing is much more vibrant, especially on the parts of the Mass. Culturally speaking, most poor Latinos have learned music by ear, not by reading music, and thus the singing of parts that are repeated week in, week out will be more quickly learned than songs published in hymnals. Physically speaking, there is much more likely to be swaying of bodies and clapping of hands. And once again, there is the adoration of statues that ensues before, during, and after masses. Latino spirituality is tangibly felt.

This very aesthetic, sensory engagement of spirituality by Latinos also explains why so many have left Catholic parishes for Pentecostal churches in the United States or found the Catholic charismatic movement very attractive. The type of English liturgy depicted above seems lifeless, unfeeling, and rather private to persons who thrive on vibrant singing and dancing as well as a heartfelt sense of community. The Catholic charismatic movement recasts this Pentecostal fervor and Latino popular religion in a way that is more congenial with institutional Catholicism.

descrita, a personas que crecen espiritualmente cuando cantan con entusiasmo y bailan en medio de un intenso ambiente de comunidad, les parece como falta de vida, fría y más bien individualista. El Movimiento Católico Carismático ofrece una nueva versión de este fervor propio de las iglesias pentecostales y de la religión popular latina apegándose más, no obstante, al Catolicismo institucional.

En cuanto a la forma de organizar las actividades en la parroquia, los católicos euroamericanos tienden mucho más a seguir un horario en el que sus devociones religiosas y reuniones en la iglesia se tienen a una hora determinada en la semana. Estos compromisos de su fe deben competir con otros campos de su vida, como su tiempo de descanso, su vida familiar o profesional. Una persona va a Misa el domingo durante una hora y después tiene otras actividades. Los latinocatólicos, en cambio, tienden más a ver la iglesia como un lugar donde se puede pasar todo el día conviviendo con los demás miembros de la comunidad. Esto es particularmente cierto en el caso de los grupos de oración latinos que no tienen ningún problema en pasar toda la tarde-noche entre semana o toda la tarde del domingo con su grupo de oración en la iglesia.

Cuando estuve encargado del comité de relaciones interculturales en una parroquia en Houston, en los años noventa, me llamaba mucho la atención cómo los miembros euroamericanos por lo general esperaban que la reunión comenzara y terminara en un periodo de tiempo determinado y que estuviera organizada de acuerdo con una agenda previamente acordada, la cual condujera a unos determinados resultados. Estos miembros ciertamente se entregaban a su ministerio en la parroquia, pero por lo general hacían un espacio para las reuniones entre otros compromisos personales o profesionales. Los miembros latinos, en cambio, con frecuencia llegaban a las reuniones en actitud de "la reunión comienza cuando comienza y termina cuando termina". Para ellos, la reunión era una excelente oportunidad para trabajar juntos como compañeros en Cristo toda la tarde-noche. Establecer relaciones humanas era más importante que seguir una agenda u obtener resultados inmediatos.

En consecuencia, la espiritualidad como una experiencia privada e individual y opuesta a una experiencia compartida que se vive en el seno de una comunidad, es una noción más bien extraña para los latinocatólicos. No existe una nítida línea divisoria entre la vida en la iglesia y la vida en sociedad en general porque, en su concepción espiritual, ambas están integradas formando un todo. Para ellos es natural y correcto decir oraciones en la esfera pública, por ejemplo,

In terms of coordinating parish activities, European American Catholics are much more likely to pursue life as a schedule in which their religious devotions and church meetings are set for certain times of the week. These faith-based commitments compete with the recreation, professional, or familial sectors of their life. A person goes to Mass on Sunday for an hour and then does one's other activities. On the other hand, Latino Catholics are much more likely to see church as a place where one might spend the entire day in fellowship with the other community members. This is especially true of Latino prayer groups who think nothing of spending an entire weekday evening or a Sunday afternoon collectively in worship.

When I chaired an intercultural relations committee at a Houston parish in the 1990s, I was always struck by the dynamic that the European American members generally expected the meeting to begin and end within a predetermined time period and would be structured by a preset agenda that would lead to definite outcomes. These members were devoted to their church ministry, but essentially squeezed the meeting in between other personal or professional commitments. By contrast, the Latino members frequently came to meetings with the sense that "the meeting begins when it begins and it ends when it ends." For them, the gathering was a wonderful opportunity to work as fellow Christians together for the entire evening. Building relationships was more crucial than were following agendas and having immediate outcomes.

Consequently, spirituality as a private, individualistic experience as opposed to communally shared experience is a notion rather foreign to Latino Catholics. No strict boundary demarcating church life and life in society at large is made because, in this spiritual imagination, both realms are holistically integrated. Expressing prayers in the public square, for instance, the extensive outdoor processions Latino Catholics hold amid civic life during Holy Week or in the Mexican case, for Our Lady of Guadalupe, are seen as natural and appropriate.

By contrast, in European American Christianity, sectarian beliefs are practiced in one's faith community and the privacy of one's home. The priorities of the conscience of the individual believer and a widespread sensibility of tolerance lead to a compartmentalization of spiritual practices. Religious practices are not frequently displayed or talked about in polite company, especially not in the public square.

en las grandes procesiones organizadas por los latinocatólicos en medio de la vida civil durante Semana Santa o, en el caso de México, las procesiones en honor de Nuestra Señora de Guadalupe.

En cambio, en el Cristianismo euroamericano, los fieles viven su religiosidad en su propia comunidad de fe y en la privacidad de la propia casa. La prioridad que se da a la conciencia de cada creyente y la sensibilidad ampliamente extendida en relación con la tolerancia llevan a una vida espiritual confinada en diversos compartimentos. Las prácticas de piedad no se hacen delante de otros por educación o tampoco se habla de ellas, sobre todo cuando se está en un lugar público.

Por lo que ve a la vida pública y social, los católicos euroamericanos se sienten a gusto apoyando y creando alianzas en favor de causas políticas en un contexto pluralista y trabajando con gente que tiene otras perspectivas religiosas y seculares. Esto es propio de los ideales de la Reforma y de la Ilustración. El Catolicismo latinocatólico, en cambio, busca integrar las diversas perspectivas de una manera unitaria, diluyendo los límites entre la espiritualidad y la sociedad, y procurando suscitar y conservar relaciones armoniosas con los demás.

Estas perspectivas opuestas, como es natural, tienen sus repercusiones en la vida parroquial. Los grupos de católicos euroamericanos tienden a empujar sus proyectos de una manera competitiva para que formen parte de las prioridades de la parroquia. Los latinocatólicos, en cambio, tienden más a presentar sus problemas de una forma que fomente la colaboración y evite al máximo los conflictos[27]. Es un reto para los ministros parroquiales idear prácticas que se mantengan entre estos dos extremos.

Resumen

En una parroquia católica que cuenta con una gran comunidad euroamericana y otra latina, integrar a ambas es un gran reto, debido a que las concepciones o idiosincrasias espirituales de ambas, no solo son diferentes, sino que tienen hondas raíces históricas. Así como la ola de inmigración de este a oeste ha penetrado profundamente en el Catolicismo de los Estados Unidos, la ola de sur a norte proveniente de Latinoamérica está teniendo actualmente un impacto similar. El

---

[27] Al mismo tiempo, el movimiento de la Unión de los Trabajadores Campesinos (UFW, por sus siglas en inglés) muestra cómo la religiosidad popular latina puede ser un vehículo para trabajar por la justicia social —en este caso para mejorar las

In terms of dealing with public and social life, European American Catholics are comfortable with entering and lobbying for political causes in the pluralistic contest between diverse secular and religious perspectives set up by Reformation and Enlightenment ideals. Latino Catholicism instead seeks to integrate diverse values in a holistic fashion, erasing any lines between spirituality and society and seeking to nurture and sustain harmonious relationships.

These contrasting political outlooks do spill over into parish life. European American Catholic groups in parishes are very likely to push their agendas for parish priorities in a competitive fashion. Latino Catholics are more likely to raise their concerns in a way that builds collaboration and minimizes competitive strife.[27] It is a challenge for parish ministers to bring about ministerial practices that seek to move in between these extremes.

Synthesis

In a Catholic parish with both large European American and Latino communities, integrating the communities is very challenging given that their respective spiritual imaginations are not only very different but historically deep rooted. As pervasive as the east-to-west wave has been in US Catholicism, the south-to-north wave from Latin America is having just as much impact. European American Catholicism is very steeped in the values of the Reformation and the

---

[27] At the same time, the United Farm Workers Movement (UFW) illustrates how Latino popular religiosity can be a vehicle for bringing about social justice—in this case to improve the work conditions, pay, and benefits of farm workers. First, Chávez

Catolicismo euroamericano está muy impregnado de los valores promovidos por la Reforma Protestante y por la Ilustración, los cuales no han tenido la misma influencia y resultados en América Latina. Por su parte, el Catolicismo latino es un híbrido fascinante, por un lado, de Catolicismo europeo medieval y, por otro, de espiritualidad indígena o africana, cuya sensibilidad naturalista y estética es más bien algo exótico para muchos católicos euroamericanos.

Ni la espiritualidad euroamericana ni la latinocatólica van a ser asimiladas simplemente por la otra, por lo que tratar de "convertir" a los miembros de la otra comunidad espiritual es simplemente inútil. Los esfuerzos para lograr la asimilación o la conversión, incluso cuando son bien intencionados, solo van a provocar más conflictos.

El reto para realizar un ministerio pastoral constructivo tiene tres vertientes. La primera, los miembros de las congregaciones necesitan oportunidades para conocer las diferencias entre las diversas concepciones espirituales implicadas. La segunda, basándose en esta nueva comprensión del otro, se deben poner en práctica acciones que permitan a los miembros de la congregación tanto hablar desde su propia espiritualidad como escuchar lo que la otra tiene que decirles.

---

condiciones laborales, los salarios y las prestaciones de los trabajadores del campo–. En primer lugar, el mismo Chávez hacía mucha oración y animaba a los demás a recurrir a ella para sostener la lucha del movimiento. En segundo lugar, se tenían las Misas regularmente y se tomaban como un momento de reflexión y renovación para el movimiento. En tercer lugar, en aquellos momentos en que el movimiento comenzaba a perder el norte, Chávez recurría al ayuno, siendo uno de ellos al final la causa de su muerte en 1993. En cuarto lugar, las peregrinaciones en México que implican varios días caminando, se hacen regularmente a los santuarios de la Virgen María. Chávez aprovechó este gusto por las peregrinaciones para realizar su famosa marcha de protesta desde Delano hasta Sacramento, California, la capital del estado, durante la Semana Santa de 1966. La marcha, de hecho, terminó en la escalinata del edificio del Capitolio la mañana de Pascua. Por último, la imagen de Nuestra Señora de Guadalupe y el canto *De colores* estaban presentes constantemente en las movilizaciones de la UFW. El caso de la UFW demuestra de manera particular que algunos latinocatólicos han estado participando en causas políticas inspiradas por su fe en una sociedad civil plural como lo hacen sus semejantes euroamericanos. Véase Marvin L. Krier Mich, *Catholic Social Teaching and Movements* (Mystic, CT: Twenty-Third Publications, 2000), 165–76; Stephen R. Lloyd-Moffett, "The Mysticism and Social Action of César Chávez", en *Latino Religions and Civic Activism in the United States*, eds. Gastón Espinosa, Virgilio Elizondo y Jesse Miranda, 35–52 (New York: Oxford University Press, 2005); Luis D. León, "César Chávez and Mexican American Civil Religion", en *Latino Religions and Civic Activism in the United States*, eds. Gastón Espinosa, Virgilio Elizondo y Jesse Miranda, 53–64 (New York: Oxford University Press, 2005); Palacios, *The Catholic Social Imagination*.

Enlightenment that have not had the same influence and outcome in Latin America. Conversely, Latino Catholicism is a fascinating hybrid of medieval European Catholic and indigenous and African spiritualities whose naturalistic and aesthetic sensibilities are rather exotic to many European American Catholics.

Neither the European American nor Latino Catholic spiritualities are going to be simply assimilated by the other, so trying to "convert" the members of the other spiritual community is simply futile. Assimilation and conversion endeavors, even when well intended, will only generate more conflicts.

The challenge of pursuing constructive pastoral ministerial attempts is threefold. First, congregation members need opportunities to learn the differences between the spiritual imaginations at play. Second, upon this newfound understanding, discernment practices need to be enacted that enable congregation members to both speak from their own spirituality and to listen to voices from the other spiritual imaginations. Third, through these interchanges, they can then forge a mutually shared direction.

Much can be gained from this hard work. For example, Latino Catholics can temper the fatalistic temptation of their communitarian orientation in pursing the pluralistic lay leadership opportunities in

---

himself prayed a great deal and encouraged the use of prayer for sustaining the energy in the movement. Second, masses were held regularly as a time of reflection and renewal for the movement. Third, at times when the movement was losing its focus, Chávez would do fasts, one of which was the cause of his untimely death in 1993. Fourth, pilgrimages in Mexico that entail several days' marching are done regularly to shrines of the Virgin Mary. Chávez adapted this sensibility for pilgrimage into the famous protest march from Delano to Sacramento, California, the state capital, during Holy Week in 1966. The march actually culminated on the steps of the Capitol Easter morning. Finally, the banner of Our Lady of Guadalupe and the hymn *"De Colores"* always figured prominently in the UFW mobilizations. The UFW case especially illustrates that some Latino Catholics have been engaging in faith-based political advocacy in a pluralistic civil society like their European American counterparts. See Marvin L. Krier Mich, *Catholic Social Teaching and Movements* (Mystic, CT: Twenty-Third Publications, 2000), 165–76; Stephen R. Lloyd-Moffett, "The Mysticism and Social Action of César Chávez," in *Latino Religions and Civic Activism in the United States*, eds. Gastón Espinosa, Virgilio Elizondo, and Jesse Miranda, 35–52 (New York: Oxford University Press, 2005); Luis D. León, "César Chávez and Mexican American Civil Religion," in *Latino Religions and Civic Activism in the United States*, eds. Gastón Espinosa, Virgilio Elizondo, and Jesse Miranda, 53–64 (New York: Oxford University Press, 2005); Palacios, *The Catholic Social Imagination*.

La tercera, a través de estos intercambios, las comunidades podrán acordar formas de actuar en las que ambas participen plenamente.

Mucho se puede ganar con este trabajo tan exigente. Por ejemplo, los latinocatólicos pueden superar la tentación fatalista, tan presente en su comunidad, de que no pueden acceder a puestos de liderazgo laico en las parroquias católicas como pidió el Concilio Vaticano II. Por su parte, los católicos euroamericanos pueden moderar la excesiva tendencia al individualismo en su vida espiritual, a través de las prácticas más comunitarias propias del Catolicismo latino. Las comunidades de fe que aceptan los respectivos dones de cada herencia espiritual podrán superar los conflictos y crear una vibrante comunidad unida en su diversidad.

Volviendo al escenario presentado al inicio de este capítulo, el problema que podía verse en la parte no sumergida del iceberg era el lápiz labial sobre las estatuas. Pero los valores subyacentes de los miembros del comité, que se encontraban amenazados, eran los que en realidad estaban provocando el conflicto. Los miembros del comité que al inicio se mostraban molestos, en el fondo estaban diciendo que la adoración de las estatuas debía hacerse desde una distancia respetuosa y que dejar marcas en estas era ignorar su sacralidad. Por su parte, como lo entendió el director del coro en español, besar la estatua reflejaba cómo para la espiritualidad latina el sentido del tacto forma parte integral de las expresiones de culto. Por desgracia, en este caso, el comité no analizó si el conflicto tenía su raíz en dos formas totalmente legítimas de expresar veneración.

Lo anterior sucede a menudo porque analizar y discutir los valores culturales y espirituales subyacentes es difícil y requiere tiempo. Este tipo de discusiones puede ser percibido como una amenaza para los valores tradicionales de un determinado grupo. Pero si no se afronta el problema de los valores discordantes, el conflicto vuelve a sumergirse solo para a re-emerger una y otra vez en el futuro.

Al final, la solución a este tipo de conflictos no consiste en concluir que una parte está bien y otra mal. El objetivo debe ser analizar cómo muchos de los conflictos que están en la superficie, tienen en realidad su raíz en diferencias profundamente arraigadas en las diversas concepciones espirituales. Al buscar una mayor comprensión recíproca, los conflictos pueden resolverse de una forma que no lleve a juicios precipitados o superficiales, sino a combinaciones creativas de las diversas herencias católicas. El siguiente capítulo hablará de los principales obstáculos y patrones de comportamiento que deben superarse para alcanzar esta meta.

US Catholic parishes since Vatican II. Conversely, European American Catholics can temper the excesses of the individualistic dimension of their spiritual orientation through the more relational practices of Latino Catholicism. Faith-based communities who come to grips with the respective gifts of both heritages can move through conflicts to foster a vibrant unity in diversity.

Returning to the scenario at the outset of the chapter, the issue above the surface of the iceberg was the lipstick left on the statues. But the competing underlying values of the committee members were actually driving the controversy. Those committee members who were initially upset were actually arguing that the adoration of statues should be done from a respectful distance, and that marks on statues denigrate their sanctity. By contrast, as captured by the Spanish choir director, the kissing of the statue reflected how integral the tactile sense is to showing reverence in Latino spirituality. Unfortunately in this case, the committee did not examine whether the conflict was rooted in quite legitimate different forms of adoration.

This outcome is often the case, for to explore and discuss underlying spiritual and cultural values is trying, time-consuming work. Such discussions are very threatening to the long-standing values of the cultural groups. But by not coming to grips with the underlying discord in values, the real dispute falls back below the water surface, only to reemerge again and again in the future.

Ultimately, the resolution of such conflicts is not to conclude one side is right and the other wrong. The aim should be to explore how such surface conflicts are actually rooted in deep-seated differences in spiritual imaginations. Through generating understanding, conflicts can be resolved in a way that does not lead to rash ignorant judgments, but to imaginative combinations of Catholic heritages. The next chapter will address the principal obstacles and patterns that need to be overcome to realize this end.

Derribar los muros
identificar y superar los obstáculos

Escenario: Una parroquia tiene una reunión para discutir cómo se deben hacer las posadas ese Adviento. Esta tradición latina consiste en una novena que se tiene en las nueve noches previas a Navidad. Cada noche se representa el momento en que José y María buscan un lugar para el nacimiento de Jesús con una procesión de peregrinos que literalmente va de una casa a otra donde se les niega posada, hasta que finalmente se les deja entrar en la última casa. La fiesta tiene lugar en esta casa y ahí se tienen oraciones, lecturas de la Escritura y cantos.

En este caso, las posadas se tienen en la iglesia con distintos grupos o familias organizándolas cada una de las nueve noches. Cada noche, una familia distinta se encarga de organizar el pequeño festejo o recepción. Uno de los participantes comentó que la esencia espiritual de la fiesta se estaba perdiendo porque algunas familias organizaban recepciones demasiado costosas en cuanto a la comida y las decoraciones. Esta dinámica de "a que no me ganas" llevaba a las familias a hacer ostentación de sus posibilidades económicas. Una de las personas que participaba en la reunión propuso poner un tope a lo que se podía gastar para permitir también a las familias con menos recursos organizar algún festejo sin tener que usar todos sus ahorros. Por otro lado, otro de los participantes respondió que cómo alguien iba a atreverse a decirle a una familia de qué forma debía organizar el festejo de la posada. Hacerlo sería un insulto.

Como ministro de pastoral, ¿de qué forma afrontarías esta discusión? ¿Debe haber algunos criterios generales para organizar las

5

Breaking Down Walls
Identifying and Overcoming Obstacles

Scenario: A parish holds a meeting to discuss how the parish *posadas* are to be conducted that Advent. In this Latino tradition, *posadas* are a novena held the nine nights before Christmas. On each evening, Joseph and Mary's search for shelter at the time of Jesus' birth is reenacted, with a procession of pilgrims literally going from house to house where they are denied shelter until at the last house they are finally admitted. At the final house, a celebration takes place. A combination of prayers, scripture readings, and hymns characterizes this practice of popular religiosity.

In this instance, the *posadas* are held at the church with different groups or families coordinating them each of the nine nights. Each night, a different family is responsible for providing the closing reception. To the mind of one participant, the spiritual essence of the *posadas* was being lost because some families put on extravagant receptions in terms of food and décor. This "can you top this" dynamic enabled families to flaunt their stature and wealth. One person at the meeting wants to put some limits on what families could spend to enable poorer families to sponsor the evening without exhausting their savings. On the other hand, another participant at the meeting responds by saying how could one tell someone else how to do the *posada* reception. To do so would insult the family coordinating that evening.

As a pastoral minister how would you handle this dispute? Should there be formal standards to guide the *posadas*? Is it appropriate for the sake of sustaining personal relationships not to intrude upon

posadas? ¿Es correcto que, con tal de conservar una relación personal, nadie diga a otra familia cómo organizar la posada? ¿Existe algún término medio entre estas dos posturas o son esencialmente opuestas?

Dado que las espiritualidades euroamericana y latinocatólica cada vez se encuentran más en nuestras comunidades de fe —y que ninguna va a asimilar a la otra pues ambas poseen una historia profunda— necesitamos examinar los diferentes estilos de comunicación y formas de concebir el poder en cada uno de estos grupos. Al hacerlo, podremos descubrir mejor los diferentes valores que se esconden debajo de cada conflicto. Al crear un proceso de comunicación constructivo que saque a la luz estas diferencias en los valores, podremos identificar y remover otros obstáculos que entorpecen la creación de una comunidad de fe incluyente.

Estilos opuestos de comunicación y diversas formas de concebir el poder

En muchos sentidos, las diferencias entre la espiritualidad católica euroamericana y la espiritualidad latinocatólica reflejan las diferencias entre una cultura igualitaria y una jerárquica. Esto ha sido mostrado de diversas maneras por estudiosos como Allan Figueroa Deck, Virgil Elizondo, Edward Hall, Geert Hofstede y Eric Law[1]. El siguiente análisis se basa en sus propuestas.

Si bien la historia de los Estados Unidos está manchada por el legado de la esclavitud, el exterminio de los nativoamericanos y las discriminaciones del pasado contra otras etnias, la cultura del país, no obstante, hace un especial hincapié en la igualdad de oportunidades y promueve el esfuerzo de los individuos y el acceso igualitario a los ámbitos de la política, la sociedad y la economía. Históricamente,

---

[1] Allan Figueroa Deck, *The Second Wave: Hispanic Ministry and the Evangelization of Cultures*, (New York: Paulist Press, 1989); Edward Hall, *Beyond Culture* (New York: Anchor Books, 1989); Geert Hofstede, *Culture's Consequences—International Differences in Work-Related Values* (Beverly Hills, CA: Sage Publications, 1987); Eric Law, *The Wolf Shall Dwell With the Lamb: A Spirituality for Leadership in a Multicultural Community* (St. Louis, MO: Chalice Press, 1993); Eric Law, *The Bush Was Blazing But Not Consumed: Developing a Multicultural Community Through Dialogue and Liturgy* (St. Louis, MO: Chalice Press, 1996). Las ideas de Elizondo sobre esta división cultural pueden encontrarse en Deck, *The Second Wave*, 39–40.

how each family conducts the *posada*? Is there a balance to be struck between these opposing views, or are these contrasting expectations fundamentally in tension with each other?

Because European American and Latino Catholic spiritualities are increasingly intersecting in our faith-based communities—and that neither is going to assimilate the other due to their respective deep histories—we need to examine the different communication styles and views of power relationships that prevail in these distinct groups. In so doing, we can envision how to address the differences in values that lie below the surface of conflicts. By creating a constructive communication process that brings these value differences out into the open, we can identify and dismantle other obstacles that work against an inclusive faith-based community.

Contrasting Styles of Communication and Power

In many respects, the distinction between European American Catholic spirituality and Latino Catholic spirituality parallels the differences between egalitarian and hierarchical cultures put forth in varying ways by such scholars as Allen Figueroa Deck, Virgilio Elizondo, Edward Hall, Geert Hofstede, and Eric Law.[1] The following analysis draws from their insights.

As much as US history is marred by the legacy of slavery, the extermination of Native Americans, and past discriminations against other ethnicities, US culture emphasizes an equality of opportunity that stresses individual competition and individual access to political, social, and economic discourses. Historically, a large middle class has characterized US society, and the possibilities for upward

---

[1] Allan Figueroa Deck, *The Second Wave: Hispanic Ministry and the Evangelization of Cultures* (New York: Paulist Press, 1989); Edward Hall, *Beyond Culture* (New York: Anchor Books, 1989); Geert Hofstede, *Culture's Consequences—International Differences in Work-Related Values* (Beverly Hills, CA: Sage Publications, 1987); Eric Law, *The Wolf Shall Dwell with the Lamb: A Spirituality for Leadership in a Multicultural Community* (St. Louis, MO: Chalice Press, 1993); Eric Law, *The Bush Was Blazing but Not Consumed: Developing a Multicultural Community Through Dialogue and Liturgy* (St. Louis, MO: Chalice Press, 1996). Elizondo's rendering of this cultural divide can be found in Deck, *The Second Wave*, 39–40.

una amplia clase media ha distinguido a la sociedad de los Estados Unidos y las posibilidades de movilidad social y de progreso son mucho más amplias y frecuentes que en las culturas jerárquicas. Existe una firme convicción de que a través del trabajo duro y al mismo tiempo con educación y oportunidades profesionales, uno puede superarse sin importar su clase social, su casta, etnia, raza o religión. Las historias de Horatio Alger en el siglo XIX captan esta imagen de la persona que se hace a sí misma (dejamos de lado el hecho de que en muchas de estas historias, el protagonista recibe ayuda de otros)[2]. Si bien existen algunos patrones de discriminación que favorecen a unas personas sobre otras, la gente tiene en general esta idea de igualdad y casi siempre se rige por ella.

El principio de la comunicación en las culturas igualitarias es que todas las personas tienen desde el inicio la misma dignidad y estatus, y nadie tiene privilegios por su clase social o posición económica. Si la gente quiere ser escuchada, necesita ser directa y decidida cuando habla. Ser competitivo ante los demás, y no deferente, es lo que le hace a uno alcanzar sus metas. Por eso la gente manifiesta tan abiertamente su desacuerdo en público; guardarse las propias ideas, ya sea para mostrar respeto o para proteger la propia imagen, solo hace que la persona se margine de los procesos de toma de decisiones.

La comunicación igualitaria hace un gran énfasis en los procesos y reglas formales que estructuran el debate. El conocimiento de las normas, no las relaciones personales, es la base para poder influir y es lo que permite a los miembros de la parroquia hacer oír su voz. Al mismo tiempo, nadie va a hablar en nombre de otro; cada persona tiene la responsabilidad de conocer las reglas e involucrarse. Aquí se aplica lo que dice el refrán, "ayúdate, que yo te ayudaré".

Los archivos en papel son muy importantes en las culturas igualitarias, como por ejemplo las actas de las reuniones para llevar un registro cuidadoso de lo que se decidió e hizo. Contar con un orden del día por escrito para estructurar una reunión y realizar las tareas es algo esencial en un contexto igualitario.

Por el contrario, en las culturas tradicionales, como son las de los inmigrantes de África, Asia y América Latina, la posición social es de carácter jerárquico. En la parte más alta de la pirámide se encuentra

---

[2] Philip Abbott, *Political Thought in America: Conversations and Debates* (Long Grove, IL: Waveland, 2005), 182.

mobility from the lower class are much more extensive and fluid than in hierarchical cultures. There is a firm belief that through hard work at both education and career opportunities, one can improve one's lot regardless of class, caste, ethnicity, race, or religion. The Horatio Alger stories of the nineteenth century capture this ethos of the self-made person. (We will leave to the side the fact that in many of these stories, the protagonist did receive help from others.[2]) Even if there are patterns of discrimination that favor some people over others, people are socialized into this ethos and, more often than not, conduct their lives by it.

The principle norm of communication in egalitarian cultures is that people are presumed to be equal in dignity and status—no person is privileged in the discourse because of one's caste or economic class. If people want to be heard, they need to be direct and aggressive in discourse. Being competitive with, not deferential to, each other is rewarded. Therefore people quite openly disagree with each other in public; holding back thoughts either to show respect or to save face only marginalizes the person from the decision-making process.

Egalitarian communication places great emphasis upon formal procedures and rules that structure debate. Knowledge of the rules, not personal relationships, is the basis for decision making and enables parishioners to maximize the opportunity for putting their positions forward. At the same time, no one is going to speak up for someone else; each person has the responsibility to know the rules and get involved. As the cliché goes, "God helps those who help themselves."

Written records are very important in egalitarian discourse, such as minutes from meetings to record accurately what was decided and done. Formal agendas to structure meetings and achieve tasks are crucial in egalitarian cultures.

Conversely in traditional cultures, more reflective of the immigrants of Africa, Asia, and Latin America, social position is hierarchical. At the top of the pyramid is an elite, either in terms of education, economics, or both, that tends to be few in number. As one moves down the pyramid, the members of the different stations diminish in education, wealth, and overall social stature but increase in numbers.

[2] Philip Abbott, *Political Thought in America: Conversations and Debates* (Long Grove, IL: Waveland, 2005), 182.

una élite, ya sea en relación con la educación o con la economía o con ambas; una élite que suele ser de un número reducido. Conforme uno va bajando en la pirámide, los miembros de las distintas clases disminuyen en educación, riqueza y en general en su estatura social, pero son cada vez más numerosos. En este sistema nadie cree que la movilidad social hacia arriba sea algo fácil o incluso posible. Se hace énfasis en mostrar respeto y deferencia hacia aquellas personas que están sobre uno en la estructura social. Mientras las culturas igualitarias subrayan la capacidad del individuo para cambiar los roles sociales, las culturas jerárquicas subrayan la importancia de conocer el propio lugar dentro de una sociedad vertical de personas socialmente distintas.

Como opuesta a la comunicación directa y escrita favorecida por las culturas igualitarias, la comunicación en las culturas jerárquicas es mucho más indirecta y oral. Se hace más énfasis en tener una buena relación con el interlocutor, tanto siendo consciente del propio estatus social como evitando un conflicto en público. En las culturas jerárquicas, las personas no manifiestan públicamente su desacuerdo, sino que más bien lo hacen en privado con la persona en cuestión. Proteger la propia imagen ante uno mismo o ante los demás en una conversación es algo muy valioso. Favorecer el consenso y evitar las discusiones es lo más importante.

Para ilustrar las diferencias descritas anteriormente entre las culturas igualitarias y las jerárquicas, Eric Law cuenta la historia de que después de haber frecuentado el sistema educativo de Asia, que es muy jerárquico, tuvo que atravesar por una difícil transición cuando hizo sus estudios de postgrado en los Estados Unidos. En Hong Kong –dice– si uno trabaja responsablemente en sus estudios, el maestro tendrá presente la excelente laboriosidad y dedicación del estudiante, y comenzará a prestarle mayor atención. Sin embargo, cuando Law vino a los Estados Unidos, se preparaba a conciencia para las clases, pero no podía entender por qué los profesores no le prestaban atención. Bueno, lo que pasaba es que ahora estaba en un sistema educativo igualitario y no jerárquico. En consecuencia, se dio cuenta de que iba a tener que ser mucho más individualista e iba a tener que estar dispuesto a promoverse a sí mismo, si quería hacer oír su voz[3].

[3] Law, *The Wolf*, 17–18.

In this system, no one presumes that upward mobility is easily done or likely. Emphasis is placed upon showing respect and deference to those people above oneself in the social status structure. Whereas egalitarian cultures stress the individual's capacity to change social roles, hierarchical cultures stress knowing one's place within a very vertical community of social unequals.

As opposed to the direct and written communication favored in egalitarian cultures, communication in hierarchical cultures is much more indirect and oral. More emphasis is placed upon sustaining the relationship with another interlocutor both in terms of knowing one's social status and avoiding outright conflict in public. In hierarchical cultures, one does not publicly show disagreement, but rather expresses one's disagreements privately with the person in question. Saving face in regard to oneself or that of others in the conversation is very important. Sustaining consensus, not contest, in the discourse is critical.

To illustrate the above outlined differences between egalitarian and hierarchical cultures, Eric Law shares the story that after being educated in the Asian hierarchical educational system, he endured a difficult transition when he did his graduate studies in the United States. In Hong Kong, he relates, if one worked dutifully at one's studies, the teacher would be aware of the student's excellent ability and diligence and call upon that student. However, when Law came to the United States, he dutifully prepared for classes, but he could not understand initially why the professors were not calling upon him. Well, he was now in an egalitarian as opposed to a hierarchical education system. Consequently, he realized that he was going to have to be much more individualistic and self-promoting if his voice was to be heard.[3]

The case study of the *posada* at the outset of the chapter contrasts the egalitarian culture's stress on clear standards to guide the activity versus the hierarchical culture's stress on not letting such standards undermine the fundamental relationships with families in the parish. Whereas one parishioner wanted to establish limits on what a family could reasonably be expected to spend for the receptions and thus achieve a proximate equality between the families, the other

---

[3] Law, *The Wolf*, 17–18.

El caso de la posada que se analizaba al inicio de este capítulo, muestra el contraste entre la cultura igualitaria que insiste en contar con normas claras que guíen la actividad y la preocupación de la cultura jerárquica en no permitir que esas normas dañen las relaciones interpersonales. Mientras un miembro de la parroquia quería fijar límites a lo que una familia podía gastar razonablemente en los festejos de las posadas y así mantener cierta igualdad entre las familias, otro daba más importancia a respetar la relación con estas evitando interferir en lo que cada una de ellas podía gastar.

En la mayor parte de las parroquias, si los euroamericanos son el grupo cultural dominante, la forma en que se llevaran a cabo las reuniones y los eventos será muy probablemente muy igualitaria y competitiva. Como lo demuestra el escenario presentado al inicio del capítulo 2, si la forma de hablar en una reunión en la parroquia es muy directo y áspero, es muy poco probable que quienes provengan de una cultura jerárquica participen de forma activa. Los miembros de la parroquia con una mentalidad igualitaria no buscan excluir a los demás y los que tienen una visión más jerárquica también quieren participar, pero los estilos de comunicación tan diferentes impiden un verdadero intercambio de ideas.

Estos diferentes estilos de comunicación hacen que el grupo de la cultura dominante en la parroquia –en este caso, los miembros de una cultura igualitaria– controle la forma en que se toman las decisiones. Si los miembros de la parroquia que pertenecen a una cultura jerárquica además no hablan inglés, entonces su falta de capacidad para influir es todavía mayor. En algunos casos, un grupo cultural puede ser mayoritario en una parroquia, pero si los miembros de habla inglesa y de una cultura igualitaria son los más antiguos y tienen más recursos económicos y educación, entonces lo más probable es que prevalezca su estilo de comunicación.

Ritos sagrados: ¡siempre lo hemos hecho así!

Además de los diferentes estilos de comunicación, también hay otros obstáculos como los ritos "sagrados" que se oponen a la inclusión de los diversos grupos en la parroquia[4]. Tradiciones que no

---

[4] Tomo este concepto de ritos "sagrados" de una reflexión de Law sobre los "becerros de oro" (Law, *The Bush*, 26–35).

parishioner placed more importance on respecting the relationships involved by not intruding upon how each family conducted the reception.

In most parishes, if European Americans are the long-standing cultural group, discourse at meetings and events will likely be very egalitarian and competitive. As illustrated by the scenario at the outset of chapter 2, if the discourse at a parish meeting is very direct and testy though, it is extremely unlikely that those attending from hierarchical cultural groups will actively participate. The parishioners of the egalitarian outlook do not mean to exclude others, and those from a more hierarchical perspective want to participate, but their radically different communication styles work against genuine interchange.

This difference in communication style means that those in the dominant cultural group in the parish—in this case, the members of the egalitarian culture—control the decision-making dynamics. If the parishioners from more hierarchical cultures also speak another language than English, then their power deficiency becomes even greater. In some instances, a cultural group may even constitute a majority of the parish, but if the English-speaking, egalitarian members are the long-standing members of the parish and have more wealth and education their communication style will likely prevail.

Sacred Rituals—We've Always Done It This Way!

Besides different communication styles, there are also obstacles such as "sacred" rituals that work against inclusion of diverse cultural groups in parishes.[4] Treasured practices that are not essential

---

[4] I derive this concept of "sacred" rituals from Law's discussion of "golden calves" (Law, *The Bush*, 26–35).

son esenciales para la vivencia de la fe a menudo se convierten en motivo de acaloradas discusiones y divisiones, como tener la Misa a una hora determinada o realizar un evento de una cierta forma.

Podemos hacer una comparación con lo que sucede en Navidad cuando muchas familias tienen acaloradas discusiones sobre si los regalos se deben dar en la vigilia de Navidad o el día de Navidad por la mañana. En la familia del esposo se hacía de una forma y en la de la esposa de otra. Otro ejemplo es que en la tradición étnica del esposo, Santa Claus solía llegar por la puerta principal la mañana de Navidad, mientras que en la tradición de la familia de la esposa, Santa Claus bajaba por la chimenea y dejaba los regalos debajo del árbol de Navidad en la vigilia. Podemos encontrar otro ejemplo en la película de Barry Levinson, *Avalon*, donde la familia literalmente termina dividida porque no se ponen de acuerdo sobre a qué hora se debe cortar el pavo el Día de Acción de Gracias. En cada uno de estos ejemplos, la preocupación por hacer las cosas de una manera particular termina por eclipsar el verdadero significado de las celebraciones.

Por lo que ve a los rituales "sagrados" de las parroquias, en una ocasión un comité de liturgia decidió cambiar las Misas de la vigilia de Navidad. La Misa en inglés, en vez de tenerse a las 6:00 p.m., se tendría a las 5:00 p.m. y la Misa en español, en vez de tenerse a las 9:00 p.m., se tendría a las 5:00 p.m. La razón del cambio era que había más niños pequeños en la Misa en español y, por tanto, parecía conveniente tenerla más temprano. Algunos miembros de la comunidad de habla inglesa reaccionaron negativamente e insistían en que "siempre hemos tenido la Misa en inglés de la víspera de Navidad a las 6:00". Al final, el párroco apoyó la propuesta del comité de liturgia y el cambio se hizo sin mayores problemas. Actualmente, la mayor parte de la gente en la parroquia probablemente ha olvidado que alguna vez la Misa en inglés de la víspera de Navidad era a las 6:00 p.m., en vez de a las 5:00, y es probable que este último horario se haya convertido ya en "la forma en que siempre lo hemos hecho".

Otras parroquias con una gran presencia de inmigrantes latinos tienen un reto cultural distinto en el tiempo de Navidad. Los inmigrantes de México y Centroamérica están acostumbrados a hacer las posadas en la forma en que se hacían en sus respectivos pueblos. Por desgracia, la forma de organizar las posadas no es la misma en todas partes y hay acalorados debates sobre cuál es la forma "correcta" de hacerlo. La belleza de la novena queda eclipsada por esas fijaciones.

to faith often are the source of heated arguments and divisions, such as having Mass at a certain time or doing an event in a certain way.

To make an analogy from holiday dynamics, many families get into heated arguments at Christmas time as to whether presents should be exchanged Christmas Eve or Christmas morning. The husband's family was accustomed to doing it one way, and the wife's family was accustomed to doing it the other way. Another instance is in the husband's ethnic tradition, Santa Claus came through the front door on Christmas morning to distribute the presents, whereas in the wife's tradition, Santa Claus came down the chimney and placed the presents under the Christmas tree on Christmas Eve. An additional example can be found in Barry Levinson's film *Avalon,* where the family literally becomes separated over the proper time to cut the Thanksgiving turkey. In each of these instances, preoccupation with doing things a certain way overshadows the substantive meaning of the holiday.

In terms of "sacred" rituals in parishes, a liturgy committee decided to switch the Christmas vigil masses from 6:00 p.m. in English and 9:00 p.m. in Spanish to 5:00 p.m in English and 7:00 p.m. in Spanish, primarily to accommodate the fact that there were more children attending the Spanish Mass, making sense to hold it earlier in the evening. Some members of the English-speaking community reacted negatively to this proposal and insisted "we've always held a Christmas Eve Mass in English at 6:00." In the end, the pastor stood by the liturgy committee and the change was made without further incident. Today, most people at this parish probably have forgotten that at one time the English Christmas Eve Mass was at 6:00 p.m. instead of 5:00 p.m., and the latter time has probably become "the way we have always done it."

Other parishes with large Latino immigrant populations endure a different cultural challenge at Christmas time. These immigrants from Mexico and Central America are accustomed to doing the *posadas* the way they were done in their particular villages. Unfortunately, these ways do not mirror each other and unfortunately a lot of heated debate ensues over the "proper" ways to do *posadas*. The beauty of this novena gets lost with such fixations.

Flexibility is key in the ways we express essential faith-based practices: "In my Father's house there are many dwelling places" (John 14:2). Not all masses need to be alike in terms of the style and

El sentido de lo esencial y la flexibilidad son la clave a la hora de determinar cuál es la mejor forma de expresar nuestra fe: "En la casa de mi Padre hay muchas habitaciones" (Jn 14:2). No todas las Misas deben ser iguales en cuanto al estilo y el tipo de música que se escoge, ni todas las Misas de una parroquia tienen que ser en la misma lengua. Necesitamos estar abiertos a las múltiples formas de expresar la fe, siempre y cuando no impidan liturgias conjuntas en las fiestas principales y en las celebraciones que dan un espacio a los diversos dones culturales. Echar mano de un discernimiento iluminado por la oración puede ayudar a distinguir lo esencial de lo accidental en nuestros ritos litúrgicos y en la forma en que hacemos las cosas en la parroquia.

Puertas de acceso individuales, de grupo y estructurales

Las puertas de acceso pueden ser individuos, grupos o estructuras que permiten o impiden el acceso a los foros de toma de decisiones en las comunidades de fe (o en cualquier otra organización). Para construir verdaderos puentes entre las diversas comunidades culturales, los ministros parroquiales necesitan identificar estas puertas de acceso y discernir si deben ser cambiadas para lograr la unidad en la diversidad. De otra forma, la agenda del encargado de esa puerta de acceso va a prevalecer sobre otras formas de discernimiento en la parroquia y probablemente van a perpetuarse costumbres del pasado que impiden el acceso a los foros de decisión a los grupos culturales más nuevos.

Un ejemplo de una puerta de acceso individual que Law menciona, es la organista de una determinada congregación protestante. La congregación había llegado a la conclusión de que era necesario añadir algunos cantos más modernos a los servicios de la iglesia para atraer a más personas y para estar más en sintonía con los tiempos. El número de miembros de la iglesia había pasado de 150 a 45 en los últimos diez años. Cada vez que se habían sugerido esos cambios en el pasado, la organista, cuyos gustos musicales eran muy tradicionales, amenazaba con renunciar. Entonces, los que sugerían los cambios daban marcha atrás. La situación solo cambió cuando, como parte de otro intento de reforma, un comité de la iglesia con el respaldo de dos terceras partes de la congregación aceptó su renuncia. La congregación pudo así tener sus actos de culto de una manera

type of music chosen, nor do all masses at a parish need to be in the same language. We need to be open to multiple expressions of the faith, as long as they do not preclude joint liturgies on major liturgical feasts or parish celebrations that incorporate all the cultural gifts of the parish. The use of prayerful discernment can aid in distinguishing the essential from the nonessential in our liturgical rituals and parish practices.

Individual, Group, and Structural Gatekeepers

Gatekeepers are individuals, groups, or structures that allow or impede access to decision-making forums in faith-based communities (or for that matter in any organization). To build effective bridges between diverse cultural communities, parish ministers need to identify these gatekeepers and discern whether they need to be changed to effect unity in diversity. Otherwise the agenda of the gatekeeper will prevail over the formal discernment practices of the parish and likely will perpetuate past practices that preclude effective access by the newer parish cultural groups.

An example of an individual gatekeeper that Law shares is an organist at a particular Protestant congregation. The congregation had discerned it needed to mix newer hymns into the church services to attract a broader congregation and keep up with the times. Their church membership had shrunk from 150 members to 45 members over a span of 10 years. Every time such changes were suggested in the past, the organist, whose musical tastes were very traditional, threatened to resign. Those suggesting the changes would then back down. This pattern only changed when as part of another attempt at reform, a church committee with the backing of two-thirds of the congregation accepted her resignation. The congregation was thus able to worship in a way that had been discerned by the community and not just one person.[5] At the same time, we need to acknowledge

---

[5] Eric Law, *Inclusion: Making Room for Grace* (St. Louis, MO: Chalice Press, 2000), 85.

que había sido decidida por la comunidad y no por una persona[5]. Al mismo tiempo, debemos reconocer la gran contribución que estas personas han hecho a la liturgia tradicional y con amabilidad se les debe sugerir que expresen sus talentos en congregaciones más afines a sus gustos litúrgicos.

Los grupos de la parroquia también pueden fungir como puertas de acceso. Por años, en una parroquia, la "Archicofradía de María" había sido el alma de las actividades parroquiales. Incluso los párrocos habían tenido dificultad para hacer algunos cambios de cierta envergadura sin la cooperación de los "archis". En otras parroquias, el grupo más influyente pueden ser los Caballeros de Colón, la Sociedad del Altar o algún otro parecido. Además, paralela a la estructura formal de la parroquia para tomar decisiones, puede estar también una estructura informal compuesta por un grupo específico de personas que toma decisiones clave en todos los campos. Este grupo puede ser una familia concreta, la cual está entre las familias fundadoras de la parroquia o simplemente es una familia con enormes recursos económicos. Esto puede llevar al nepotismo en nombramientos clave de la parroquia, así como a otras prácticas de padrinazgo que están más basadas en "a quién conoces o de qué familia vienes". Esta dinámica puede ser un problema, de manera particular, en parroquias donde prevalece una cultura jerárquica, la cual pone a las relaciones interpersonales por encima de las normas.

Como ejemplo, Law narra la historia de una congregación protestante que había decidido cambiar la forma en que se daba mantenimiento al cementerio de la iglesia. Tanto el pastor como el consejo de la iglesia cayeron en la cuenta varias semanas después de que el cambio no se había hecho. Después de investigar un poco, descubrieron que, como el jardinero del cementerio había sido contratado por el bisnieto del primer pastor de la iglesia, en realidad él tenía todo el control sobre lo que ahí se hacía. El bisnieto ni siquiera era miembro del consejo de la iglesia. En este caso, una familia estaba controlando aspectos de la vida de la iglesia incluso desde la tumba[6]. Los ministros de pastoral necesitan identificar dónde están las estructuras informales de poder y analizar si están impidiendo

[5] Eric Law, *Inclusion: Making Room for Grace* (St. Louis, MO: Chalice Press, 2000), 85.
[6] Eric Law, *Sacred Acts, Holy Change: Faithful Diversity and Practical Transformation* (St. Louis, MO: Chalice Press, 2002), 44.

the long-standing contributions by such liturgists, and in a loving manner suggest that they take their talents to a congregation whose liturgical tastes reflect theirs.

Parish groups also can serve as gatekeepers. For years in one parish, the *Archicofradia de Maria* has been the lifeblood of parish activities. Even pastors have had difficulty making major changes without the cooperation of "the Archies." In other parishes, the key group could be the Knights of Columbus, the Altar Society, or some other entity. In addition to the formal parish decision-making structure, there sometimes is an informal decision structure centered on a specific group who for all intents and purposes is making key decisions. This crucial group can also be a specific family that either was one of the founding families of the parish or simply has enormous financial resources. This can lead to nepotism in key parish appointments as well other patronage practices that are more based on "who you know or are related to" than "what you know." This dynamic can particularly be a problem in parishes characterized by the hierarchical cultural insistence on sustaining relationships over formal rules.

As an example, Law relates a story of a Protestant congregation that had decided to change the upkeep of the church cemetery. Both the pastor and the church council found out several weeks later that the discerned change had not been made. Upon investigation, they discovered that the cemetery gardener had been hired by the great-grandson of the original pastor of the church. This descendent was not even on the church council. In this case, a family was controlling aspects of church life even from the grave.[6] Pastoral ministers need to identify where powerful informal leadership structures lie and whether their conduct precludes the contributions of other parishioners, especially those of different cultures. If so, a discernment process needs to happen to initiate practices that enable all parishioners to bring their gifts and talents forward. It is very debilitating to a church congregation if over time a particular group controls a particular ministry.

Sometimes the processes and structures of a parish prevent change and specifically impede integrating diverse groups. Almost two decades ago, a parish was going through the discernment process for selecting parish council members. This parish has sizeable

---

[6] Eric Law, *Sacred Acts, Holy Change: Faithful Diversity and Practical Transformation* (St. Louis, MO: Chalice Press, 2002), 44.

que otros miembros de la parroquia también hagan contribuciones con sus talentos, sobre todo los que pertenecen a otras culturas. Si es así, se debe hacer un discernimiento para establecer prácticas que permitan a todos los miembros de la parroquia ofrecer sus dones y talentos. Debilita mucho a una congregación el que con el tiempo un determinado grupo controle todo un ministerio.

Algunas veces los procesos y estructuras de una parroquia inhiben el cambio y, en concreto, impiden la integración de los diversos grupos. Hace casi dos décadas, una parroquia estaba realizando un discernimiento para elegir a los miembros del consejo Parroquial. Esta parroquia tiene unas comunidades de habla inglesa, española y vietnamita de tamaño considerable. Aunque la parroquia había abandonado la práctica anterior de elegir a los miembros del consejo como se haría en el mundo secular y en su lugar había establecido un método de discernimiento, el discernimiento conducía a que se eligiera sobre todo a miembros de habla inglesa. Obviamente, el Espíritu Santo no habla solo inglés.

Por desgracia, la forma en que se realizaba el discernimiento se había tomado sobre todo de las normas culturales de la comunidad de habla inglesa. Para participar en el proceso de discernimiento, las personas tenían que llenar unos formularios donde se proponían las nominaciones unas semanas antes de la reunión. Esas prácticas pueden ser algo ordinario para los miembros de la comunidad de habla inglesa, pero para la comunidad de habla española, llenar formularios con un mes de antelación, es una práctica que se encuentra "a años luz" de ellos. Se lo impedía cierta aversión a la comunicación escrita y formal, como algo que va en contra de la comunicación oral y personal. Además, para muchos inmigrantes de habla española, llenar formularios les parece algo riesgoso, porque equivale a dejar una evidencia en papel que, si son indocumentados, puede conducir a una deportación.

Quienes servíamos en el comité parroquial de relaciones interculturales en aquel entonces, buscamos formas alternas para involucrar a los miembros de las comunidades de habla hispana y vietnamita. En el caso de la comunidad de habla española, hablamos personalmente o por teléfono con los principales líderes, especialmente con los que tenían algo que ver con el servicio de oración del Movimiento Carismático y pudimos reunir a muchas personas para que participaran en el proceso de discernimiento. El contacto cercano de persona a persona fue fundamental para lograrlo. En el caso de la comunidad

English-speaking, Spanish-speaking, and Vietnamese-speaking communities. Although the parish had abandoned the previous practice of electing parish council members as one would in the secular world and had instead implemented a discernment method, the discernments were leading to English-speaking members being primarily chosen. Clearly, the Holy Spirit does not just speak in English.

Unfortunately, the way that the discernment process was being conducted reflected more the cultural norms of the English-speaking community. In order to participate in the discernment process, a person had to fill out nomination forms a few weeks in advance of the meeting. Such practices may be routine in the English-speaking community, but in the Spanish-speaking community filling out forms a month before a meeting was in cultural terms "light years away." An aversion to written, formal communication as opposed to personal, oral communication in the Spanish-speaking community was also a deterrent. Finally for many Spanish-speaking immigrants, filling out forms conjures up fears of creating a paper trail that might get them deported if they are of undocumented status.

Those of us serving on this parish's intercultural relations committee at the time pursued alternative ways to get members of the Spanish-speaking and Vietnamese-speaking communities to come forward. In the case of the Spanish-speaking community, we spoke in person and by phone to key leaders, especially those associated with the Spanish charismatic prayer service, and we were able to get several people to participate in the discernment process. The tangible person-to-person contact was crucial toward this end. In the case of the Vietnamese-speaking community, we approached the Vietnamese council on the matter, for we knew that no one from that community would be willing to serve without the consent of the cultural council—again the priority of sustaining proper relations and saving face within the community. A few members stepped forward into the discernment process. By being sensitive to the norms of more hierarchical cultures, we established concrete, personal relationships with the leaders of these communities in order to get them to see the importance of participating in the more formal procedures of the parish as a whole and to feel comfortable in doing so.

These culturally sensitive recruitment techniques paid dividends in the end. The actual discernment evening a few weeks later produced the most diverse council in the history of that parish to that

de habla vietnamita, nos acercamos al consejo vietnamita sobre la materia, porque sabíamos que nadie de esa comunidad haría algo sin contar con el consentimiento de su consejo propio (una vez más, se ve aquí la prioridad que se da a tener buenas relaciones con los demás y a conservar la propia imagen dentro de la comunidad). Algunos miembros se presentaron para participar en el proceso de discernimiento. Al ser sensibles a las normas de las culturas más jerárquicas, establecimos relaciones concretas y personales con los líderes de estas comunidades para hacerles ver la importancia de que participaran en los procesos más formales de la parroquia en cuanto tal y para lograr que se sintieran a gusto haciéndolo.

Estas técnicas de reclutamiento sensibles a las diferencias culturales aportaron sus frutos al final. La tarde de discernimiento celebrada unas semanas más tarde dio como resultado el consejo parroquial más diverso en toda la historia de la parroquia. No tratábamos de formar un sistema de representación en el que cada comunidad tuviera el mismo número de miembros, lo que queríamos era asegurar que los candidatos reflejaran lo más posible a la parroquia en cuanto tal, incrementando la probabilidad de que se formara un consejo más diverso. Al hacerlo, analizamos también qué cosas del proceso de reclutamiento necesitaban cambiarse, de manera que se tuvieran en cuenta las profundas diferencias en las normas culturales de los tres grupos.

Muy a menudo, las comunidades de fe pueden ser sinceras en su deseo de estar abiertas a los diversos grupos culturales; pero si analizan la forma en que se tienen las reuniones y otras actividades, los procesos de la parroquia muy probablemente van a reflejar las normas del grupo cultural dominante. Por ejemplo, una parroquia dejó de usar las Reglas para el Orden del Día (*Rules of Order*) de Roberts porque el creciente número de miembros hispanohablantes no estaba acostumbrado a usarlas. Los miembros de habla hispana, por tanto, tenían una desventaja táctica en las reuniones en relación con los miembros de habla inglesa, limitando la capacidad de la parroquia para afrontar de una manera incluyente el importante cambio demográfico que había sufrido, pasando de ser una parroquia euroamericana a una parroquia latina[7]. Ciertamente, es importante

---

[7] Este caso aparece en una columna lateral de la versión impresa de *Welcoming the Stranger*. Véase Conferencia de Obispos Católicos de Estados Unidos, *Welcoming the Stranger Among Us: Unity in Diversity* (Washington, DC: United States Conference of Catholic Bishops, 2000).

date. We were not trying to realize an equal representation system whereby each community would be given a set number of members—we wanted to ensure that the pool of candidates would be more reflective of the parish as a whole, increasing the likelihood that a more diverse council would be discerned. In so doing, we were also examining what patterns in the recruitment process needed to be changed to be reflective of the very different cultural norms of these three parish groups.

All too often, faith-based communities may be sincere about wanting to be open to diverse cultural groups, but if they do not do an inventory about the way meetings and other activities are conducted, the typical parish procedures will likely reflect the norms of the dominant cultural group. For example, a parish shifted away from using Roberts Rules of Order for their meetings because the growing numbers of Spanish-speaking parishioners were unaccustomed to using them. The Spanish speakers, thus, were at a tactical disadvantage to the English-speaking counterparts at meetings, undermining the ability of parish leadership to address in an inclusive fashion the major demographic shift underway in the parish membership from European American to Latino.[7] Certainly "rules of engagement" are important to have, but there needs to be a format that will enable all cultural groups to voice their concerns.

The ultimate gatekeeper in a Catholic parish is the pastor. Even after the reforms of Vatican II, Catholic pastors have a lot more authority than their Protestant counterparts. They too have to deal with types of individual, group, and parish structure obstacles reviewed above. However, if the pastor does not see developing extensive liturgical and social action between diverse cultural groups as integral to one's ministerial leadership, then no amount of discernment and action on this issue by parish councils, liturgy committees, finance committees, or parish education boards is going to be very effective. The pastor has to be persuaded that caring for this issue not only is essential for the present and future well-being of the parish but in fact is at the heart of evangelizing the Gospel. The earlier chapters

---

[7] This case study is reviewed in a sidebar in the printed version of *Welcoming the Stranger*. See United States Conference of Catholic Bishops, *Welcoming the Stranger Among Us: Unity in Diversity* (Washington, DC: USCCB, 2000).

que haya unas "reglas de juego", pero debe utilizarse un formato que permita a todos los grupos culturales expresar sus preocupaciones.

La última puerta de acceso en una parroquia católica es el mismo párroco. Incluso después de las reformas del Concilio Vaticano II, los párrocos católicos tienen mucha más autoridad que los pastores protestantes. Ellos también encuentran en su trabajo los diversos obstáculos individuales, de grupo y de la estructura parroquial de los que hablamos antes. Sin embargo, si el párroco no ve como parte integral de su ministerio desarrollar una amplia labor en un nivel litúrgico y social entre los diversos grupos culturales, entonces por más discernimiento y acciones que se hagan por parte de los consejos parroquiales, los comités de liturgia, los comités de finanzas o las mesas directivas de educación, no va a haber muchos resultados. El párroco debe estar convencido de que prestar atención a este tema no es solo algo esencial para el bienestar presente y futuro de la parroquia, sino que de hecho es algo que está en el corazón del anuncio del Evangelio. Los primeros capítulos que hablaban de los diversos movimientos migratorios y de las dos distintas concepciones espirituales son recursos que pueden ayudar al párroco a promover la unidad en la diversidad.

Este capítulo ha mostrado cómo las diferencias entre una cultura igualitaria y otra tradicional (jerárquica), los diversos estilos de comunicación, la rigidez en rituales no esenciales y las puertas de acceso individuales, de grupo y estructurales pueden convertirse en muros que impidan la integración de los grupos culturales en las comunidades de fe. Por tanto, derribar estos muros implica un fuerte compromiso por descubrir y cuestionar abiertamente y de forma transparente las normas subyacentes, así como las personalidades y costumbres que dan lugar a estos obstáculos. En el fondo, el ministerio intercultural examina y trata de cambiar dichas prácticas tan arraigadas para asegurar que todos los grupos tienen una voz a la hora de discernir cuáles deben ser las prácticas pastorales de la comunidad de fe. Este discernimiento exige mucho esfuerzo, pero el resultado es una vida de Iglesia mucho más rica.

Volviendo al escenario presentado al inicio de este capítulo, había normas muy distintas en juego: normas generales para organizar las posadas frente a respetar, para no dañar la relación, la forma en que cada familia organizaba la actividad. Al final, prevaleció la perspectiva

dealing with contemporary immigration trends and two different spiritual imaginations are resources that can be drawn upon to move the pastor toward fostering unity in diversity.

This chapter has identified how the differences between egalitarian and traditional (hierarchical) cultures and communication styles; rigidity on non-essential rituals; and individual, group, and structural gatekeepers can put up walls that obstruct the integration of cultural groups in faith-based communities. Consequently, breaking down these walls entails a great deal of commitment to disclosing and challenging in an open and transparent fashion the underlying norms, personalities, and practices that sustain these obstructions. Intercultural ministry inherently examines and seeks to change such cemented practices to ensure that all cultural groups have a voice in mutually discerning what should be the pastoral practices of faith-based communities. Such discernment is hard work, but the dividend is a much richer church community life.

Returning to the scenario at the outset of the chapter, there were very different norms at play—formal standards to guide the *posadas* versus respecting in relational terms how each family conducts the evening. In the end, the relational perspective prevailed over the rules perspective and no limits were put upon what a family could spend on the *posada*. Since most of the participants at the meeting were Latino immigrants accustomed to hierarchical culture, this outcome was not surprising. Another, fascinating dimension of this case was the debate that ensued between two key leaders—in a sense gatekeepers within this cultural group.

As in the case of the statue scenario in the previous chapter, no discussion or realization took place that recognized the actual conflict was not whether there should be limits on the grandeur or *posada* receptions, but whether objective principles or personal relationships should be the coordinating basis for the *posadas*. This outcome testifies to how arduous intercultural ministry can be and why insights on changing immigration trends, differences in spiritual imaginations, and understanding differences in cultural communication styles need to be an essential part of doing pastoral ministry. The next chapter suggests models for how to explore and deal systematically with the cultural differences that increasingly characterize the lives of our parishes.

de las relaciones sobre las normas y no se pusieron límites a la cantidad de dinero que cada familia podía gastar. Como la mayor parte de los participantes en la reunión eran inmigrantes latinos acostumbrados a una cultura jerárquica, no sorprende el resultado final. Otra cosa interesante de este caso fue el debate entre los dos principales líderes, que en cierta forma eran las puertas de acceso dentro de este grupo cultural.

Como en el caso de la estatua presentado en el escenario del capítulo anterior, no hubo una discusión ni nadie se dio cuenta de que el verdadero conflicto no estaba en si debería haber límites en la forma en que se organizaban las posadas, sino más bien en decidir cuál debe ser el criterio para organizar las posadas: las normas objetivas o las relaciones personales. El desenlace nos muestra cuán arduo puede llegar a ser el ministerio intercultural y por qué ideas como los cambios en los movimientos migratorios, las diferencias en las concepciones espirituales de cada grupo y llegar a comprender los estilos de comunicación de cada cultura deben ser parte esencial de este ministerio. En el siguiente capítulo se proponen algunos modelos para explorar y hacer frente de forma sistemática a las diferencias culturales que caracterizan cada vez más la vida de nuestras parroquias.

6

Construir puentes entre los diversos grupos culturales

Escenario: Una parroquia está compuesta por tres grupos culturales distintos, cada uno de los cuales habla una lengua diferente. Aunque en algunas ocasiones, como en el día de la fiesta de la parroquia, toda la comunidad se reúne tanto para el culto como para la convivencia, en realidad las distintas comunidades son como los turnos de una fábrica con una convivencia mínima. Para hacer frente a esta situación, esta parroquia compartida crea un comité para las relaciones interculturales compuesto por el mismo número de miembros de cada una de las tres comunidades lingüísticas que van a analizar cómo se puede incrementar la convivencia entre ellas.

¿A ti, como ministro de pastoral, te parece sensible este enfoque? ¿O te parece forzado? Claramente, esta iniciativa tiene buena intención. ¿Al formar un comité, no se está dando todavía preferencia a los esquemas de toma de decisiones de las culturas igualitarias? Los capítulos anteriores han mostrado los retos y obstáculos a los que se enfrenta el ministerio intercultural. ¿De qué forma nosotros, como personas de fe, podemos construir puentes y no muros que lleven a una amplia convivencia social y litúrgica entre los diversos grupos culturales mientras se respeta la dignidad de cada uno?

Apoyarse en normas convincentes para ensanchar las zonas de seguridad

Como se ha subrayado a lo largo de este libro, los ministros de pastoral necesitan analizar la parte del iceberg que se encuentra

6

Building Bridges between Cultural Groups

Scenario: A parish is comprised of three different cultural groups, each of which speaks a different language. Although on occasions, such as the parish feast day, the community as a whole may come together both in worship and fellowship, by and large the different communities are like factory shifts with minimal mutual sharing. To address this situation, this shared parish creates an intercultural relations committee comprised of equal members from the three linguistic communities who will explore how more intersections might occur.

Does this approach seem sensible to you as a pastoral minister? Or does it seem forced? Clearly, this initiative has good intent. By forming a committee, are not the decision-making patterns of egalitarian cultures still being privileged? Previous chapters have identified challenges and obstacles facing intercultural ministry. How as people of faith can we build bridges, not walls, that bring about extensive social and liturgical interaction between their diverse cultural groups while respecting the dignity of each?

Draw upon Resonant Norms to Expand Personal Safety Zones

As emphasized throughout this book, pastoral ministers need to probe beneath the water surface of the iceberg of parish practices to

debajo del agua para entender cómo las diversas concepciones espirituales y valores culturales pueden estar causando las tensiones y los conflictos en la congregación. En las parroquias compartidas compuestas tanto por euroamericanos como por latinos, la sensibilidad más individualista y apegada a las normas de los primeros puede chocar con la actitud más cordial y menos cerebral de los segundos, y con la prioridad que estos dan a las relaciones humanas.

En consecuencia, es importante encontrar formas que animen a los miembros de la parroquia a examinar seriamente estas diferencias culturales. Solo así podrán realizar después un proceso de discernimiento que no refleje ni a una cultura ni a otra, sino una combinación de ambas. Es muy importante crear un ambiente y diseñar un formato que permita al Espíritu Santo orientar la actividad de la comunidad de fe. Así podrán construirse puentes y derribar muros entre los diversos grupos culturales.

Fomentar un ambiente de confianza entre los miembros de la parroquia es algo esencial para poder avanzar. Todos tenemos una zona de seguridad en la que nos sentimos a gusto con nuestros valores, costumbres y formas de comportarnos. Las relaciones interculturales pueden aparecer como una amenaza porque invitan a la gente a salir de su zona de seguridad. Cuando la gente piensa que hay una sola forma correcta de vivir y experimentar la fe cristiana y se da cuenta de que hay otras formas posibles, puede sentir a estas últimas como extrañas e incómodas. Por lo general, encontramos una zona de temor que nos hace cerrarnos a nuevas ideas y experiencias[1].

Por ejemplo, cuando se reza el padrenuestro en la Misa, algunos católicos se toman de la mano con quienes están a su lado en la banca, mientras otros mantienen las manos juntas en actitud orante. Esta forma alterna de decir el padrenuestro en Misa puede ser incómoda para algunos. Conozco el caso de un señor que era tan contrario a esta práctica, que visitó numerosas parroquias hasta que encontró una en la que las personas no se tomaban de las manos.

El reto, como señala Law, es aumentar la distancia entre la zona de seguridad y la zona de temor[2]. Podemos imaginar dos círculos concéntricos, siendo el círculo interno el círculo de seguridad de una persona. Si el círculo de la zona de temor está demasiado cerca del

---

[1] Eric Law, *Inclusion: Making Room for Grace* (St. Louis, MO: Chalice Press, 2000), 19.
[2] Ibid., 15–27.

understand how differences in spiritual imaginations and cultural values are driving tensions and conflicts in congregations. In shared parishes comprised of both European Americans and Latinos, the more individualistic and rule-bound sensibilities of the former may clash with the more holistic and relation-oriented disposition of the latter.

Consequently, it is important to find ways to inspire parish members to commit intentionally to examining these cultural differences. Then they can move forward through a discernment process that reflects neither one culture nor the other, but some combination. It is crucial to create an environment and a format that will enable the Holy Spirit to guide the direction of the faith-based community. In this way bridges can be built and walls dismantled between diverse cultural groups.

Fostering a sense of trust among parishioners is essential to moving forward. Everyone has a safety zone of values, patterns, and behavior trends in which one feels comfortable. Intercultural relations can be very threatening because they encourage people to get out of their safety zone. When people think there is one right way of living and experiencing the Christian faith and find out there are other possible ways, that may seem foreign and uncomfortable for them. Basically, we encounter a fear zone that closes ourselves off to new ideas and experiences.[1]

For example, at the recitation of the Our Father during the Mass, some Catholics hold hands with their neighbors in the pews while others keep their hands clasped to themselves. This alternative way of saying the prayer at Mass can be discomforting. I know of a case where a gentleman was so averse to holding hands while saying the prayer that he checked out numerous parishes before he found one that did not hold hands.

The challenge, as Law points out, is to expand the space between the safety zone and the fear zone.[2] Imagine two concentric circles with a person's safety zone being inside one's fear zone. If the fear zone circle is too close to the safety zone circle, then a person is very unlikely to entertain alternative ways of doing prayers and spirituality.

[1] Eric Law, *Inclusion: Making Room for Grace* (St. Louis, MO: Chalice Press, 2000), 19.
[2] Ibid., 15–27.

círculo de la zona de seguridad, entonces es muy poco probable que la persona pruebe formas alternas de hacer oración o de espiritualidad. Al incrementar el espacio entre las zonas de seguridad y de temor, lo que Law llama "margen de la gracia"[3], los creyentes estarán más abiertos a probar cosas nuevas y a cambiar. Todo esto está muy bien, pero ¿cómo hace uno para ensanchar este margen?

Los ministros de pastoral pueden intuir la respuesta volviendo a la anterior reflexión sobre las diversas concepciones espirituales. Si los ministros logran interpelar los valores fundamentales y los principios más sentidos por una persona, esa persona va a estar más abierta a examinar y a involucrarse en las prácticas espirituales de otros grupos culturales. La gente ensanchará sus zonas de seguridad si se le habla en un lenguaje en el que ya se siente cómoda. Predicarles sobre cómo los cristianos estamos llamados a integrarnos con el extranjero, ya sea basándonos en la Sagrada Escritura o en la teología y filosofía católicas, va a parecerles algo demasiado abstracto y probablemente harán oídos sordos. En la caricatura de televisión de Charlie Brown, las voces de los papás y de los mayores llegan a los oídos de los niños en una forma vaga y monótona: "bla, bla, bla, bla, bla, etc". Lo mismo sucederá con mucha probabilidad en las relaciones interculturales si no somos capaces de traducir las razones cristianas de una manera convincente y atractiva para los creyentes.

En el mundo católico, los ministros de pastoral pueden echar mano de una amplia y fértil gama de carismas espirituales y tradiciones. Organizaciones y actividades como el Movimiento Carismático, el Movimiento del Trabajador Católico, RENEW, ACTS, la Legión de María, la Sociedad de San Vicente de Paúl, la Sociedad del Santo Nombre, los Caballeros de Colón, los Teresianos y Centering Prayer, entre otros muchos ejemplos, tienen una metodología espiritual y rituales que pueden animar a los fieles a involucrarse en el ministerio intercultural. Los ministros de pastoral pueden discernir cómo estos valores les pueden ayudar a expandir las zonas de seguridad.

El movimiento Cursillos es un ejemplo. Cada semana un *cursillista* debe hacer ciertos actos de piedad, estudiar y hacer apostolado. Los actos de piedad, por ejemplo, podrían tener en cuenta el ministerio intercultural en la oración y en la adoración al Santísimo Sacramento. El cursillista podría investigar junto con otro cursillista las formas en que se

---

[3] Ibid., 43.

By extending the space between the safety and fear zones, what Law terms the "grace margin,"[3] believers will be more open to experimentation and changes. Fair enough, but still how does one expand this grace margin?

Pastoral ministers can take a cue from the previous discussion of spiritual imaginations. If they appeal to the core values and authoritative principles that motivate a particular person, that person will be more open toward examining and engaging the spiritual practices of other cultural groups. People will expand their safety zones if they are spoken to in a language in which they already feel very comfortable. Preaching to them how we are called as Christians to integrate with the stranger, either on the basis of Scripture or Catholic theology and philosophy, will seem very abstract and likely fall upon deaf ears. In the Charlie Brown television cartoon specials, the voices of parents and elders come across to the children in a condescending, indiscriminate lingo: "wah, wah, wah, wah, wah, and so forth." By analogy, this outcome is quite likely in intercultural relationships if we are not able to translate the Christian reasons for doing so in the heartfelt terms that motivate believers.

In the Catholic world, pastoral ministers can draw upon a fertile range of spiritual charisms and traditions. Organizations and activities, such as the Charismatic Movement, the Catholic Worker Movement, RENEW, ACTS, the Legion of Mary, the St. Vincent de Paul Society, the Holy Name Society, the Knights of Columbus, Theresians, and Centering Prayer, among numerous other examples, have spiritual disciplines and rituals that potentially can inspire a parishioner to engage in intercultural ministry. Pastoral ministers can discern how these respective values lend themselves to expanding safety zones.

The *Cursillo* movement is an example. Every week a *Cursillista* is supposed to engage in acts of piety, study, and action. Piety, in this instance, could involve committing intercultural ministry to one's prayer life and adoration of the Blessed Sacrament. The *Cursillista* might explore with another *Cursillista* differences in which the rosary is said in various languages. Study would involve examining the different types of spiritualities (those reviewed in a previous chapter) to gain a greater sense of the diversity of approaches in the Catholic

---

[3] Ibid., 43.

dice el Rosario en otras lenguas. El estudio podría analizar los diferentes tipos de espiritualidades (las vistas en el capítulo anterior) para tener una mayor sensibilidad hacia los diversos enfoques que existen en el mundo católico. En este sentido, una *ultreya* (una reunión general de cursillistas) podría examinar cómo se hacen las peregrinaciones a santuarios religiosos en las distintas tradiciones católicas. Las celebraciones que rodean a la fiesta de Nuestra Señora de Guadalupe, por ejemplo, podrían convertirse en algo más atractivo para alguien que no es latino. El apostolado podría promover una mayor sensibilidad hacia personas de otras culturas, tanto en la vida ordinaria como, sobre todo, en la vida de parroquia. Después de todo, el himno del movimiento Cursillos es *De colores*, el cual habla de los diversos colores que tiene la providencia de Dios. Una vez que el reto de las relaciones interculturales se coloca en este contexto de oración-estudio-apostolado, que es una segunda naturaleza para un cursillista, es más probable que esa persona explore por su cuenta este ministerio más adelante.

Además de las disposiciones espirituales específicas, también podemos animar a la gente para que trabaje en el ministerio de la diversidad pidiendo que comparta las "mejores prácticas" que conozca gracias a su trabajo profesional. Hace varios años asistí a un congreso en la John Carroll University de Cleveland, Ohio, sobre cómo hacer presente la identidad católica en el trabajo del personal no académico de las universidades católicas, como los encargados de admisiones, becas, finanzas, servicios estudiantiles, ministros del campus, etc. Además, muchas de estas personas no son católicas. Uno de los conferencistas, de forma muy aguda, presentó el código profesional de una organización de servicios estudiantiles que pertenece a una universidad nacional y lo comparó punto por punto con los principios de la *Ex Corde Ecclesiae* (la Constitución Apostólica del Santo Padre Juan Pablo II sobre las Universidades Católicas), el documento del Vaticano sobre la educación superior católica[4]. Mostró que, aunque el lenguaje de los dos documentos es muy distinto, aun así, había mucha convergencia entre los valores y normas presentados, tanto por el documento de la universidad laica como por la *Ex Corde*. El presentador, con sentido pedagógico, explicó los principios de la *Ex Corde* usando un lenguaje profesional que las personas pudieran utilizar todo el tiempo.

---

[4] San Juan Pablo II, *Ex Corde Ecclesiae* (sobre las Universidades Católicas), 15 de agosto de 1990.

world. Toward this end, an *ultreya* (a major *Cursillo* gathering) might examine how pilgrimages to religious shrines are done in different Catholic religious traditions. In this way, celebrations surrounding the Feast of Our Lady of Guadalupe could become more inviting to a non-Latino. Action would then entail a commitment to being more culturally sensitive to people of different cultures both in a believer's daily encounters and especially in the parish community. After all, the anthem of the *Cursillo* movement is *De Colores*, which accents the many colors of God's providence. Once the intercultural challenge is put in this piety-study-action framework that is second nature to a *Cursillista*, that person may be much more likely to explore such ministry further.

Apart from specific spiritual dispositions, we can also motivate people to engage in diversity work by appealing to the professional "best practices" that they know from their workplaces. Several years ago, I attended a conference at John Carroll University in Cleveland, Ohio, on how to integrate Catholic identity with the work of nonacademic administrators at Catholic universities, such as admissions officers, financial aid officers, finance officers, student service officers, campus ministers, and so forth. In addition, many people in these roles are non-Catholics. One of the presenters ingeniously set the professional code of a national university student services organization side by side with the principles of *Ex Corde Ecclesiae* (Apostolic Constitution of the Supreme Pontiff John Paul II on Catholic Universities), the Vatican document on Catholic higher education.[4] He proceeded to show that although the language style in the two documents is quite different, there was still much convergence between the values and norms put forth in both the secular higher education document and *Ex Corde*. The presenter had the foresight to explain the principles of *Ex Corde* in terms of the professional language the practitioners were comfortable using all the time.

Even more basic than appealing to spiritual charisms or professional codes is to explore the latent gifts and talents people have and invite them to share these gifts and talents with the larger community. Not only will the gift giver feel more comfortable with the community, when before he or she may have felt fearful, but in return will likely feel integral to the parish's life.

[4] Saint John Paul II, *Ex Corde Ecclesiae* (On Catholic Universities), August 15, 1990.

Más importante incluso que apelar a carismas espirituales o códigos de ética es traer a la luz los dones y talentos no manifiestos de la gente e invitarla a compartirlos con toda la comunidad. Esto hará, no solo que quien posee el don se sienta más a gusto con la comunidad al saber que está aportando algo, superando así el temor inicial, sino que además se sentirá parte integral de la vida en la parroquia.

Por ejemplo, un estudio de Arizona sobre la educación analizó qué tipo de conocimientos laborales mostraban tener los padres de familia de la clase trabajadora méxico-americana en sus casas. Los educadores y antropólogos que hicieron el estudio descubrieron que estos padres de familia tenían conocimientos, aprendidos en el mismo lugar de trabajo, sobre ganadería, agricultura, minería, comercio, cómo manejar un hogar, construcción, reparaciones mecánicas, medicina tradicional y religión, entre otros. Los profesores pudieron entonces desarrollar estrategias de educación para los alumnos de estas familias relacionadas con estos campos. La iniciativa hizo que hubiera mejores relaciones con los alumnos y mejor aprovechamiento escolar porque los papas no eran vistos como meros espectadores, sino como personas que ofrecían "fondos de conocimiento"[5].

En lugar de insistir en que los miembros de los grupo culturales más nuevos en la parroquia deben adaptarse a las normas y costumbres de la comunidad más antigua, los ministros de pastoral pueden ver cómo los miembros de estas comunidades son también "fondos de conocimiento" que contribuyen al bienestar de la comunidad. Por su parte, los miembros de la parroquia que pertenecen a la comunidad más antigua, también pueden tener un valioso conocimiento de las tradiciones de la parroquia, que pueden compartir con los recién llegados. A través de este intercambio consciente entre la comunidad más antigua y la formada por los recién llegados, el legado de la parroquia recibe nueva vida de una manera dinámica.

No importa si se recurre a carismas espirituales, estudios profesionales o simplemente a fondos de conocimiento, lo importante es provocar en los creyentes profundas y sentidas experiencias de intercambio cultural. Esto es mucho más importante que el conocimiento abstracto sobre la necesidad de cultivar el ministerio intercultural[6].

---

[5] Luis C. Moll y otros, "Funds of Knowledge for Teaching: Using a Qualitative Approach to Connect Homes and Classrooms", *Theory into Practice*, 31, no. 2 (1992): 132–41 [traducción nuestra].

[6] En una escala más pequeña, este contraste entre conocimiento experimental y conocimiento abstracto refleja la naturaleza de la inculturación. Más que ver a la fe cristiana

For instance, an Arizona education study focused on the vocational knowledge that working-class Mexican American parents exhibited in their homes. The educators and anthropologists doing the study found that these parents had an extensive on-the-job knowledge of ranching, farming, mining, business, household management, construction, mechanical repairs, folk medicine, and religion, among other areas. The teachers were then able to develop education strategies for the students of these families regarding these fields. This initiative brought about better relationships and better education advancement because the parents were viewed not as empty vessels but as offering "funds of knowledge."[5]

Rather than insisting that members of newer parish cultural groups need to fit into the long-standing norms and patterns of community life, pastoral ministers can look toward how the members of these communities are funds of knowledge that enrich the faith-based community's well-being. Conversely, the long-standing members of the parish also have concrete knowledge of the parish's rich traditions that can be shared with the newcomers. Through such intentional sharing between long-standing and newer members, the parish's legacy is revitalized in a dynamic fashion.

Whether the source be spiritual charisms, professional discourses, or simply funds of knowledge, unlocking heartfelt experiences of believers is much more crucial than abstract knowledge to cultivating intercultural ministry.[6] By appealing to these very concrete sources, we can create environments that enable us to understand, appreciate, and ultimately embrace each other's treasures. On this basis, we can begin to have intentional reflection on how conflicts that emerge between our parish cultural groups are rooted in different spiritual imaginations and heritages and to project constructive ways for moving forward together.

[5] Luis C. Moll and others, "Funds of Knowledge for Teaching: Using a Qualitative Approach to Connect Homes and Classrooms," *Theory into Practice* 31, no. 2 (1992): 132–41.

[6] In a small-scale way this contrast between experiential knowledge and abstract expertise reflects the themes of inculturation. Rather than seeing Christian faith as a set of principles to be dropped from the outside such as a charity package might be dropped from a plane (the abstract approach), evangelization of the faith grows and thrives through the diverse cultures of believers.

Recurriendo a estas fuentes concretas, podemos crear ambientes que nos permitan entender, apreciar y, al final, abrazar las aportaciones de los demás. Con esta base, podemos comenzar a analizar atentamente cómo los conflictos que se presentan entre los diversos grupos culturales tienen su raíz en las diversas concepciones espirituales y herencias culturales, de manera que podamos idear formas constructivas de avanzar todos juntos.

Aplicar lo que la liturgia nos enseña a otros campos de la vida de la iglesia

¿Cuáles son los elementos que hacen posible el ministerio intercultural entre los miembros de una parroquia una vez que ha comenzado? En esencia, el ministerio intercultural es un proceso en el que debe haber inclusión, libertad interior y libertad exterior. La inclusión no requiere solamente tener en un mismo lugar gente de diversas culturas, sino ser conscientes de que sus espiritualidades y estilos de comunicación son distintos, y que sus necesidades se toman en cuenta a la hora de organizar las reuniones. La libertad interior es la capacidad para estar en desacuerdo sin romper con el otro. Esta capacidad es una combinación entre el estilo igualitario y el jerárquico o tradicional. Como en el estilo jerárquico, se respeta decididamente al otro, pero como en el estilo igualitario, el propio desacuerdo se expresa públicamente de una manera educada. La libertad exterior significa no ejercer excesiva presión en los momentos de intercambio cultural. Un estudio hablaba de cómo en una comunidad de fe utilizaban un caracol marino en las reuniones para asegurar que nadie hablara demasiado o muy poco: la persona que tenía el caracol era la que podía hablar, pero también se sobreentendía que debía dejar en algún momento el caracol para permitir a otros hablar[7].

Cuando la gente es tratada con respeto y el ambiente en la parroquia es sensible a sus costumbres culturales, estarán mucho más deseosos de compartir sus dones, sean estos materiales o de otro tipo.

---

como un conjunto de principios que se deben arrojar desde el exterior como se tiran los paquetes de ayuda humanitaria desde una avión (enfoque abstracto), el anuncio de la fe, crece y prospera a través de las diversas culturas de los mismos creyentes.

[7] "Small Faith Communities: Theology Meets Life", *Call to Action News* 14 (diciembre de 1992): 7.

Channeling the Lessons from Liturgy into Church Practices

What type of rhythm sustains this discourse on intercultural ministry by parishioners once it gets started? At the very least, intercultural ministry is characterized by a process of inclusion, affection, and relaxation of control. Inclusion requires not only having diverse peoples at the table, but realizing that their spiritual and communication styles vary and their needs are taken into account in the way gatherings are done. Affection is the capacity to disagree with someone without putting the person down. This attribute is a combination of the egalitarian and traditional styles. Like the traditional style, great respect is shown for the other person, but like the egalitarian style, the disagreement is expressed publicly in a civil fashion. Relaxation of control means not dominating the discourse. One case study discloses how a faith-based community used a conch in the middle of the meeting table as a way of ensuring that no one spoke too much or too little. In this format, a person was able to speak when holding the conch, but the understanding was that the person would also release the conch to enable others to be able to share.[7]

When people are treated with dignity and the parish atmosphere is sensitive to their cultural mores, they will be much more willing to share their gifts, material or otherwise. In the 1990s, I regularly coordinated a multicultural choir at an English liturgy. Initially, those of us who had created the group had intended the liturgical music to be primarily a mix of African-American, Celtic, Latino, and European-American styles. Although the Mass was in English, we changed the music ambiance by singing some bilingual hymns, being less

---

[7] "Small Faith Communities: Theology Meets Life," *Call to Action News* 14 (December 1992): 7.

En la década de los noventa, fui durante un tiempo el encargado de coordinar un coro que cantaba en una liturgia en inglés. Al principio, los que habíamos formado el coro teníamos en mente que la música litúrgica fuera una mezcla de estilos afroamericano, americano, celta, latino y euroamericano. Aunque la Misa era en inglés, cambiamos el ambiente cuando empezamos a usar algunos himnos bilingües, dejamos de centrarnos tanto en el órgano e hicimos algunas adaptaciones con música más moderna y rítmica usando percusiones propias de la cultura latina. Además de ofrecer un estilo de liturgia alterno a otras liturgias en inglés, nuestra esperanza era que este estilo fuera atractivo al número cada vez mayor de latinos en la parroquia y así disminuyera la cantidad tan grande que asistía a la Misa de la tarde.

Sin embargo, los objetivos de esta liturgia evolucionaron con el tiempo y comenzamos a prestar mayor atención a los talentos y habilidades que estaban ya presentes, aunque latentes, en la congregación. Después de que se unió al coro una pareja euroamericana / filipino-americana, varios estudiantes de preparatoria de origen filipino-americano y vietnamita-americano y sus papás siguieron el ejemplo. Resultó que había muchos miembros en la parroquia de origen filipino-americano y vietnamita-americano que eran doctores o profesionales en otro campo, y que sus hijos asistían a algunas de las mejores universidades de Texas. Claramente estas familias tenían un buen nivel de instrucción, tanto por lo que ve a educación formal como a ser fondos de conocimiento.

Antes de crear el coro multicultural, estos miembros de la parroquia filipino-americanos y vietnamita-americanos iban todos los domingos a la Misa en inglés, pero no habían asumido ningún ministerio. Nadie los había excluido intencionalmente, pero antes de la iniciativa del coro multicultural, las circunstancias no habían creado las condiciones para ensanchar el margen de gracia de forma que desearan asumir más responsabilidades. La combinación de un ambiente más intercultural creado por el nuevo coro y la invitación a la pareja europea/filipina para unirse al coro, creó un espacio capaz de atraer a otras personas con muchas cualidades. Después, el coro cantaba regularmente en español, tagalo, vietnamita e inglés[8].

[8] Para un estudio más amplio de este coro multicultural, puede verse John Francis Burke, *Mestizo Democracy: The Politics of Crossing Borders* (College Station, TX: Texas A&M Press, 2002), 191–93.

organ centered, and adapting a more folk ensemble, rhythmic style through the use of Latino percussion. Besides providing an alternative music liturgical approach to the other English liturgies, our hope was also that the growing Latino population in the parish would find this atmosphere attractive and, thus, the huge numbers attending the early afternoon Spanish liturgy might be alleviated.

Instead, the direction of the liturgy changed over time by being attentive to the talents and skills that were already latent in the congregation. After a European American/Filipino American couple joined the choir, a number of Filipino American and Vietnamese American high school students and their parents followed suit. It turned out that there were many Filipino American and Vietnamese American members of the parish that had extensive musical gifts to share. Moreover, some of the Filipino Americans were professionals in medicine and other fields, and their children were attending some of the best universities in Texas. Clearly these families were well educated, both in terms of formal credentials and also in terms of funds of knowledge.

Prior to the creation of the multicultural choir, these Filipino American and Vietnamese American parishioners were regularly attending the English Sunday liturgy but they had not been taking on ministerial roles. No one had intentionally excluded them from such roles, but prior to the multicultural choir initiative, the atmosphere did not put forth a grace margin that would motivate them to assume greater roles. A combination of the more intercultural ambiance created by this new choir in combination with the invitation to the initial European/Filipino couple to join the choir created a space that brought these very talented persons into music ministry. Subsequently, the choir sang regularly in Spanish, Tagalog, Vietnamese, and English.[8]

As a choir director at another parish, I also had great success in having English and Spanish choirs practice together, even though they sang at separate liturgies on Sundays. Technically, they only sang together for bilingual liturgies such as Holy Thursday, Easter Vigil, Christmas Eve, Thanksgiving, and other special occasions.

---

[8] For a more extensive consideration of this multicultural choir, see John Francis Burke, *Mestizo Democracy: The Politics of Crossing Borders* (College Station, TX: Texas A&M Press, 2002), 191–93.

Como director del coro en otra parroquia, también tuve mucho éxito al tener ensayos conjuntos con los coros en inglés y en español, incluso si cantaban en liturgias distintas los domingos. Se supone que solo cantaban juntos en liturgias bilingües como el Jueves Santo, la Vigilia de Pascua, la víspera de Navidad, el Día de Acción de Gracias y en otras ocasiones especiales.

Al principio, organicé un ensayo conjunto, tanto porque me convenía como porque era una forma de apoyar al ministerio intercultural. Al tener el ensayo juntos, evitaba tener ensayos dos días distintos a la semana. Tanto por razones prácticas como por razones del ministerio intercultural, los ensayos se sobreponían parcialmente. A las 6:30 llegaba el coro en español y practicaba durante 45 minutos en español. Después, a las 7:15, el coro en inglés se unía al coro en español y ensayábamos juntos los cantos bilingües durante 45 minutos. Por último, el coro en inglés ensayaba los cantos en su idioma durante otros 45 minutos. En el fondo, cada coro tenía su ensayo tradicional de 90 minutos, la mitad de los cuales compartidos.

Durante una década, a través de este tiempo compartido de ensayo cada semana, los dos coros pudieron desarrollar un repertorio de dos o tres docenas de cantos bilingües y la misma cantidad de salmos bilingües. Cantar en liturgias bilingües en los días más importantes de la parroquia se convirtió en una segunda naturaleza para los miembros de ambos coros, en vez de que fuera algo artificial o forzado. Al final, ambos grupos llegaron a hacerlo tan bien que el coro de habla inglesa podía cantar en las liturgias en español y el coro en español podía cantar también en las liturgias en inglés.

Todavía más importante, los miembros de los dos grupos no solo aprendieron el estilo musical del otro, sino que también desarrollaron profundas relaciones humanas a pesar de sus diferencias iniciales de lengua y cultura. El formato de sobreponer los ensayos creó un espacio donde los cantores y quienes tocaban los instrumentos provenientes de diversos contextos culturales fueron capaces de integrarse en calidad de iguales a través de la música. Yo dirigía los ensayos en ambas lenguas y cuando dudaba al dar las instrucciones, los miembros de ambos grupos podían ayudarme con la traducción. Se formó una comunidad entre ellos en la cual ambas herencias fueron aceptadas y ninguna era considerada superior a la otra.

Cuando los coros cantaban juntos en la liturgia, no eran dos coros cantando juntos, sino uno solo perfectamente integrado. Las

Initially, I set up this joint practice as much for my convenience as to foster intercultural ministry. By having a joint practice, I could avoid having rehearsals on more than one evening per week. For both practical and intercultural reasons, the rehearsals partially overlapped. At 6:30 p.m. the Spanish choir would arrive and practice for forty-five minutes in Spanish. Then at 7:15 p.m. the English choir would join the Spanish choir and would work on bilingual music for forty-five minutes. Finally, the English choir would then work on English music for forty-five minutes. Essentially, each choir had a traditional ninety-minute rehearsal, half of which was shared with the other group.

Over the span of a decade, through this shared weekly rehearsal time, these two choirs were able to develop a repertoire of two to three dozen bilingual hymns and just as many bilingual psalms. Singing at bilingual liturgies for key parish events became second nature to these choir members as opposed to being artificial and forced. Ultimately, both groups became so skilled that the dominant English-speaking choir could provide music for Spanish liturgies and the Spanish-speaking choir music for English liturgies.

More importantly, the members of the two groups not only learned each other's musical styles, they developed deep relationships as human beings regardless of their initial language and cultural differences. The overlapping format created a space where singers and instrumentalists of different cultural backgrounds were able to integrate on equal terms through the common medium of music. I coordinated the rehearsals in both languages, and when I faltered members of both groups were ready to translate. A community emerged between them in which both heritages were embraced and neither was considered superior to the other.

When the choirs did sing together at liturgy, they were not two choirs singing together, but in fact one ensemble. The relationships the choir members formed over time expanded their liturgical and intercultural competence far beyond anything they would have accomplished just as separate units. "Crossing borders" became integral to their ministry.

In addition to the importance of diverse persons having the opportunity to develop concrete relationships with each other, this case study also suggests that a clear set of expectations and a predictable rhythm help to facilitate intercultural ministry. The choir members

relaciones que los miembros del coro establecieron con el tiempo los hicieron crecer en sus habilidades litúrgicas e interculturales mucho más de lo que hubieran podido lograr por separado. "Cruzar límites" se convirtió en una parte integral de su ministerio.

Además de que lo anterior dio a personas de diversas culturas la oportunidad de desarrollar relaciones concretas entre sí, este caso nos demuestra que es importante tener un conjunto claro de expectativas y una forma predecible de hacer las cosas para facilitar el ministerio intercultural. Los miembros de ambos coros sabían de antemano que los ensayos iban a durar noventa minutos y que cerca de la mitad de ellos se iba a dedicar a música bilingüe. Al principio, el grupo en español tenía muchos miembros, pero durante los primeros dos años el número fue disminuyendo simplemente porque algunos de ellos aún no estaban preparados para aprender cantos en los dos idiomas. El grupo en inglés no disminuyó de tamaño, pero tampoco creció, en parte porque sus miembros necesitaban estar abiertos a aprender cantos en español. Por ello, el impacto del coro integrado en la congregación en cuanto tal fue limitado, exceptuando el hecho de que las liturgias bilingües en las fiestas principales fluían con gran naturalidad, en vez de parecer algo forzado y artificial. Aun así, en los doce o quince miembros que venían regularmente cada semana, sí se dio una verdadera mezcla de tradiciones culturales[9].

Estos dos casos que acabamos de estudiar nos enseñan lo siguiente sobre cómo ensanchar las zonas de seguridad de la gente involucrada en el ministerio intercultural,:

- La gente necesita ser tratada con respeto, de una manera que se sienta a gusto, por ello se usan diversas lenguas para asegurar la comunicación. En particular, cada persona necesita ser acogida de una forma que se reconozca su presencia como individuo.

- La intención de las actividades, esto es, procurar el contacto entre las diversas culturas debe presentarse con antelación, de forma que la gente sepa qué es lo que se está buscando.

- Debe haber un marco de trabajo sistemático y predecible para facilitar este contacto entre las culturas, por ejemplo, los 45 minutos de ensayo de coro compartidos.

[9] Para un estudio más amplio de este caso, véase John Francis Burke, "Facing the Bilingual Challenge: Spanish and English Choirs Share Practice Time", CHURCH, 23 (verano 2007): 41–44.

in both groups understood up front that rehearsals would be ninety minutes and that about half the time would be devoted to bilingual music. Initially, the Spanish group had many more members, but over the first couple years, the participants dwindled because some of these individuals simply were not ready to learn hymns in both languages. There were no defections from the English group over time, but neither did this group grow in numbers partly due to the fact that dominant English speakers would also need to be open to learning Spanish hymns. Therefore, the impact of the integrated choir on the congregation as a whole was limited, other than that the bilingual liturgies on key occasions flowed naturally rather than seemed forced and artificial. Still, for the twelve to fifteen choir members who came regularly every week, a genuine lateral mixing of traditions ensued.[9]

In order to expand the safety zones of people engaged in intercultural ministry, these two case studies suggest the following:

- People need to be treated with dignity in a manner they find comfortable, hence the use of multiple languages to communicate. In particular, each person needs to be greeted in a way that acknowledges one's distinctive presence.

- The intention of mixing cultures needs to be stated up front so that people have a sense of what the commitment entails.

- There needs to be a systematic, predictable framework to facilitate this mixing, for example, the forty-five minutes shared in common in the choir practice.

- The more the interaction ensues through a sense of prayer and liturgy, the more likely diverse persons will engage each other as fellow Christians and not as adversaries in a cultural war.

Underlying each of these points is the sense that a Christian releases control of self to a process that will be unfolding.[10]

---

[9] For a more extensive consideration of this case study, see John Francis Burke, "Facing the Bilingual Challenge: Spanish and English Choirs Share Practice Time," *CHURCH* 23 (Summer 2007): 41–44.

[10] Burke, *Mestizo Democracy* 203; Eric Law, *The Wolf Shall Dwell with the Lamb: A Spirituality for Leadership in a Multicultural Community* (St. Louis, MO: Chalice Press, 1993), 88.

- Mientras más se tenga la interacción entre los diferentes grupos en un contexto de oración y liturgia, más va a tratar la gente con los demás como hermanos en Cristo y no como adversarios en una guerra cultural.

En el fondo, estos puntos hacen que el cristiano se deje llevar por una rutina y colabore con un proceso que se estará desarrollando[10].

Law describe este proceso como comprometerse a través de un marco de trabajo que imita la naturaleza de la liturgia. Anota que uno de los perennes problemas del ministerio cristiano es el que un determinado ministerio llegue a depender demasiado de las fortalezas y habilidades de un líder. El éxito o fracaso del ministerio está en función en gran medida de la generosidad de esa persona. Además, la situación se hace todavía más complicada una vez que están involucradas varias culturas porque es muy probable que el líder no tenga el tacto y la sensibilidad para afrontar esta situación más complicada[11].

La ventaja de trabajar imitando un esquema litúrgico —señala— es que el trabajo en el ministerio intercultural no se centra en la persona del líder, sino en "la forma"[12]. Una liturgia, especialmente en el mundo católico y en el protestantismo más tradicional, tiene un formato predeterminado que incluye himnos, oraciones, lecturas de la Escritura y reflexiones, y si es una Celebración Eucarística, tiene también una formato determinado para distribuir la Comunión. Cualquiera que asiste a una Misa, por ejemplo, conoce el orden en que estos elementos estarán dispuestos y no importa quién sea el sacerdote, el lector, el cantor o el ministro de la Eucaristía, porque cada uno sigue los mismos textos o funciones.

Imitando este modelo, Law sugiere que un formato claro, compuesto por partes que consten por escrito con antelación, deja de centrar la atención en el líder —y en sus cualidades y personalidad—, para centrarla en las actividades mismas del ministerio intercultural,

---

[10] John Francis Burke, *Mestizo Democracy* 203; Eric Law, *The Wolf Shall Dwell with The Lamb: A Spirituality for Leadership in a Multicultural Community* (St. Louis, MO: Chalice Press, 1993), 88.

[11] Law, *The Wolf*, 100–101.

[12] Ibid., 101.

Law characterizes this process as engagement through a liturgical framework. He points out that one of the perennial drawbacks in Christian ministry is when a particular ministry is dependent upon the strengths and skills of a leader. The success or failure of the ministry depends too much on the commitment of this person. In turn, this situation gets more complicated once multiple cultures are involved because the leader may very well not have the sensibilities to navigate this challenging situation.[11]

The advantage of adapting a liturgical framework, he points out, is that it shifts the focus of the multicultural engagement away from the leader and onto "the form."[12] A liturgy, especially in the Catholic and high-church Protestant worlds, has a set format including hymns, prayers, scriptural readings, and reflections, and if it is a eucharistic celebration, a set time and way for distributing Communion. Anyone attending Mass, for instance, knows the sequence in which these components are organized, and it does not matter who the particular priest, lector, cantor, or eucharistic minister is, because each follows the same prescribed writings or roles.

Emulating this model, Law suggests that a clear format, comprised of written designated parts, shifts a forum for intercultural interchange away from the personality or skills of the leader to letting the process lead the way. Specifically, he recommends the following components:

- "A clear description of the purpose of the gathering.
- Clearly state ground rules of interaction affirmed by everyone in the gathering.
- Clear procedural instructions before each segment of interaction.
- A segment of time for building interpersonal relationships.
- Reflection on the experience and the recording of important learning.
- Discussion of how to apply the learning to future generations."[13]

---

[11] Law, *The Wolf*, 100–101.
[12] Ibid., 101.
[13] Ibid., 102–03.

permitiendo al proceso avanzar con más facilidad. En concreto recomienda la siguiente:

- "Una descripción clara de la finalidad que tiene la reunión.

- Reglas de juego claras para la interacción que sean aceptadas por todos los que participan en la reunión.

- Instrucciones claras sobre cómo se va a proceder en cada momento de la actividad.

- Destinar cierta cantidad de tiempo a entablar relaciones interpersonales.

- Reflexionar sobre las actividades realizadas y tomar nota de las cosas más importantes.

- Discutir sobre cómo aplicar lo aprendido a las futuras generaciones"[13].

Para poner este marco de trabajo en práctica, se debe hacer una planeación cuidadosa, por lo que ve a las lecturas específicas y a los tipos de reflexión que se deben hacer. Cabe recordar que esta forma litúrgica de proceder hace que las deliberaciones no se centren en una persona, sino en el procedimiento formal. Además, este proceso centrado en la forma entraña también el compromiso de dejar al Espíritu Santo guiar las discusiones sin tratar de imponer la propia agenda, como si se tratara de un debate político. Como añade Law, el discernimiento obtenido por una sesión de este tipo ayuda a diseñar el formato de la siguiente sesión[14].

En su escrito, Beth Bowers cambia la oposición "forma contra personalidad" por la oposición "individuo contra grupo". Los pastores, dice, deben dejar de trabajar en sus congregaciones a través de comités y hacerlo a través de "equipos de corta vida que trabajen para alcanzar metas específicas"[15]. Sostiene que los comités de las iglesias con frecuencia terminan en manos de personas que ya llevan mucho tiempo en la parroquia, limitando el acceso a los miembros más nuevos. Además, los pastores con frecuencia tienden a apoyarse en su

---

[13] Ibid., 102–03 [traducción nuestra].
[14] Ibid., 103.
[15] Laurene Beth Bowers, *Becoming a Multicultural Church* (Cleveland: The Pilgrim Press, 2006), 24 [traducción nuestra].

In order to put this framework into practice, a great deal of careful planning, in terms of the specific readings as well as types of reflections, needs to be done. Still, this liturgical process approach shifts deliberation from being personality centered to being form centered. In addition, this form-centered process entails a commitment to letting the Holy Spirit inform the discussion as opposed to trying to push one's agenda forward as in interest-group politics. As Law adds, the discernment gained from such a session guides how to shape the format for the next time the same session is done.[14]

In her writing, Beth Bowers shifts the "form versus personality" contrast from an individual to a group focus. Pastors, she contends, need to shift from operating their congregations through committees to running them through "short-term . . . agenda-specific task forces."[15] She argues that church committees frequently end up being run by long-standing congregation members to the exclusion of members from newer communities. Pastors, in turn, frequently have a tendency to rely on this inner circle for support. Rather than having the same person, family, or group do the same ministry in perpetuity, Bowers rotates ministerial responsibilities among congregation members. This newfound openness among lay minsters to "untapped gifts and talents"[16] enables them to be open to the spiritual needs of newer members, such as sermons in languages other than English. In turn, this approach allows newer members to gain access to leadership roles that previously were foreclosed.[17]

By shifting from a personality to a role sense of ministry, ministries do not become the fief of a particular person or group, and the congregation's members spiritually grow through pursuing new ministries. Time and again, I have seen, especially in music ministry, that a choir director or principal accompanist sees a particular Mass day and time as his or her liturgy or a particular choir will only sing at one time or in one way. Such rotation might be more challenging in terms of music ministry since a person needs to have a requisite set of instrumental and/or vocal skills, but the underlying principle

---

[14] Ibid., 103.

[15] Laurene Beth Bowers, *Becoming a Multicultural Church* (Cleveland: The Pilgrim Press, 2006), 24.

[16] Ibid., 103.

[17] Ibid., 95–106.

gente de confianza. En vez de tener a la misma persona, familia o grupo haciendo el mismo ministerio a perpetuidad, Bowers propone rotar las responsabilidades ministeriales entre todos los miembros de la congregación. Esta nueva apertura ante los "dones y talentos no explotados"[16] de los ministros laicos les permite estar abiertos a las necesidades espirituales de los nuevos miembros, como por ejemplo tener sermones en otros idiomas y no solo en inglés. Además, este enfoque permite a los nuevos miembros acceder más fácilmente a otras funciones de liderazgo a las que antes no tenían acceso[17].

Cuando el ministerio está centrado más en las funciones que en las personas concretas, este no se convierte en el feudo de un individuo o grupo, y los miembros de la congregación crecen espiritualmente al poder aspirar a nuevos ministerios. Una y otra vez he visto, sobre todo en el ministerio de la música, que el director del coro o el encargado del acompañamiento musical ve una Misa y un horario como "su" Misa y "su" horario, o que un coro solo canta a una determinada hora y de una sola forma. La rotación propuesta podría ser más difícil en el caso del ministerio de la música, porque para colaborar en este ministerio se requiere saber tocar instrumentos o saber cantar, pero el principio de fondo sigue siendo el mismo: en el ministerio cristiano necesitamos cambiar nuestros hábitos y rutinas para permitir a todos los miembros de la congregación contribuir con sus dones al florecimiento de la comunidad de fe. Sin embargo —también hay que decirlo— las recomendaciones de Bower y Law son más aptas para las congregaciones protestantes, las cuales son en promedio bastante más chicas que las parroquias católicas. Por lo demás, un formato litúrgico y sistemático con lecturas, oraciones y reflexiones ofrece un espacio agradable en el que los miembros de las diversas culturas pueden compartir de manera constructiva su fe con los demás.

Tres modelos para fomentar intencionalmente las relaciones interculturales

Existen al menos tres modelos de reuniones que las parroquias pueden usar y que incorporan las dinámicas litúrgicas sugeridas por Bowers, Law y yo mismo, y que también tienen en cuenta las

[16] Ibid., 103.
[17] Ibid., 95–106.

remains the same—in Christian ministry we need to challenge our pat routines to enable congregation members to contribute their gifts for the flourishing of the faith-based community. I would caution, though, that recommendations from Bowers and Law are more likely to work in Protestant congregations, which on average are considerably smaller than Catholic parishes. If nothing else, a liturgical, systematic format that entails readings, prayers, and reflections provides a comfortable space in which members of diverse cultures can constructively share their faith lives with each other.

Three Intentional Models of Intercultural Interaction

There are at least three models of intentional gatherings parishes can use that incorporate the liturgical dynamics suggested by Bowers, Law, and myself and also take into account differences in spiritual imaginations, cultural norms, and communication styles. One model is to create an advisory intercultural relations committee—the scenario put forward at the outset of this chapter. I had the opportunity to

diferentes concepciones espirituales, normas culturales y estilos de comunicación. Un modelo consiste en crear un comité asesor para las relaciones interculturales. Por ejemplo, el escenario presentado al inicio de este capítulo. Tuve oportunidad de comenzar y dirigir un comité parroquial de este tipo en los años noventa[18]. Este enfoque reúne a representantes de las culturas presentes en la parroquia para llegar a entender mejor la perspectiva de cada cultura y pensar en formas de realizar más actividades conjuntas. En mi caso, el comité tenía el mismo número de miembros de habla inglesa, española y vietnamita, las tres comunidades culturales presentes en la parroquia. Comenzábamos y terminábamos cada reunión con el rezo del padrenuestro, el avemaría y el gloria. En las reuniones usábamos las tres lenguas para permitir a todos expresar con claridad sus ideas y entender las expresadas por los demás. Nadie tenía que dominar el inglés para poder ser miembro del comité.

Dado que el objetivo de este grupo era solo ofrecer asesoría y no tenía ninguna función administrativa, los miembros podían discutir un amplio rango de temas de la parroquia y hacer recomendaciones a los encargados de tomar las decisiones. Los miembros sugerían ideas para incrementar la interacción entre los tres grupos culturales. Por ejemplo, en el capítulo anterior, expliqué cómo este comité ofreció ideas para el proceso de discernimiento con el que se formó el consejo parroquial para asegurar que los candidatos provinieran de los tres grupos culturales. Con el tiempo, los miembros del comité establecieron un conjunto de relaciones personales entre ellos, las cuales hicieron que las liturgias trilingües a las que asistía toda la parroquia se tuvieran con mayor facilidad.

Mirando en retrospectiva, el principal inconveniente de este formato en aquel momento fue que no examinamos suficientemente las diferencias más profundas de las comcepciones espirituales y normas culturales que estaban provocando las fricciones entre las tres comunidades. Ni tampoco desarrollamos el marco de trabajo de tipo litúrgico

---

[18] Ese comité, de hecho, se llamaba "comité de relaciones multiculturales", pero en este texto, en vez de usar el término "multicultural", he usado "intercultural" para guardar la coherencia con la distinción que hice antes en relación con estos términos relacionado con este mismo caso de estudio, he conservado el término "multicultural", porque ese es el nombre con el coro era conocido más bien en la parroquia.

initiate and lead such a parish committee in the 1990s.[18] This approach brings together representatives of the parish's cultures to come to a better understanding of each culture's perspective and to project ways in which more joint activities can be undertaken. In my case, the committee had equal representation of the English-speaking, Spanish-speaking, and Vietnamese-speaking communities in a parish. We began and closed every meeting with a recitation of the Our Father, Hail Mary, and the Glory Be to the Father. All three languages were used during the meetings when necessary in order that all members could clearly articulate their thoughts and to understand the thoughts of others. No one had to be fluent in English to be a committee member.

Since this group's purpose was advisory as opposed to being administrative, the members were free to discuss a wide range of parish topics and make recommendations to parish decision-making bodies on ideas that might be tried to bring about more interaction between the three parish groups. For instance, in the previous chapter, I reviewed how this committee assisted the discernment process for pastoral council to ensure there would be a pool of candidates drawn from all three parish cultural groups. Over time the committee members established a set of personal relationships among themselves that made parish-wide, trilingual liturgies much easier to do.

In hindsight, the principal drawback to this committee format was that we did not sufficiently examine the underlying differences in spiritual imaginations and cultural norms that were actually driving the separation of the three communities. Nor did we ever develop the type of liturgical framework through which other parish committees and groups could on a regular basis explore the deep cultural differences that drove parish disputes or simply impeded good-willed efforts to work together. Consequently, the most this intercultural relations committee could do was to pursue very piecemeal, limited initiatives at bringing the communities together, such as a trilingual healing service during Lent or the creation of the multicultural choir reviewed earlier in this chapter.[19]

[18] This committee was actually called "the multicultural relations committee," but I have changed multicultural to intercultural for this text to be consistent with the distinction I made previously with regard to these terms. With regard to the multicultural choir connected with this same case study, I have retained the term multicultural, because that is the name that this choir was widely known by in the parish.

[19] For a more extensive consideration of this intercultural relations committee case study, see Burke, *Mestizo Democracy*, 179–203.

con el cual otros comités de la parroquia y grupos pudieran explorar regularmente las diferencias culturales más profundas que causaban los conflictos en la parroquia o simplemente impedían que esfuerzos bien intencionados tuvieran éxito. En consecuencia, lo más que este comité de relaciones interculturales pudo hacer fue proponer iniciativas muy aisladas y limitadas para unir a las comunidades, como un servicio trilingüe de sanación durante el tiempo de Cuaresma o la creación del coro multicultural mencionado antes en este capítulo[19].

Un segundo modelo es el enfoque de las obligaciones mutuas presentado por Michael Emerson y George Yancey. Estos autores sostienen que las comunidades de las iglesias pueden convertirse en comunidades integradas en dos situaciones. La primera, si se presta más atención "al culto, a dar prioridad a lo sobrenatural, a la comunidad y a tratar de vivir de una manera que sea coherente con su fe"[20]. Esta atención debe traducirse en iniciativas concretas como incrementar el número de miembros en la iglesia o trabajar juntos en un proyecto destinado a toda la comunidad y hacer que se ponga en acción la fe cristiana[21].

Emerson y Yancey dicen que la segunda condición es hacer que los diversos grupos culturales lleguen a comprender en profundidad los puntos de vista del otro. El punto de referencia de estos investigadores es más amplio que las comunidades de fe. Sostienen que en temas controvertidos, como la discriminación positiva o la reforma migratoria, no se darán pasos constructivos a no ser que exista un formato deliberado que empuje a los grupos en conflicto a examinar sus diferentes formas de entender, tanto por experiencia como históricamente, la raza. Al cultivar una visión compartida por ambos, estos grupos podrán ir más allá de los estereotipos opuestos para desarrollar acciones concretas que tengan en cuenta las preocupaciones de cada uno[22].

---

[19] Para un estudio más amplio de este comité de relaciones interculturales véase: Burke, *Mestizo Democracy*, 179–203.

[20] Michael O. Emerson and Rodney Woo, *People of the Dream* (Princeton, NJ: Princeton University Press, 2006), 113 [traducción nuestra].

[21] George Yancey, *One Body, One Spirit: Principles of Successful Multiracial Churches* (Downers Grove, IL: InterVarsity Press, 2003), 68.

[22] Michael O. Emerson and George Yancey, *Transcending Racial Barriers: Toward a Mutual Obligations Approach* (New York: Oxford University Press, 2011), 10.

A second model is the mutual obligations approach put forth by Michael Emerson and George Yancey. They contend that church communities are likely to realize integrated congregations under two conditions. First, there is a larger "focus on worshipping, serving the supernatural, serving the community, and attempting to live in a manner which is consistent with their beliefs."[20] This focus then translates into concrete initiatives such as increasing the membership of the church or working together on a project in the community at large that puts Christian principles into action.[21]

Emerson and Yancey contend the second condition is to have a form of discourse between the cultural groups in which each group grasps in depth the other's viewpoints. Their frame of reference is larger than just faith-based communities. They argue that on controversial issues such as affirmative action and immigration reform, constructive steps forward will not occur unless there is a deliberate format that prompts the groups in conflict to examine their different historical and experiential understandings of race. By cultivating mutually shared understandings, they contend we can move beyond polarizing stereotypes to develop concrete actions that reflect each group's concerns.[22]

When cultural groups are in conflict, Emerson and Yancey suggest that trained facilitators conduct a series of discussions intended to: 1) have the groups get to know each other personally, 2) establish each group's key values, and 3) determine what matters they could all agree upon. Then having established understanding and trust among representatives from each group, they propose that these representatives project a solution to the issue at stake. The next step (4) would be for each cultural group to review each other's proposals and then submit another proposal that "best balances each of the separate plans." Representatives from each cultural group would then reconcile these "balanced plans" to produce one plan that would then serve the common good of all the groups, even though "no one

---

[20] Michael O. Emerson and Rodney Woo, *People of the Dream* (Princeton, NJ: Princeton University Press, 2006), 113.

[21] George Yancey, *One Body, One Spirit: Principles of Successful Multiracial Churches* (Downers Grove, IL: InterVarsity Press, 2003), 68.

[22] Michael O. Emerson and George Yancey, *Transcending Racial Barriers: Toward a Mutual Obligations Approach* (New York: Oxford University Press, 2011), 10.

Cuando los grupos culturales están en conflicto, Emerson y Yancey sugieren el recurso a facilitadores entrenados para tener una serie de conversaciones cuyo objetivo sea: 1) hacer que los grupos se conozcan entre sí personalmente, 2) establecer los valores clave de cada grupo y 3) determinar en qué cosas pueden estar de acuerdo. Después de haber creado cierta comprensión recíproca y confianza entre los representantes de cada grupo, proponen que estos representantes presenten una solución para el problema que les ocupa. El siguiente paso 4) sería que cada grupo cultural estudiara las propuestas del otro para presentar otra propuesta que "sea la mejor síntesis de ambos planes presentados" de forma que se prepare un plan que ayudaría al bien común de todos los grupos, incluso si "ningún plan es el mejor para todos individualmente". Con estos cuatro pasos, según Emerson y Yancey, los grupos culturales desarrollan obligaciones mutuas para con los demás, lo cual es una base para hacer intercambios constructivos en el futuro[23].

Comparado con el modelo del comité de relaciones interculturales antes mencionado, el enfoque de las obligaciones mutuas crea de una manera más sistemática una base de confianza y comprensión con la que los diversos grupos culturales pueden trabajar juntos, sin que ninguno sea el grupo dominante. Al mismo tiempo, este enfoque de Emerson y Yancey también funciona con las diversas formas de ver la parroquia que tiene cada grupo y utiliza la negociación entre los grupos para alcanzar un compromiso. El peligro es que no todos los grupos se comprometan seriamente. Si eso sucede, la relación entre ellos se rompe y se convierten simplemente en grupos de interés antagónicos. Si bien Emerson y Yancey tratan de promover las obligaciones mutuas entre los grupos, el enfoque antagónico de partida es contrario al vínculo de fraternidad propio de una comunidad cristiana. Sin embargo, también es verdad que su enfoque de obligaciones mutuas está pensado ante todo para grupos antagónicos de la esfera política donde no se da un cuerpo de principios espirituales compartido[24].

---

[23] Ibid., 8–10.

[24] El ejemplo concreto del que hablan Emerson y Yancey es sobre las dificultades que tuvieron distintas comunidades culturales cuando se propuso el cambio de territorio de una escuela en el condado de Fort Bend, una zona suburbana en la parte suroeste de Houston. En pocas palabras, algunos padres de familia euroamericanos se oponían porque eso obligaría a algunos estudiantes a asistir a una preparatoria

plan is best for everyone individually." Through these four stages, Emerson and Yancey contend that the cultural groups develop mutual obligations to each other that lay a foundation for future constructive interchanges.[23]

Compared to the earlier intercultural relations committee model, the mutual obligations approach more systematically fosters a basis of trust and understanding upon which cultural groups can work together without any group being dominant. At the same time, this approach of Emerson and Yancey still works through the parochial perspectives of each group and utilizes negotiation between the groups to achieve compromise. The danger becomes if a sense of mutual obligations does not emerge between the groups, then the relationship between the cultural groups collapses into just being adversarial interest groups. As much as Emerson and Yancey seek to foster mutual obligations between the groups, the adversarial prospect is in tension with the bonds of fellowship integral to Christian community. In fairness though, their mutual obligations approach is primarily directed at contesting groups in the political sphere where a shared set of spiritual principles is not a given.[24]

---

[23] Ibid., 8–10.

[24] The specific example Emerson and Yancey discuss is how different cultural communities were at odds over a proposed shift in school boundaries in Fort Bend County, a suburban region on the southwest side of Houston. Basically, some European American parents were opposed to the proposal because it would force students to attend a high school that had large populations of African Americans and Latinos. The European Americans contended their children would receive inferior educations at this high school and that by being in that school's feeder pattern, their property values on their homes would diminish. The African American and Latino parents countered such arguments smacked of racism. Asian American families were another constituency affected by the proposed change. The viewpoints of all these communities were shared at forums where school district consultants simply recorded the sentiments expressed; no attempt was made at reconciliation between the contesting groups by school district officials. After several of these sounding board forums were held, the school district went ahead with the redistricting plan, promising that another high school would be built later in the particular subdivision where most of the irate European Americans resided. Instead, Emerson and Yancey propose that it would have been more prudent to have used their mutual obligations approach. Through this approach, once the contesting groups mutually would have arrived at a compromise plan, Emerson and Yancey contend the school board should then be required to implement this plan (Emerson and Yancey, 1–10).

Un tercer modelo es el proceso de invitaciones mutuas de Law. Comparado con el método de las obligaciones mutuas, Law busca reunir a diversos cristianos de una forma que conduzca, no solo a una mayor comprensión mutua de sus diferencias culturales, sino que ayude a la integración basándose en prácticas cristianas.

En vez de buscar voluntarios, lo cual por lo general conduce a que solo se presenten las personas más extrovertidas, Law sugiere invitar a toda la gente a colaborar. Este método permite a los miembros más reticentes de la congregación compartir sus talentos con la comunidad y además hace que quienes siempre tienen el control renuncien un poco a él dejándolo en manos de otros: "Invitar es una forma de compartir el poder. Aceptar una invitación es una forma de reclamar cierto poder. Esperar a ser invitado es una forma de cargar la cruz" [25].

Por lo que ve a afrontar las diferencias de los estilos de comunicación propios de una cultura jerárquica y de una cultura igualitaria, Law sugiere que necesitamos crear un diálogo en el que las personalidades más activas de las culturas igualitarias aprendan a escuchar más y las personalidades tímidas estén más dispuestas a expresar sus ideas. Por decirlo en analogía con el Reino de Paz (Is 11:1-10), el reto es hacer que los leones se vuelvan más como los corderos y los corderos, más como los leones. Los leones, dice, muestran su humildad cuando aprenden a escuchar más, cuando desarrollan un

---

con muchos alumnos afroamericanos y latinos. Los euroamericanos argumentaban que sus hijos iban a recibir una educación de menor calidad y que, al tener la escuela siempre ese tipo de alumnos, el valor de sus casas y propiedades disminuiría. Los padres de familia afroamericanos y latinos respondieron a esos argumentos calificándolos como racistas. Las familias asiático-americanas eran otro grupo afectado por el cambio propuesto. Los puntos de vista de todas estas comunidades se compartían en foros donde los consejeros escolares del distrito simplemente tomaban nota de los sentimientos expresados; no se hizo ningún intento de conciliación entre los grupos en conflicto por parte de los funcionarios escolares del distrito. Después de que se tuvieron varios de estos foros donde las personas expresaron sus sentimientos, el distrito escolar siguió adelante con su plan de reestructuración, prometiendo que se construiría otra preparatoria más adelante en la zona en que vivía la mayor parte de los euroamericanos inconformes. En lugar de eso, Emerson y Yancey proponen que habría sido una mejor solución haber utilizado el enfoque de las obligaciones mutuas. A través de él, una vez que los grupos en conflicto hubieran llegado juntos a un plan en el que todos ganaran y cedieran algo, se podía pedir a las autoridades escolares realizar ese plan (Emerson y Yancey 2011, 1–10).

[25] Eric Law, *The Wolf*, 81 [traducción nuestra].

A third model is Law's mutual invitation process. Compared to the mutual obligations approach, Law seeks to bring together diverse Christians in a way that not only leads to more mutual understanding of their cultural differences but fosters integration based on shared Christian practices.

Instead of asking for volunteers that usually leads to outgoing personalities stepping forward, Law suggests inviting people to come forward. This method enables reticent congregation members to share their gifts with the community and in turn enable those typically in charge to release their control: "Invitation is a way of giving away power. Accepting an invitation is a way to claim power. Waiting to be invited is a way to take up the cross."[25]

In terms of dealing with the differences in the communication styles of hierarchical and egalitarian cultures, Law suggests we need to create a dialogue in which aggressive personalities from egalitarian cultures become better listeners and shy personalities become more willing to share their thoughts. In terms of the peaceable kingdom (Isa 11:1–10), the challenge is to get the lions to become more lamb-like and the lambs to become more lion-like. The lions, he shares, manifest humility by learning to listen more; they develop an appreciation of the insight others might have to share. Through persistent use of this method, the lambs, in turn, come to believe that it is both possible and appropriate for them to project their voices.[26]

A trained mediator is absolutely essential to the mutual invitation process. The mediator sets the rules for the discussion and makes sure that they are followed. At the outset, the mediator invites one of the members present to share her or his thoughts on the issue in question. When this person is finished speaking, that person in turn invites another member present to share one's thoughts. When invited, each person can share one's thoughts or pass. If the person passes, that person nevertheless invites another person to share. No one can speak twice until at least everyone has been invited to speak. No interruptions are permitted either.

Law relates the story of an Episcopal bishop who participated in a session where Law was the mediator. Right after Law reviewed the above discussion procedures, the bishop said, "Can I go next?"

---

[25] Eric Law, *The Wolf*, 81.
[26] Ibid., 82–88.

aprecio por los puntos de vista de los demás. Si se usa este método con constancia, los corderos, por su parte, comenzarán a creer que es posible y bueno expresar sus preocupaciones[26].

Un mediador profesional es absolutamente esencial para un proceso de invitación mutua. El mediador fija reglas para el diálogo y exige que sean respetadas. Al inicio, el mediador invita a uno de los miembros presentes a compartir sus ideas sobre el tema en cuestión. Cuando esta persona termina de hablar, entonces invita a otro miembro a compartir sus ideas. Cuando una persona recibe la invitación, puede compartir lo que piensa o pasar a otro el turno. Si pasa, de todas formas debe invitar a otra persona a hablar. Nadie puede hablar dos veces hasta que al menos cada uno haya recibido una invitación. Tampoco están permitidas las interrupciones.

Law narra la historia de un obispo episcopaliano que participaba en una sesión en la que Law era el mediador. Justo después de que Law expusiera las normas para el diálogo antes mencionadas, el obispo dijo, "¿Puedo hablar?", a lo que Law tuvo que responder, "no"[27]. Después de todo, lo que el proceso de invitación mutua quiere hacer es crear un ambiente donde cada persona, sin importar su personalidad, cultura o función de autoridad, tenga la confianza para expresar su punto de vista y se sienta escuchada por los demás.

Law admite que incluso con estas precauciones, algunos miembros de las diversas comunidades podrían no sentirse a gusto participando, especialmente cuando hay implicadas diferencias de lenguaje. Para remediar esta situación, propone que toda la comunidad se separe en sus respectivos grupos lingüísticos y que después un miembro bilingüe de cada grupo comunique sus reflexiones a los otros[28]. Este habría sido un excelente formato para el caso de la parroquia del que hablé antes en el que había grupos de habla inglesa, española y vietnamita.

Con el método de invitación mutua, tener procesos incluyentes es esencial para llegar a los resultados correctos. Con el tiempo, la idea es que las relaciones formadas durante estas sesiones permitan a la comunidad de la iglesia tener en común más actividades sociales y

---

[26] Ibid., 82–88.

[27] Ibid., 84.

[28] Eric Law, *The Bush Was Blazing but Not Consumed: Developing a Multicultural Community Through Dialogue and Liturgy* (St. Louis, MO: Chalice Press, 1996), 158–59 [traducción nuestra].

to which Law replied, "No, bishop."[27] Overall, the mutual invitation process seeks to create an environment whereby each person, regardless of personality, culture, or authoritative role, feels confident in expressing one's views and feels heard by others.

Law admits that even with these precautions, some members of the diverse communities will not feel comfortable participating, especially when language differences are involved. To remedy this situation, he suggests that the overall community separate into their respective linguistic groups and then bilingual members from each group report their reflections to the other groups.[28] This would have been an excellent format for the parish I reviewed earlier comprised of English-speaking, Spanish-speaking, and Vietnamese-speaking groups.

With the mutual invitation process, practicing inclusive processes are essential to lead to just outcomes. Over time, the hope is that relationships built through these sessions will enable the church community to share more prayer and social activities with each other, even if certain activities as Sunday liturgies still need to be held in the respective native languages. The process also contributes to enabling people of diverse cultures to contribute their perspectives to ongoing crucial parish decisions being made regarding finances, liturgical issues, and Christian education among other issues.

The mutual invitation process, out of the three models, is the most thorough in trying to get parish members to understand each other's deep-seated values and how they influence their respective Christian lives. At the same time, all three models aim to develop relationships in a systematic way between the cultural groups that will lead to more social and liturgical interactions between them in a parish.

There are potential pitfalls in such attempts to "systematize" intercultural relationships. First, such efforts can come across to the long-standing group in the parish, and in many instances these will be European Americans, as taking "power away from the dominant group to empower the marginalized."[29] If so, these long-standing

---

[27] Ibid., 84.

[28] Eric Law, *The Bush Was Blazing but Not Consumed: Developing a Multicultural Community Through Dialogue and Liturgy* (St. Louis, MO: Chalice Press, 1996), 158–59.

[29] Bowers, *Becoming a Multicultural*, 97.

de oración, incluso si algunas actividades, como las liturgias dominicales, aún necesitan tenerse en las respectivas lenguas. El proceso
también ayuda a que personas de diversas culturas contribuyan con
sus puntos de vista a tomar decisiones sobre aspectos importantes de
la parroquia, aspectos que se están discutiendo en ese momento y que
pueden estar relacionados con las finanzas, la liturgia y la educación
cristiana, entre otros.

El método de invitación mutua, de los tres modelos, es el que
busca de una manera más insistente hacer que los miembros de la
parroquia entiendan los valores más profundos de los otros y analicen
cómo estos influyen en su vida cristiana. Al mismo tiempo, los tres
modelos buscan desarrollar relaciones entre los grupos culturales
de una manera más sistemática, de forma que se pueda lograr una
mayor interacción social y litúrgica en la parroquia.

Hay algunos peligros en estos intentos por "sistematizar" las
relaciones interculturales. En primer lugar, estos esfuerzos pueden
provenir del grupo más asentado en la parroquia –en muchos casos
los euroamericanos– como una forma de "quitar poder al grupo dominante para dárselo a los marginados"[29]. Si esto sucede, los líderes
más antiguos probablemente se pondrán a la defensiva y tratarán de
impedir cualquier progreso hacia una toma de decisiones en común
entre los diversos grupos presentes en la parroquia. En cambio, es
sumamente importante convencer a estos líderes más antiguos, en
términos cristianos, de que el ministerio intercultural no es una batalla
de poder entre los que tienen y los que no tienen, sino más bien se trata
de ser el Cuerpo de Cristo como una comunidad que abarca a todos
los grupos culturales que participan como iguales. Estos líderes más
antiguos necesitan participar en el proceso si se quiere que la parroquia haga una verdadera transición sin que nadie se sienta ofendido
y pase de ser una parroquia con un grupo cultural dominante a una
parroquia integrada por múltiples grupos culturales.

En segundo lugar, cada uno de los tres modelos depende mucho de
que se cuente con un mediador profesional para facilitar el proceso del
ministerio intercultural. El primer modelo, aunque en principio yo era
el director del comité, *de facto* era el mediador y echaba mano de mis
conocimientos y experiencias provenientes de las Ciencias Sociales.

---

[29] Bowers, *Becoming a Multicultural*, 97.

leaders are likely to become quite defensive and obstruct any progress toward mutual decision making between diverse groups in a shared parish. Instead, it is imperative to persuade these long-standing leaders in Christian terms that intercultural ministry is not a "haves versus have-nots" power struggle, but rather being the Body of Christ as a community involves all cultural groups mutually participating as equals. These long-standing leaders need to be on board if the parish is to make an effective and loving transition from one principle cultural group being at its core to an integrated parish between multiple cultural groups.

Second, each of the three models relies heavily on a trained mediator to facilitate the intercultural ministry process. In the first model, although technically I was the chair of the committee, I was a *de facto* mediator drawing upon my knowledge and experiences from the social sciences. Even though mediators are trained to be disinterested, objective coordinators of these dialogues between cultural groups, their own personal perspectives can influence the process, especially if members of the parish. More importantly, if eventually the need for a mediator to facilitate the dialogues does not disappear, then the mediator can become a subtle form of the "personality" leader that the liturgical form process was intended to overcome. At some point, a set of trusting relationships between diverse parishioners should eliminate the need for a mediator.

Third, as much as these models seek to develop deep relationships among diverse parishioners, the formal procedures that are integral to both the mutual obligation and mutual invitation models run the risk of favoring "rules" over "relationships"—basically, the dominant tendencies of the long-standing European American culture reemerge. In more concrete terms, using liturgical form to move away from personality-centered ministry can lead to the other extreme where abstract standards, not people, prevail.

In fairness to all three models, each seeks an inviting process that expands the safety zones of diverse parishioners to create a set of trusting relationships that enable parishioners to pursue both the blessings and trials of intercultural ministry. Each model seeks to balance the need for predictable form with the need for tangible personal interactions—a tricky task. A tendency toward either form or conversely personal ties works against genuine intercultural ministry.

Aunque los mediadores están entrenados para ser imparciales, esto es, coordinadores neutros de este diálogo entre los diversos grupos, sus propias perspectivas pueden influir en el proceso, sobre todo siel mediador es también miembro de la parroquia. Y todavía más importante, se debe tener en cuenta que si al final la necesidad de un mediador para facilitar los diálogos no desaparece, el mediador puede convertirse poco a poco en una especie de "personalidad", precisamente lo que el formato litúrgico trata de evitar. En algún momento, un conjunto de relaciones sostenidas por la confianza recíproca debería eliminar la necesidad de un mediador.

En tercer lugar, si bien estos modelos tratan de desarrollar relaciones profundas entre los diversos miembros de la parroquia, los procesos formales que son parte esencial, tanto del modelo de obligaciones mutuas como del de invitaciones mutuas corren el riesgo de poner las normas por encima de las relaciones, en pocas palabras, las tendencias dominantes en la cultura euroamericana. Por ello, usar el formato de la liturgia para no dejar que el ministerio se centre en una persona puede llevar al otro extremo: que las normas abstractas prevalezcan sobre las personas.

Siendo honestos, los tres modelos quieren provocar un proceso que expanda las zonas de seguridad de los miembros de la parroquia y así crear un conjunto de relaciones motivadas por la confianza, las cuales permitan a los miembros buscar, tanto las bendiciones como las dificultades del ministerio intercultural. Cada modelo trata de encontrar un equilibrio entre la necesidad de un formato predecible y cálidas relaciones interpersonales: una tarea difícil. Preocuparse excesivamente por el formato de las actividades o, por el contrario, por las relaciones personales puede ser un obstáculo para realizar un verdadero ministerio intercultural.

Por ejemplo, suscitar relaciones personales es algo esencial, pero centrarse demasiado en ello puede llevar a prácticas de padrinazgo contrarias a la comunión cristiana. Una y otra vez he visto cómo los coros de las iglesias pequeñas se forman alrededor de una familia, lo cual puede afectar a la buena liturgia; los vínculos familiares y los privilegios determinan quien es cantor, por ejemplo, en vez de las capacidades litúrgicas objetivas y las aptitudes musicales en general. Por el contrario, una excesiva preocupación por las normas en detrimento de las relaciones convierte al ministerio en algo demasiado frío y rígido. Por ejemplo, la insistencia en que los cantos se anuncien de

For example, enabling personal relationships is crucial, but too much focus on fostering personal ties can lead to patronage practices that are contrary to Christian communion. Time and again, I have seen how small church choirs that are built around a family can work against good liturgy; family ties and privileges determine who gets to cantor for example rather than formal liturgical training and overall musical aptitude. Conversely, too much focus on rules over relationships again makes ministry too detached and rigid. For example, the insistence that hymns are to be announced in a prescribed way manifests the problem of "sacred" rituals previously presented.

Each of the three models, in imperfect fashion, seeks to integrate formal processes and personal relationships in a way that avoids the opposing drawbacks of abstract rules and patronage practices. The mutual invitation process goes the furthest in terms of using liturgical patterns, with which all Catholics should be familiar, as the basis for bringing diverse parishioners into dialogue in an inclusive fashion. In terms of eucharistic community, we are called to become Christ-like by moving beyond the dynamic of "us versus them" to a mutually shared "we." Let us turn then to specific parish programs of intercultural ministry that have been created around the idea of using liturgical rhythm to enable diverse parishioners to become the Body and Blood of Christ with each other and in the world.

una determinada manera manifiesta un problema de ritos "sagrados", tema del que ya hemos hablado.

Cada uno de los tres modelos, de manera imperfecta, trata de armonizar los procesos formales y las relaciones personales de una manera que evite los inconvenientes de las reglas abstractas y que algunos miembros de la parroquia se conviertan en padrinos de otros. El proceso de invitación mutua lleva lo más lejos posible la imitación de la liturgia, con el que todos los católicos deben estar familiarizados, como la base para suscitar un diálogo de manera incluyente. Teniendo en cuenta la realidad de la comunión eucarística, estamos llamados a imitar a Cristo pasando de la dinámica de "nosotros contra ellos" a un "nosotros" compartido por todos. Veamos ahora programas específicos para el ministerio intercultural en la parroquia, que han sido creados basándose en la idea de usar una metodología litúrgica que permita a los diversos miembros de la parroquia llegar a ser el cuerpo y la sangre de Cristo para los demás y para el mundo.

Programas concretos

Los católicos en los Estados Unidos están acostumbrados a programas de oración a corto plazo, como *Renew* o Discípulos en Cristo, que tienen el mismo formato para cada reunión a lo largo de varias semanas, pero con diferentes temas que culminan en una síntesis integral en la última reunión. Los retiros de fin de semana como ACTS y Cursillos hacen algo semejante combinando oraciones, reflexiones y actividades de grupo a las que se da continuidad con otras reuniones después del retiro. Existen al menos dos programas de varias semanas diseñados con un formato litúrgico que buscan ayudar a los miembros de la congregación a compartir y discutir su forma de pensar según su cultura sin temor a ser recriminados o a sufrir algún tipo de hostilidad o represalia.

Law ha creado un programa de cinco sesiones que abarca los siguientes temas:

- "Hablar de las experiencias de ser diferente.
- Examinar los prejuicios sobre las diversas identidades culturales.
- Hablar de experiencias personales de discriminación.
- Comprender y hacer frente al racismo institucional.

Specific Programs

Catholics in the United States have grown accustomed to short-term prayer programs such as Renew or Disciples in Christ that have the same format for every gathering over several weeks, but have different themes that culminate in a holistic synthesis at the final meeting. Weekend retreats such as ACTS and *Cursillo* similarly are characterized by set combinations of prayers, reflections, and group interactions that are to continue in group renewal settings beyond the retreat. There are at least two multi-week programs built on a sense of liturgical form that seek to enable diverse congregation members to share and discuss each other's cultural perspectives without fearing recrimination and hostility.

Law has put together a five-session program covering the following themes:

- "Discussing the experiences of being different.
- Examining assumptions about cultural identities.
- Discussing personal experiences of discrimination.
- Understanding and confronting institutional racism.

- Pensar de qué forma se pueden cambiar formas de pensar y de actuar para formar 'una comunidad más incluyente'" [30].

Del mismo modo, la Conferencia de Obispos Católicos de Estados Unidos tiene un programa de cinco sesiones inspirado en el enfoque de Law:

- "Diversidad en el contexto de la identidad católica y de la evangelización.
- Entender la naturaleza de la cultura.
- Desarrollar habilidades para la comunicación intercultural.
- Entender los obstáculos que deben afrontar las relaciones interculturales.
- Cultivar la 'integración cultural' y no la asimilación a través de una 'espiritualidad de la hospitalidad, la reconciliación y la misión'" [31].

Una vez más, con cualquiera de estos programas, los participantes —que participan voluntariamente—, saben que esta será la estructura de cada sesión:

- Oración inicial.
- Explicación sobre la finalidad del programa.
- Repaso de las reglas para la discusión.
- Invitación a cada persona a presentarse.
- Invitación mutua para discutir el tema de cada sesión.
- Sesión en la que los participantes reflexionan y comunican a los demás lo que han aprendido, para terminar con la oración final [32].

Por lo que ve a promover el respeto mutuo y la colaboración, cada participante también se compromete a respetar un conjunto de "Normas

---

[30] Law, *The Bush*, 135–53 [traducción nuestra].

[31] United States Conference of Catholic Bishops (USCCB), Building Intercultural Competence for Ministers (Washington, DC: United States Conference of Catholic Bishops, 2012), x [traducción nuestra].

[32] Law, *The Bush*, 136–41.

- Exploring ways to transform outlooks and practices to realize 'a more inclusive community.'" [30]

Similarly, the United States Conference of Catholic Bishops has a five-session program inspired by Law's approach:

- "Diversity in the context of Catholic identity and evangelization.
- Understanding the dynamics of culture.
- Developing intercultural communication skills.
- Understanding the obstacles that stand in the way of intercultural relations.
- Cultivating 'ecclesial integration,' not assimilation through 'a spirituality of hospitality, reconciliation and mission.'" [31]

Once again, with either of these programs, the participants, who have all willingly agreed to participate, know the following framework will structure each session:

- Opening prayer.
- Statement discussing the purpose of the program.
- Review of the ground rules for discussion.
- Invitation to each person to share about oneself.
- Mutual invitation discussion of each session's theme.
- Session in which the participants reflect and communicate what they learned from the interaction, culminating with a closing prayer.[32]

In terms of fostering mutual respect and collaboration, each participant also agrees to abide by a set of "Respectful Communication Guidelines" that seeks to get those accustomed to competitive arguments to let go a little more and become better listeners and,

---

[30] Law, *The Bush*, 135–53.
[31] United States Conference of Catholic Bishops, *Building Intercultural Competence for Ministers* (Washington, DC: USCCB, 2012), x.
[32] Law, *The Bush*, 136–41.

de comunicación respetuosa" que buscan ayudar a aquellos que están acostumbrados a argumentar de una manera competitiva a apasionarse menos y a cultivar una actitud de escucha; por el contrario, aquellos que están más acostumbrados a guardar silencio y a ser deferentes a expresar sus puntos de vista[33].

El recurso constante a la oración y a las lecturas de la Escritura recuerda a los participantes que, aunque provienen de diversas culturas, como cristianos, están llamados a vivir en comunión entre sí. Esta convicción fundamental compartida de lo que significa ser como Cristo, reforzada por el formato litúrgico, evita que se discutan temas delicados de una manera conflictiva o competitiva, como se hace de ordinario en un ámbito secular, en el que no existe un cuerpo de principios morales compartido.

Durante las cinco semanas, o cualquiera que sea el periodo de tiempo en que se tengan las cinco sesiones, los participantes gracias al proceso poco a poco comienzan a mirar la parte del iceberg que se encuentra debajo del agua y comienzan a entender las diferencias de las concepciones espirituales y de los valores culturales. Además, a través de las relaciones que establecen progresivamente con los demás, comienzan a pensar en formas de cambiar los patrones de sus comunidades de fe para llegar a una mayor integración entre los grupos culturales.

Si de las discusiones se siguen acciones concretas, la comunidad de fe podría hacer un programa y un calendario para dar un tiempo adecuado, tanto para que los cambios se consoliden como para tener una base que permita evaluar su éxito. Por ejemplo, en una ocasión en el Congreso de Liturgia del Suroeste, una de las participantes habló de

---

[33] Las normas son:
- "Hazte responsable de todo lo que dices y sientes, y habla usando palabras que otros puedan escuchar y entender.
- Escucha con empatía, no solo las palabras, sino también los sentimientos que se expresan, el lenguaje no verbal incluyendo los silencios.
- Ten presente los diferentes estilos de comunicación.
- Reflexiona en lo que escuchas y sientes antes de hablar.
- Examina tus prejuicios y puntos de vista.
- Respeta la confidencialidad de las reuniones
- Confía en la metodología porque no estamos aquí para demostrar quién está bien o quién está mal sino para practicar un auténtico diálogo" [*Building Intercultural Competence for Ministers* (Washington, DC: United States Conference of Catholic Bishops 2012), 35], traducción nuestra.

conversely, those who are more accustomed to being quiet and deferential to be more willing to voice their perspectives.[33]

The use of systematic prayer and scripture readings reminds participants, although they come from diverse cultures, as Christians they are called to be in communion with each other. This shared foundational sense of what it is to be Christ-like, reinforced by liturgical format, deters discussing very sensitive subjects in a conflict-ridden, interest-group manner reflective of the world at large, in which shared moral principles are not a given.

Over the five weeks, or whatever period of time the five sessions span, by staying with the process the participants gradually get below the water surface of the iceberg to understand differences in spiritual imaginations and cultural values. In turn, through the relationships they are building with each other, they start to imagine how they can change past patterns in their faith-based communities to realize more integration between their cultural groups.

If action steps emerge from such discussions, the faith-based community should project a time frame that gives adequate time for both the changes to take hold and to provide a basis for assessing their success. For instance, once at a Southwest Liturgy Conference, a participant shared how her parish decided to experiment with a weekly, bilingual liturgy. They committed themselves to doing this liturgy for a year before reassessing the initiative's effectiveness, for initially the change would very likely be disconcerting to some congregation members.

---

[33] The specific guidelines are:
- "Take RESPONSIBILITY for what you say and feel, and speak with words others can hear and understand.
- Use EMPATHETIC listening, not just words but also feelings being expressed, nonverbal language including silence.
- Be SENSITIVE to differences in communication styles.
- PONDER on what you hear and feel before you speak.
- EXAMINE your own assumptions and perceptions.
- Keep CONFIDENTIALITY.
- TRUST the process because we are not here to debate who is right or wrong but to experience true dialogue," (USCCB, *Building Intercultural Competence* 35).

cómo en su parroquia decidieron probar introduciendo una liturgia bilingüe semanal. Se comprometieron a hacer esa liturgia durante un año antes de decir si funcionaba o no, porque preveían que el cambio, al principio, podía desconcertar a algunos.

Aunque estos programas de cinco pasos son muy prometedores, también es necesario hablar de tres dificultades de las que ya se ha hablado en este libro. En primer lugar, es necesario volver a examinar la forma en que las parroquias asignan los puestos de liderazgo y distribuyen los diversos recursos. Trabajar en el ministerio intercultural no consiste solo en hacer que diferentes culturas estén juntas, sino también que las relaciones entre estas sean justas. En una ocasión, uno de los presentadores de uno de los programas de cinco pasos sugirió que los grupos en algunas parroquias compartidas estaban "separados, pero en términos de igualdad" para indicar que no había mucha interacción entre ellos. A decir verdad, en muchos de estos casos, los grupos en realidad están "separados y en términos de desigualdad". Los grupos culturales más nuevos no tienen un horario cómodo para la Misa de domingo ni la misma cantidad de recursos para sus necesidades como los grupos de la cultura dominante, ni tienen el mismo acceso a los foros clave de toma de decisiones.

En segundo lugar, es necesario que estos programas afronten las diferencias entre la concepción espiritual euroamericana –enraizada en los debates y conclusiones de la Reforma– y la concepción espiritual latina, que es una combinación de Catolicismo medieval, prácticas espirituales de las tribus de África y rituales de las tribus indígenas del continente americano. Sin duda, hay más concepciones espirituales presentes en nuestras parroquias por los diversos grupos culturales, pero basado en el análisis de los capítulos 3 y 4, la espiritualidad que va a tener un mayor impacto en el mundo católico de los Estados Unidos durante la próxima mitad de siglo, junto con la herencia espiritual euroamericana, es la latina. Necesitamos comenzar a ver la herencia del Catolicismo de los Estados Unidos, no solo como una herencia fruto de la dinámica de la inmigración de este a oeste, sino también como consecuencia de la inmigración de sur a norte[34].

---

[34] Al decir esto, no estoy negando o minusvalorando el creciente influjo que los católicos afroamericanos, asiático-americanos o los católicos provenientes de las islas del Pacífico, están teniendo en nuestras parroquias. En algunos lugares, están

As promising as these five-step programs are, they also need to include three sets of issues that have been raised in this text. First, the politics of parishes in terms of leadership opportunities and distribution of resources need to be addressed. Engaging in intercultural ministry is not just about accommodating cultural differences, but is about realizing just relationships in our parishes. Once a presenter in one of the above five-stage programs suggested that some shared parishes were "separate but equal" to signify that there was not a great deal of interaction between the parish's cultural groups. But in truth, many of these cases are actually "separate but unequal." Newer cultural groups do not get the favored Sunday mass times nor the same amount of resources to work with as the long-standing cultural groups, nor have the same amount of access to the key parish decision-making bodies.

Second, the difference between the European American spiritual imagination rooted in the debates and outcomes of the Reformation and the Latino spiritual imagination that is a combination of medieval Catholicism, African tribal spiritual practices, and rituals from the indigenous tribes of the Americas needs to be stressed in these programs. Without a doubt there are many spiritual imaginations brought to bear in our parishes by our multiple cultural groups, but based on my analysis in chapters 3 and 4, the one that is going to have the most impact in the US Catholic world over the next half century besides the European American spiritual heritage is that of Latinos. We need to envision the US Catholic heritage not just as an east-to-west dynamic, but also as a south-to-north one.[34]

Third, there can be a tendency in such programs either to focus on empowering the marginalized or to see parish integration as a matter of building up the ministries and decision-making structures in the newer cultural groups to reach a point where they can be merged with the long-standing ministries and committees. Frankly, the latter is actually a subtle form of assimilation. Genuine intercultural ministry

[34] By making this argument, I am not denying or denigrating the impact African American Catholics, Asian American Catholics, and Pacific Islander Catholics are increasingly having on our parishes. In certain locales, they are having as much impact if not more than Latino Catholics. But across the board in the United States, Latinos are having the greatest impact on transforming the historical understanding of US Catholicism as being primarily European American in disposition.

En tercer lugar, puede haber una tendencia en estos programas ya sea a dar más poder a los marginados, ya sea a ver la integración parroquial como una tarea en la que los ministerios y estructuras de toma de decisiones "ceden" un poco hasta que los nuevos grupos están en condiciones de unirse a los ministerios y comités de la cultura dominante. El verdadero ministerio intercultural consiste en rediseñar las prácticas de la parroquia para permitir, tanto a los miembros de la parroquia más antiguos como a los más nuevos, ofrecer sus dones y talentos para enriquecerse mutuamente y enriquecer a la parroquia en cuanto tal.

Volviendo al escenario presentado al inicio de este capítulo, me doy cuenta ahora que aquellos que estábamos en el comité de relaciones interculturales tratamos de construir puentes entre tres comunidades culturales sin mirar antes la parte del iceberg que se encontraba debajo del agua. Eso nos habría permitido entender las diferencias entre nuestras concepciones espirituales, estilos de comunicación y formas de organizarnos. En retrospectiva, me hubiera gustado haber conocido en aquel entonces el programa de los cinco pasos antes descrito para hacer frente a esta difícil tarea de la diversidad cultural. Al mismo tiempo, aunque éramos novatos en lo que estábamos haciendo, afrontar problemas de justicia y cuestionar la forma ordinaria de decidir quién está "cualificado" para el ministerio son cosas fundamentales que también necesitan integrarse en los trabajos realizados por estos programas de cinco pasos.

Un marco de trabajo estable que siente a la misma mesa a los miembros de la parroquia provenientes de diversas culturas para reflexionar y discernir en común temas del ministerio intercultural va a exigir tiempo y esfuerzo. Pero como cristianos estamos llamados a realizar esta tarea, no solo para asegurar que las oportunidades y los recursos se distribuyen de modo justo entre todos los miembros de la parroquia, sino para hacerse presente en el cuerpo y la sangre de Cristo en este mundo. Esta exigente vocación cristiana puede llevar no solo a parroquias más dinámicas e integradas, sino también, en términos evangélicos, puede ser también levadura en un mundo frecuentemente convulso a causa de los conflictos culturales.

---

teniendo tanto influjo, si no más, que los latinocatólicos; pero en todo Estados Unidos, los latinos son los que están teniendo el mayor impacto en la transformación profunda del Catolicismo, el cual está dejando de ser prevalentemente euroamericano.

is about recasting parish practices to enable both longtime and newer members to bring forward their gifts and talents to enrich each other and the parish as a whole.

Returning to the scenario at the outset of the chapter, I now recognize that those of us on that parish intercultural relations committee tried to build bridges between our three cultural communities without first getting below the surface of the iceberg to understand the differences between our spiritual imaginations, communication styles, and organizational tendencies. With hindsight, I wish we would have had access to the above five-stage program to do this hard cultural diversity work. At the same time, although we were novices at what we were doing, our willingness to raise justice issues and to challenge conventional renderings of the "qualifications" for ministry are vital dimensions that also need to be integrated into the discourses of these five-stage programs.

A systematic framework that brings diverse parishioners together to reflect and discern mutually on intercultural issues is going to be very demanding in terms of time and commitment. But as Christians we are called to this task, not just to ensure just distributions of opportunities and resources among all parishioners, but to manifest the Body and Blood of Christ in action. This painstaking Christian vocation not only can lead to dynamic, integrated parishes, but in evangelical terms, can also be a leaven in a world too readily torn apart by cultural clashes.

Conclusión
Aceptar el reto del ministerio intercultural

Los siguientes puntos, que resumen lo esencial de este libro, ofrecen orientaciones útiles a los ministros de pastoral que desean tener relaciones justas e incluyentes entre los diversos grupos culturales presentes en su parroquia.

- Si la inculturación entraña la realización de la verdad cristiana en el contexto de una cultura concreta, las relaciones interculturales dentro de las comunidades de fe implican distintas formas de inculturación que se entremezclan.

- La espiritualidad de la Eucaristía y de Pentecostés nos llama a rechazar la mentalidad de frontera que concibe a un grupo como encargado de "civilizar" a otro. Se trata más bien de poner en práctica una mentalidad del límite, que anima a los grupos culturales a transformarse recíprocamente en un espíritu de colaboración y no de dominación. En las parroquias compartidas, estamos llamados como cristianos a buscar la integración entre los diversos grupos culturales, no la asimilación de otros grupos culturales a la cultura dominante.

- La presencia cada vez mayor de latinocatólicos en las parroquias de los Estados Unidos entraña una dinámica muy distinta a los patrones de la inmigración católica euroamericana del siglo XIX y de la primera mitad del siglo XX. Los latinos no tienden a asimilarse del mismo modo que lo hicieron los inmigrantes del pasado debido a la cercanía geográfica con Latinoamérica y porque los medios de comunicación y de transporte del siglo XXI les permiten seguir en relación con muchos "hogares" en el mundo. En consecuencia, nuestra respuesta necesita ser cualitativamente

Conclusion
Embracing the Intercultural Ministry Challenge

For pastoral ministers and congregations who are pursuing just, inclusive relationships between diverse cultural groups in parishes, the following key points of this book provide important guidelines.

- If inculturation involves the realization of Christian truth within the context of particular cultures, intercultural relationships within faith-based communities involve distinct forms of inculturation intersecting with each other.

- An incarnational sense of the eucharistic assembly and a Pentecost Christianity calls us to reject the frontier mentality that envisions one cultural group "civilizing" another and put into practice a border mentality that encourages cultural groups transforming each other in a spirit of mutual collaboration, not domination. In shared parishes, we are called as Christians to seek integration between cultural groups, not assimilation of other cultural groups by a dominant cultural group.

- The growing presence of Latino Catholics in US parishes is a very different dynamic from the European American Catholic immigration patterns of the nineteenth and first half of the twentieth centuries. Latinos are unlikely to assimilate in the same fashion as many past immigrants due to geographic proximity to Latin America and because twenty-first century telecommunication and transportation advances enable us to sustain connections to multiple "homes" around the world. As a consequence, our response needs to be qualitatively different from that extended to past immigrants who frequently had to sever their ties with their homeland.

distinta de la dada a los inmigrantes del pasado, los cuales frecuentemente tenían que cortar todo vínculo con su tierra natal.

- Muchos de los conflictos en las comunidades eclesiales, sobre todo entre euroamericanos y latinocatólicos, tienen su raíz en que estas comunidades poseen concepciones o idiosincrasias espirituales muy distintas. La integración solo podrá lograrse si se dedica tiempo a entender la historia, los conceptos y las costumbres de estas tradiciones espirituales de una manera no crítica.

- La división provocada por las concepciones espirituales distintas se acentúa con la diferencia en los estilos de comunicación y de toma de decisiones propios de las culturas igualitarias y de las culturas jerárquicas. Para poder construir puentes entre los diversos grupos es necesario tener en cuenta que existen rituales "sagrados" y puertas de acceso.

- Si nos apoyamos en normas que puedan aceptar los miembros de la parroquia de los diversos grupos culturales y creamos estructuras que busquen intencionalmente la interacción entre los diversos grupos, sirviéndonos de un ritmo litúrgico compuesto de oraciones, lecturas de la Escritura y reflexiones compartidas, podremos quizás lentamente, pero de manera real, suscitar relaciones interpersonales entre los diversos miembros, los cuales podrán así superar sus diferencias de concepción espiritual, de estilos de comunicación y de procesos para la toma de decisiones.

La tarea de una asamblea eucarística y del Cristianismo inspirado en Pentecostés es construir puentes, y no muros, entre los diversos grupos culturales para permitirles enriquecerse recíprocamente en su fe cristiana y enriquecer la fe de la comunidad parroquial en cuanto tal, compartiendo sus dones y talentos.

El trabajo pastoral para lograr la unidad en la diversidad significa que con el tiempo aparecerán nuevas culturas en nuestras parroquias como consecuencia del contacto entre los diversos grupos. Ciertamente, en las parroquias compartidas, habrá momentos en que sea conveniente celebrar el culto por separado y habrá otros en que participen todos juntos como una sola comunidad. Mientras más sea la gente que asiste intencionalmente orar, a participar en la liturgia, en

- Many of the conflicts in church communities, especially between European American and Latino Catholics, are rooted in the fact these communities have very different spiritual imaginations. Integration can only ensue by taking the time to understand the histories, concepts, and practices of these spiritual traditions in a nonjudgmental way.

- The divide of spiritual imaginations is reinforced by the divide of egalitarian versus traditional cultural communications and decision-making styles. Building bridges between diverse parish groups is also compounded by the presence of "sacred" rituals and gatekeepers.

- Drawing upon norms that resonate with parishioners and creating intentional structures of interaction that have a liturgical rhythm of prayer, scriptural readings, and shared reflections, we can slowly but surely cultivate constructive relationships between diverse parishioners that work through differences in spiritual imaginations, communication styles, and decision-making formats. The challenge is to create worshiping environments that expand people's safety zones so that they come to embrace intercultural relations.

The moral charge of a eucharistic assembly and a Pentecost Christianity is to build bridges, not walls, between cultural groups to enable them to enrich each other's Christian faith and that of the parish community as a whole through the sharing of their cornucopia of gifts and talents.

The pastoral engagement of unity in diversity means over time that new cultures will emerge in our parishes through the intersections of diverse groups. Certainly in shared parishes, there will be times that it is appropriate to worship within our distinct cultural groups and there will be times that all come together as a common community. The more people come together intentionally in prayer, worship, social activities, and community outreach initiatives, the more their respective cultures become transformed by each other to cocreate dynamic renderings of Christian life.

Intercultural ministry at its core moves beyond the preoccupation with preserving cultural purity. The only purity of concern is how the universal sense of Christianity transforms the inclinations toward the

las actividades sociales y en las diversas iniciativas de apostolado, más se transformarán sus respectivas culturas recíprocamente para dar luz en conjunto a nuevas versiones de vida cristiana.

El ministerio intercultural, en esencia, va más allá de la preocupación por conservar una pureza cultural. La única pureza por la que debe preocuparse es por llevar a la práctica el potencial del Cristianismo, el cual da expresión al anhelo de Dios que anida en el corazón de todo ser humano sin importar su cultura. Cuando la gente entiende que las culturas son fundamentalmente relacionales y no posesiones estáticas y fosilizadas, multiplicar las relaciones interpersonales en las parroquias se vuelve mucho más fácil y atractivo.

La presencia creciente de la espiritualidad latina —al igual que otras espiritualidades católicas de África y Asia— en el Catolicismo de los Estados Unidos ofrece una oportunidad para la renovación de la Iglesia en este país y no solo en términos numéricos. Como católicos, nuestra fe nos lleva a encarnar la presencia de Cristo —al menos en parte— en las relaciones y encuentros que tenemos con los demás. Para muchos de nosotros, cuya espiritualidad posee un carácter más individualista como fruto de la Reforma y de la Ilustración, la visión más integral y cordial, por un lado, y la tendencia a la vida comunitaria de la espiritualidad latina, por otro, nos ofrecen una valiosa oportunidad para renovar nuestra sensibilidad comunitaria, la cual en ocasiones podemos perder al querer alcanzar el éxito socioeconómico. Por su parte, la sensibilidad más individualista e igualitaria, fruto de la Reforma y de la Ilustración, asegura que al fomentar la vida en comunidad propia del Cristianismo, no deje de promoverse la iniciativa personal y la igualdad de oportunidades.

Cuando se trata de combinar herencias culturales y espiritualidades, en realidad no existe "el camino". Ante el horizonte del Evangelio cristiano universal, estamos llamados como creyentes a crecer siempre, animados por la caridad, a través de los constantes encuentros entre las diversas culturas de nuestras parroquias.

Todos los que estamos involucrados en el ministerio parroquial algunas veces pensamos, "el mundo sería maravilloso si todos fueran como yo". Bien, claramente no es el caso. Los principios, historias, estrategias y recursos presentados en estas páginas nos ayudan a creer que podemos trabajar de manera constructiva como ministros de pastoral en este reto del ministerio intercultural. No vamos a llegar

divine by particular cultures. When people grasp that cultures are fundamentally relational, and not possessions to be petrified, taking the steps toward intercultural relations in our parishes becomes much easier and enticing.

The growing presence of Latino spirituality—as well as the other Catholic spiritualities from Africa and Asia—in US Catholicism offers an opportunity for a renewal of the church in the United States, and not just in terms of the numbers of immigrants in parish pews. As Catholics, we have an incarnational, spiritual imagination that envisions the recognition of Christ, at least in part, through the relationships we have with each other. For many of us whose spirituality is informed by the more individualistic renderings of spirituality of the Reformation and the Enlightenment, the holistic and communitarian disposition of Latino spirituality offers us the chance to renew our communitarian sensibilities that are sometimes lost when climbing the ladder of socioeconomic success. Conversely, the more individualistic and egalitarian sensibilities of the Reformation/Enlightenment legacy ensures that this Christian communitarianism still accents the virtues of personal initiative and equal opportunity.

When it comes to combining cultural heritages and spiritualities, ultimately there is no "one best way." Against the horizon of the universal Christian Gospel, we are called as believers to grow in an open-ended, charitable way through the intersections between the multiple cultures of our parishes.

Each of us involved in parish ministry sometimes wishes, "wouldn't the world be wonderful if everyone was just like me." Well, clearly that is not the case. The principles, histories, obstacles, strategies, and resources reviewed in this book provide hope that we can work constructively as pastoral ministers on this intercultural challenge. We are not going to realize perfect communication, but neither are we doomed to a complete lack of communication. As both leaders and members of a eucharistic assembly that is also graced by the spirit of Pentecost, we are called to transform our parish communities so that the gifts provided by our newer members renew and transform the legacy built by our long-standing members.

a una perfecta comunicación, pero tampoco estamos condenados a un absoluto aislamiento. Como líderes y como miembros de una asamblea eucarística que recibe también la gracia del evento de Pentecostés, estamos llamados a transformar las comunidades de nuestras parroquias de forma que los dones aportados por los miembros recién llegados renueven y transformen el legado de los miembros más antiguos.

Bibliography

Abbott, Philip. *Political Thought in America: Conversations and Debates.* Long Grove, IL: Waveland Press, 2005.

Anderson, David A. *Gracism: The Art of Inclusion.* Downers Grove, IL: InterVarsity Press, 2007.

———. *Multicultural Ministry.* Grand Rapids, MI: Zondervan, 2004.

Anderson, David A., and Margarita R. Cabellon. *Multicultural Ministry Handbook.* Downers Grove, IL: InterVarsity Press, 2010.

Angrosino, Michael. *Talking about Cultural Diversity in Your Church.* Walnut Creek, CA: Alta Mira Press, 2001.

Bañuelas, Arturo J. "U.S. Hispanic Theology: An Initial Assessment." In *Mestizo Christianity: Theology from the Latino Perspective,* edited by Arturo J. Bañuelas, 55–82. Maryknoll, NY: Orbis Press, 1995.

Bedolla, Lisa García. *Latino Politics.* Malden, MA: Polity Press, 2009.

Bellah, Robert, et al. *The Good Society.* New York: Vintage Books, 1992.

Bevans, Stephen B. *An Introduction to Theology in Global Perspective.* Maryknoll, NY: Orbis Books, 2009.

———. *Models of Contextual Theology.* Maryknoll, NY: Orbis Books, 1992.

Bishops of the Diocese of Galveston-Houston. Many Members, One Body: A Pastoral Letter on the Cultural Diversity of the Church of Galveston-Houston. May 20, 1994.

Black, Kathy. *Culturally-Conscious Worship.* St. Louis, MO: Chalice Press, 2000.

Bowers, Laurene Beth. *Becoming a Multicultural Church.* Cleveland: The Pilgrim Press, 2006.

Burke, John Francis. "Facing the Bilingual Challenge: Spanish and English Choirs Share Practice Time." *CHURCH* 23 (Summer 2007): 41–44.

———. *Mestizo Democracy: The Politics of Crossing Borders.* College Station, TX: Texas A&M Press, 2002.

"Catholics and the Presidency." *Commonweal* 71 (1 January 1960): 383–84.

Center for Applied Research in the Apostolate. "2010 CARA Catholic Poll." Washington, DC: Center for Applied Research in the Apostolate, 2010.

Corbett, Michael, and Julia Mitchell Corbett. *Politics and Religion in the United States.* New York: Garland Publishing, 1999.

Dahm, Charles W. *Parish Ministry in a Hispanic Community*. New York: Paulist Press, 2004.

Damien, Cave. "In the Middle of Mexico, a Middle Class Rises." *The New York Times* (November 19, 2013) A1+.

Deck, Allan Figueroa. *The Second Wave: Hispanic Ministry and the Evangelization of Cultures*. New York: Paulist Press, 1989.

De Las Casas, Bartolomé. *In Defense of the Indians: The Defense of the Most Reverend Lord, Don Fray Bartolomé De Las Casas, of the Order of Preachers, Late Bishop of Chiapa*. Translated by Stafford Poole. DeKalb, IL: Northern Illinois University Press, 1992.

DeYmaz, Mark. *Building a Healthy Multi-Ethnic Church: Mandate, Commitments, and Practices of a Diverse Congregation*. San Francisco: John Wiley & Sons, Inc., 2007.

DeYmaz, Mark, and Harri Li. *Ethnic Blends: Mixing Diversity into Your Local Church*. Grand Rapids, MI: Zondervan, 2010.

Dudek, Stephen S. "Becoming Inclusive Communities of Faith: Biblical Reflection and Effective Frameworks." *New Theology Review* 20, no. 1 (February 2008): 40–51.

Elizondo, Virgil. *The Future Is Mestizo: Life Where Cultures Meet*. Boulder, CO: University Press of Colorado, 2000.

———. *Guadalupe: Mother of the New Creation*. Maryknoll, NY: Orbis Press, 1997.

Emerson, Michael O., and Rodney Woo. *People of the Dream*. Princeton, NJ: Princeton University Press, 2006.

Emerson, Michael O., and George Yancey. *Transcending Racial Barriers: Toward a Mutual Obligations Approach*. New York: Oxford University Press, 2011.

Empereur, James, and Eduardo Fernández. *La Vida Sacra: Contemporary Hispanic Sacramental Theology*. Lanham, MD: Rowman and Littlefield, 2006.

Espín, Orlando. *The Faith of the People: Theological Reflections on Popular Catholicism*. Maryknoll, NY: Orbis Press, 1997.

———. "Tradition and Popular Religion: An Understanding of the *Sensus Fedelium*." In *Mestizo Christianity: Theology from the Latino Perspective*, edited by Arturo J. Bañuelas, 148–74. Maryknoll, NY: Orbis Press, 1995.

Foster, Charles R. *We Are the Church Together: Cultural Diversity in Congregational Life*. Valley Forge, PA: Trinity Press International, 1996.

Gaillardetz, Richard R., and Catherine E. Clifford. *Keys to the Council: Unlocking the Teachings of Vatican II*. Collegeville, MN: Liturgical Press, 2012.

Greeley, Andrew. *The Catholic Myth: The Behavior and Beliefs of American Catholics*. New York: Charles Scribner's Sons, 1990.

Gonzalez, Juan. *Harvest of Empire*. New York: Viking Penguin, 2001.

González, Justo. "Hispanics in the New Reformation." In *Mestizo Christianity: Theology from the Latino Perspective*, edited by Arturo J. Bañuelas, 238–95. Maryknoll, NY: Orbis Press, 1995.

———. *Santa Biblia: The Bible Through Hispanic Eyes*. Nashville: Abingdon, 1996.

Hall, Edward. *Beyond Culture*. New York: Anchor Books, 1989.

Hofstede, Geert. *Culture's Consequences—International Differences in Work-Related Values*. Beverly Hills, CA: Sage Publications, 1987.

Hoover, Brett C. *Latinos, Anglos, and the Future of U.S. Catholicism*. New York: New York University Press, 2014.

Huntington, Samuel P. *The Clash of Civilizations and the Remaking of World Order*. New York: Touchstone, 1996.

———. *Who Are We?: The Challenges to America's National Identity*. New York: Simon and Schuster, 2004.

Isasi-Díaz, Ada María. *Mujerista Theology: A Theology for the Twenty-First Century*. Maryknoll, NY: Orbis Press, 1996.

John Paul II. *Ex Corde Ecclesiae* (On Catholic Universities). August 15, 1990.

Johnson-Mondragón, Ken. "Ministry in Multicultural and National/Ethnic Parishes: Evaluating the Findings of the Emerging Models of Parish Leadership Project." National Association for Lay Ministry, 2008.

———. "Multicultural Ministry in Parishes Today and Important Themes for Its Future." National Association for Lay Ministry, 2008.

Law, Eric. *The Bush Was Blazing but Not Consumed: Developing a Multicultural Community Through Dialogue and Liturgy*. St. Louis, MO: Chalice Press, 1996.

———. *Finding Intimacy in a World of Fear*. St. Louis, MO: Chalice Press, 2007.

———. *Inclusion: Making Room for Grace*. St. Louis, MO: Chalice Press, 2000.

———. *Sacred Acts, Holy Change: Faithful Diversity and Practical Transformation*. St. Louis, MO: Chalice Press, 2002.

———. *The Wolf Shall Dwell with the Lamb: A Spirituality for Leadership in a Multicultural Community*. St. Louis, MO: Chalice Press, 1993.

———. *The Word at the Crossings*. St. Louis, MO: Chalice Press, 2004.

Lee, Jung Young. *Marginality: The Key to Multicultural Theology*. Minneapolis: Fortress Press, 1995.

Leo XIII. *Testem Benevolentiae Nostrae* (Concerning New Opinions, Virtue, Nature, and Grace, With Regard to Americanism). January 22, 1899.

León, Luis D. "César Chávez and Mexican American Civil Religion." In *Latino Religions and Civic Activism in the United States*, edited by Gastón Espinosa, Virgilio Elizondo, and Jesse Miranda, 53–64. New York: Oxford University Press, 2005.

Lightfoot, Sara Lawrence. Interview with Bill Moyers. In *A World of Ideas: Conversations with Thoughtful Men and Women about American Life Today and the Ideas Shaping Our Future,* edited by Betty Sue Flowers, 159–60. New York: Doubleday, 1989.

Lloyd-Moffett, Stephen R. "The Mysticism and Social Action of César Chávez." In *Latino Religions and Civic Activism in the United States,* edited by Gastón Espinosa, Virgilio Elizondo, and Jesse Miranda, 35–52. New York: Oxford University Press, 2005.

Marzal, Manuel M., et al. *The Indian Face of God in Latin America.* Maryknoll, NY: Orbis Press, 1996.

Massa, Mark. *Catholics and American Culture: Dorothy Day, Fulton Sheen, and the Notre Dame Football Team.* New York: Crossroad, 1999.

Massingale, Bryan. *Racial Justice and the Catholic Church.* Maryknoll, NY: Orbis Press, 2010.

Matovina, Tim. *Latino Catholicism: Transformation in America's Largest Church.* Princeton: Princeton University Press, 2012.

———. "Latino Catholics: Caught between Two Worlds." *U.S. Catholic* 78, no. 3 (March 2013): 18–22.

———. "10 Things to Know about Hispanic Catholics." *Hispanic Ministry Resource Center.* November 13, 2013. http://www.hispanic-ministry.com/print/10-things-know-about-hispanic-catholics.

Menchú, Rigoberta. *I, Rigoberta Menchú: An Indian Woman in Guatemala.* Edited by Elisabeth Burgos-Debray. Translated by Ann Wright. New York: Verso, 1994.

Mich, Marvin L. Krier. *Catholic Social Teaching and Movements.* Mystic, CT: Twenty-Third Publications, 2000.

Miller, Marilyn Grace. *The Rise and Fall of the Cosmic Race: The Cult of Mestizaje in Latin America.* Austin, TX: University of Texas Press, 2004.

Moll, Luis C., Cathy Amanti, Deborah Neff, and Norma Gonzalez. "Funds of Knowledge for Teaching: Using a Qualitative Approach to Connect Names and Classrooms." *Theory into Practice* 31, no. 2 (1992): 132–41.

Murray, John Courtney. *We Hold These Truths: Catholic Reflections on the American Proposition.* New York: Sheed and Ward, 1960.

Neuhaus, Richard John. *The Naked Public Square: Religion and Democracy in America.* Grand Rapids, MI: Wm. B. Eerdmans Publishing Co, 1988.

Ospino, Hosffman. *Hispanic Ministry in Catholic Parishes: A Summary Report of Findings from the National Study of Catholic Parishes with Hispanic Ministry.* Boston, MA: Boston College School of Theology and Ministry and The Center for Applied Research in the Apostolate, 2014.

Palacios, Joseph. *The Catholic Social Imagination: Activism and the Just Society in Mexico and the U.S.* Chicago: University of Chicago, 2007.

Paul VI. *Evangelii Nutiandi* (Evangelization in the Modern World). December 8, 1975.

———. *Octogesima Adveniens* (A Call to Action on the Eightieth Anniversary of *Rerum Novarum*). May 14, 1971.

Pew Forum on Religion and Public Life. "Religious Beliefs and Practices." U.S. Religious Landscape Survey. Washington, DC: Pew Research Center, 2008.

———. "The Shifting Religious Identity of Latinos in the United States." Washington, DC: Pew Research Center, 2014.

Pew Hispanic Trends Project and the Pew Forum on Religion and Public Life. "Changing Faiths: Latinos and the Transformation of American Religion." Washington, DC: Pew Research Center, 2007.

Pew Research and Social Demographic Trends. "Twenty-to-One: Wealth Gaps Rise to Record Highs between Whites, Blacks, Hispanics." Washington, DC: Pew Research Center, 2011.

Putnam, Robert, and David Campbell. *American Grace: How Religion Divides and Unites Us*. New York: Simon & Schuster, 2010.

Rogers, Mary Beth. *Cold Anger: A Story of Faith and Power Politics*. Denton, TX: North Texas State University Press, 1990.

Rouse, Roger. "Mexican Migration and the Social Space of Postmodernism." In *Between Two Worlds: Mexican Immigrants in the United States*, edited by David G. Gutiérrez, 247–63. Wilmington, DE: Scholarly Resources, 1996.

Schineller. Peter. *A Handbook on Inculturation*. Mahwah, NJ: Paulist Press. 1990.

Second Vatican Council. *Dignitatis Humanae* (Declaration on Human Freedom). December 7, 1965.

"Small Faith Communities: Theology Meets Life." *Call to Action News* 14 (December 1992): 7.

Tracy, David. *The Analogical Imagination: Christian Theology and the Culture of Pluralism*. New York: Crossroad, 1981.

United States Conference of Catholic Bishops. *Building Intercultural Competence for Ministers*. Washington, DC: USCCB, 2012.

———. *Welcoming the Stranger Among Us: Unity in Diversity*. Washington, DC: USCCB, 2000.

Vaconcelos, José. *The Comic Race: A Bilingual Edition*. Translated by Didier T. Jaén. Baltimore: John Hopkins University Press, 1997.

Warren, Mark. *Dry Bones Rattling: Community Building to Revitalize American Democracy*. Princeton, NJ: Princeton University Press, 2001.

Weaver, Mary Jo, and David Brakke. *Introduction to Christianity*. Belmont, CA: Wadsworth, Cengage Learning, 2009.

Woo, Rodney. *The Color of Church: A Biblical and Practical Paradigm for Multi-racial Churches*. Nashville, TN: B&H Publishing Group, 2009.

Wood, Richard. *Faith in Action: Religion, Race, and Democratic Organizing in America*. Chicago: University of Chicago Press, 2002.

Yancey, George. *One Body, One Spirit: Principles of Successful Multiracial Churches*. Downers Grove, IL: InterVarsity Press, 2003.